미국 국내정치와 외교정책

세계정치 32

미국 국내정치와 외교정책

발행인 서울대학교 국제문제연구소
주소 서울시 관악구 관악로 1(220동 504호)
전화 02-880-6311
팩스 02-872-4115
전자우편 ciscis@snu.ac.kr

2020년 4월 29일 초판 1쇄 펴냄
2021년 12월 15일 초판 2쇄 펴냄

지은이 서정건, 김준석, 이수훈, 김주리, 권보람, 하상응, 차태서, 유다인
기획 서울대학교 국제문제연구소
책임편집 서정건

편집 김천희
디자인 김진운
마케팅 최민규
펴낸곳 (주)사회평론아카데미
펴낸이 윤철호, 고하영
등록번호 2013-000247(2013년 8월 23일)
전화 02-326-1545 팩스 02-326-1626
주소 서울시 마포구 월드컵북로 6길 56
이메일 academy@sapyoung.com 홈페이지 www.sapyoung.com

ISBN 979-11-89946-55-5 94340

세계정치 32

미국 국내정치와 외교정책

서울대학교 국제문제연구소 편
서정건 책임편집

사회평론아카데미

* 이 저서는 2019년도 서울대학교 미래 기초학문 분야 기반조성 사업의 지원을 받아 수행된 연구 결과물임.

서문

미국 외교정책은 국내정치인가?

과연 자유주의적 국제주의 질서가 향후에 복원될지 여부는 최근 국제정치 논의에 자주 등장하는 질문 중 하나다. 2차 대전 이후 공산권을 제외한 지역에서의 세계 정치와 경제는 대체로 민주주의, 시장경제, 다자주의 등의 원칙에 의해 운영되었다. 이는 역사상 어떤 국제 규범보다도 개별 국가의 평화와 번영에 크게 기여했다는 것이 일반적 평가다. 그런데 국제질서의 생성과 운영, 그리고 변화와 관련하여 국제정치 이론가들이 특정 국가 미국의 능력과 의지에 주목한다는 사실은 당연해 보이지만 실상 그리 단순하지 않다.

자유주의적 국제주의라는 국제 구조에 대한 합의가 2차 대전 후 미국, 특히 미국 대통령의 국내적 리더십에 의해 추동되어 온 사실을 부인하기는 어렵다. 그런데 이를 두고 환원주의 설명이라고 치부하는 연구는 거의 본 적이 없다. 반대로 자유주의적 국제주의의 회복 가능성과 관련하여 트럼프 재선 전망 혹은 민주당 집권 시나리오를 변수로 삼지 않는 분석 또한 찾아보기 어렵다. 물론 반세기 넘도록 지속된 국제관계의 특징을 미국이라는 개별 국가의 정치적 선택과 외교적 전략만으로 충분히 설명할 수는 없다. 동시에 미국의 영향력을 얼마로 어떻게 평가하든 그 상대적 중요성을 무시할 수는 더욱 없다.

일찍이 왈츠(Waltz)는 시장에서의 행동을 분석하는 데 개별 기업의 내부 구조는 중요하지 않다는 비유를 통해 국내정치의 상대적 차이를 변수로 인정하지 않은 바 있다. 그렇다면 현재 트럼프 대통령을 포함한 미국 정치가 맺고 있는 국제정치와의 상관성을 어떻게 평가해야 할까? 왈츠는 외교정책 영역에 대해 이론 정립이 불가능하고 오직 분석과 설명 정도만 가능하다고 본다. 하지만 왈츠가 생각하는 정제된 이론 구축의 대상이 되기 어렵다고 해서 현실적으로 외교정책의 중요성을 간과하기는 어렵다. 예컨대 트럼프가 밀어붙이는 국내정치 용도의 우파 포퓰리즘적 보호 무역 정책이 국제 경제를 재편하는 중이다.

실제로 미국 정치와 외교로만 한정해도 다양한 분석과 설명이 존재한다. 예를 들어 '두 대통령제 이론'은 미국 대통령의 권한과 역할이 국내정치에 비해 외교정책에 있어 더 크다는 점을 밝혀냈다. 독트린 선포 결정은 대외 정책 전반을 아우르는 대통령의 국민 소통이자 정책 지침이다. 결집 효과는 국제 이슈 위기 상황에서 국내정치 결집 현상을 짚어내고 있다. 알몬드-리프만(Almond-Lippmann) 정리는 외교정책이 여론의 불안정성에 휘둘려서는 안 된다고 주장한다. "피 흘리면 보도된다(If it bleeds, it leads)" 표현은 언론의 국제 문제 보도가 주로 군사적 무력 충돌에 국한되어 있음을 꼬집는 내용이고 "아우성 후 안도(Cry and Sigh)" 현상은 미국 의회 의원들이 자유 무역과 관련하여 지역구 이익과 국가 전체 이익 사이에서 겪는 딜레마를 나타낸다. "언덕 위의 빛나는 도시(shining city upon a hill)"는 미국 예외주의와 칼뱅주의 정치문명을 상징하는 문구로 반세기 넘게 미국 대전략의 핵심 내용으로 자리 잡았다.

이번 『세계정치』 32호 〈미국 국내정치와 외교정책〉은 미국의 정치와 외교를 분석함으로써 국제정치를 이해(inside-out)하고자 하는 노력의 일환이다. 동시에 국제정치로 인해 변화해 온 미국 정치를 탐구(outside-in)하는 작업이기도 하다. 미국의 정치 제도(대통령, 의회, 관료)와 정치 과정(정당, 여론, 이념)을 망라하고 있다. 물론 미국 정치와 외교의 모든 측면을 다루었다고 보긴 어렵다. 하지만 최근에 점점 관심이 더욱 커져 가는 미국 국내정치와 외교정책의 상관성을 이해하는 데 흥미롭고 유익한 연구 성과를 한 권의 책에 담았다고 자부한다.

1장은 서론 격으로, 서정건은 미국 국내정치와 외교정책의 상관성을 미국 정치 제도 및 과정 전반에 걸쳐 다루고 있다. 특히 우리에게도 큰 관심사인 미국의 중국 외교정책을 사례로 삼아 미국의 상대적 쇠퇴론을 미국 정치에서는 어떻게 파악하는지 분석한다. 나이(Nye)의 반론, 그리고 레인(Layne)의 재반론을 소개하면서 미국의 국제 위상 변화라는 결과물이 어떻게 미국 정치라는 과정을 통해서 이해되는지 검토한다. 그리고 자유주의적 국제질서가 만들어 놓은 기존의 미국 내 군사주의와 정치적 합의가 새로운 국제질서 대응에 미치는 일종의 지연 효과를 살펴본다. 중국 문제 관련 미국 정치의 제도적 차원 분석을 통해 최근의 첨예한 미-중 갈등에도 불구하고 입법 차원의 중국 정책은 2000년 무역 법안 이후 변화를 찾기 어려운 점을 밝히고 있다. 정당정치 차원 분석을 통해 현재 중국 이슈가 동시 분열 이슈 성격이라는 점을 분석하였고 지지 기반 중심의 양극화 시대 트럼프 중국 정책의 본질을 파헤치고 있다.

2장은 트럼프 시대 인간 트럼프를 다각도에서 심층 분석한다.

2016년 미국 대선에서 트럼프 당선을 예측한 거의 유일한 국내정치학자이기도 한 김준석에 따르면 트럼프는 미국 정치의 이단아이다. 그런데 이단아로 취급하는 미국 주류 사회와 언론의 맹점이 크다는 점을 날카롭게 지적한다. 규범적 시각에서 볼 때 전통적 대통령 이미지와는 거리가 먼 트럼프 모습으로 인해 트럼프를 폄하하느라 트럼프의 정책 성공 및 정책 일관성을 간과하기 쉽다는 주장이다. 게다가 이란의 솔레이마니 장군 폭사부터 미국 하원의 최근 탄핵에 이르기까지 논란을 몰고 다니는 트럼프의 지난 3년 국내 지지율을 살펴보면 각종 변수에 상관없이 일정 수준을 유지한다. 구체적으로 트럼프는 성과가 없다, 트럼프는 소통하지 않는다, 트럼프 정책은 예측하기 어렵다는 세간의 평가에 대해 조목조목 실증적 자료로 반박한다. 한 마디로 트럼프는 충실한 공약 이행자인 셈이다. 이런 트럼프를 다루는 우리 입장에서 마주하는 이중의 장애물 포인트도 전략적으로 숙지해야 할 점으로 제시한다.

3장은 미국의 행정부와 관료 체계가 보여주는 대외 정책 특징을 살펴본다. 네오콘 분석으로 박사 학위를 받은 이수훈은 국제정치 전공자에게 익숙한 앨리슨(Allison)의 관료정치 모형을 분석 도구로 이용한다. 이를 통해 외교정책 결정 과정에서 등장하는 사안, 사람, 단계에 대한 관심을 복원하고 부시(George W. Bush)부터 오바마(Obama)까지 20여 년간 끌어온 테러와의 전쟁 정책을 단순히 확전/종전 프레임이 아닌 그룹 결정 방식으로 재평가한다. 우선 테러와의 전쟁 관련 연구들을 간단히 살펴본 후 저자는 앨리슨의 관료정치 모델에 대해 국내외 문헌 및 연구를 철저하고 광범위하게 해석한다. 관료정치 모델에 대한 가장 체계적이고 심층적인 기존 연구 정리라고 부를 만하다. 그리고 9·11 사태 이후 테러와의 전쟁을 선포하고 수행한 부시 행정부의 정책 결정 과정에 대해 발견의 정치, 이슈의 정치, 결정의 정치 등으로 명명하여 구체적 분석을 제시한다. 결국 신보수주의자들의 그룹 결정 행태가 9·11 이후 미국 외교정책 방향을 결정 지었음을 알려준다.

4장은 세계 의회 중 가장 강력한 권한을 가졌다고 평가받는 미국 의회가 외교정책에 미치는 영향을 본격적으로 다룬다. 의회 정치와 대외 정책 분야 전문가인 김주리는 무역, 이민 등 전통적 의회 영역을 넘어선 군사-안보 영역인 신전략무기감축조약의 비준 과정과 의회 차원 양극화 영향력을 분석한다. 미국과 러시아 간 군축 문제는 여전히 중요한 국제 이슈인데 기존의 연구와 달리 국내적 합의 부분에 초점을 맞춘 시의적절한 주제라고 볼 수 있다. 게다가 선행 연구 부분에서 미국 정치의 양극화 이슈부터 표 매수 주제까지 다양하게 다루고 있는 점이 흥미롭다. 군축 조약이라는 국제정치 수준의 합의가 의회에서 국내적으로 다시 합의되는 과정은 이론상 간과하기 쉽지만 현실적으로 무시하기 어렵다. 저자는 외교정책 엘리트 의원들의 비중이 여전히 크다는 점을 밝히고 대통령 소속당과 반대당 간 표결 거래라는 전통적 의회 정치 현상 또한 지속됨을 보여준다. 군사-안보 영역이 예외가 아니라는 것이다.

5장은 제도와 과정을 이어주는 미국의 정당이 대외 정책과 어떻게 연결되어 있는지 탐색한다. 역사로 보나 현실로 보나 미국 외교정책과 연관성이 큰 미국 정당에 대해 그 동안의 연구는 소홀한 감이 없지 않다. 일례로 최초의 정상회담 개최 등 새로운 북미 관계 다이내믹을 두고 주로 트럼프 대통령 개인이 부각되고 있지만 그가 '공화당' 대통령이기 때문에 국내의 안보 강경파 공화당 세력의 비판으로부터 비교적 자유롭다는 점은 간과되고 있다. 싱크탱크에서 트럼프 대외 정책 분석을 이끄는 권보람은 공화당의 내부 구성 및 역학 관계에 주목하였다. 우선 트럼프 탄핵을 둘러싼 공화당 내부 사정을 살펴본 결과 트럼프 대통령의 공화당 장악 능력, 공화당원들의 정체성 위협 중시, 그리고 트럼프의 돌발 세력 관리 등을 발견한다. 116대 의회 당시 트럼프 견제 공화당 의원들의 면면을 살펴 본 이후에는 미국의 의회-대통령 관점에서 본 최근의 대북 정책을 총망라한다. 특히 "트럼프 공화당원"과 "정당 공화당원" 개념 도입은 향후에도 매우 유용할 것으로 보인다.

6장은 여론과 외교를 주제로 다룬다. 소위 '냉전 합의'로 지칭되는 2차 대전 이후 미국 외교 방향은 의회와 대통령을 위시한 정치제도가 일방적으로 결정했다고 보기 어렵다. 선거의 나라 미국에서 공산주의 반대, 자유주의 수호, 시장경제 지지 등에 대한 가치 지향적 미국 여론의 뒷받침이 없었다면 지속되기 어려웠다. 현재 탈냉전 시대와 양극화 시대를 동시에 겪고 있는 미국의 여론이 달라지고 있다. 여론과 정치 분야에서 왕성한 연구 성과를 내고 있는 하상응은 여론의 영향력에 대해 국내정치와 외교정책을 구분하고 나아가 양극화 이후 특징을 분석한다. 유권자들이 주어진 정보에 대해 정향성을 중심으로 접근한 결과 자신의 정향성만을 확증하려고 하거나 이에 어긋나는 정보를 반박하기 위해 애쓴다는 것이 주된 논지다. 이후 무역, 이민, 안보 분야 트럼프 정책과 여론 반응을 설명한다. 그리고 정당 지지도와 정책 선호 간의 관계를 다차원적으로 분석함으로써 미국을 "당구공" 취급해서는 곤란하다는 주장을 펼친다.

7장은 제도와 과정을 관통하는 미국의 자기 정체성에 대해 다룬다. 태평양과 대서양으로 국경이 설정된 미국은 외부적 압박 못지않게 내부적 동기가 중요한 나라다. 즉 미국이 스스로를 어떤 나라로 규정하는가의 문제는 미국이 담당하는 국제질서상의 역할과 밀접한 상관성을 보인다. 특히 역사적으로 내부적 영토 확장 및 사회적 구성원 통합으로 갈등을 겪어 온 미국에게 대외 관계를 규정하는 예외성 개념은 다른 나라와 차별되는 주요 변수다. 미국 예외주의 담론 분야를 주도하고 있는 차태서는 우선 예외주의의 기원과 전개를 체계적으로 정리한다. 그리고 미어샤이머(Mearsheimer)와 왈트(Walt)의 저서 제목을 원용하여 "거대한 망상"과 "선한 의도"가 결국 미국 외교의 과잉 팽창과 정책 실패를 가져왔다고 파악한다. 최대 관심사인 트럼프 시대의 예외주의 현황에 대해서는 고립주의적 예외주의 부활, 퇴행적 자기 정의, 홉스적 현실주의 부상 등을 소주제로 내세워 면밀히 따져 본다. 2016년 내신을 통해 불거진 예외주의 회의감이 일회적 사건이 아니라는 결론이다.

마지막으로 덧붙일 사족은 이번 『세계정치』 미국 편이 대부분 코로나 바이러스 사태 이전에 완성된 내용을 담고 있으므로 COVID-19 이후 시대의 미국 정치와 외교가 어떻게 변화할지에 대해서는 후속 연구를 기대해야 할 것이라는 점이다. 그런데 코로나 비상사태 이후의 미국 변화 또한 그 이전의 미국 정치가 대처하는 연장선 위에 있을 수밖에 없다는 점을 지적하고 싶다. 예를 들어 심화된 기존의 양극화 구도 하에서 코로나 사태에 대한 책임의 화살을 CNN은 트럼프에게, 폭스 뉴스는 중국에게 퍼붓는 중이다. 진보 여론이 트럼프의 선부른 일상생활 재개 언급을 맹폭하면 보수 언론은 트럼프의 중국 조기 봉쇄와 2조 달러 넘는 경기 부양책 결정을 찬양하기에 바쁘다. 흔히 미국 역사상 진주만과 9·11 사태에 비교되는 코로나 참사지만 위기가 늘어지고 있고 주(州)마다 사망자 수가 다른 상황에서 대통령에게 리더십을 부여하는 결집 효과가 이전만 못한 것도 눈에 띈다. 1929년 대공황에 대한 공화당의 자유방임 정책을 민주당이 뉴딜로 갈아엎고 새로운 시대를 열었던 데 비해 이번 코로나 비상 상황에 대한 두 정당 대응책 사이의 큰 차이는 발견하기 어렵다는 점에서 정치 지형 개편 또한 예상하기 쉽지 않다.

『세계정치』 32호의 출판에 도움을 주신 분들이 많기에 지면으로나마 감사의 마음을 전한다. 우선 연구와 강의, 보고서 등 바쁜 일정에도 불구하고 편집자의 집필 요청을 흔쾌히 수락하였을 뿐만 아니라 최고의 연구 성과를 북 챕터에 담아 준 필진 선생님 모두에게 고개 숙여 깊은 감사를 드린다. 그리고 기획부터 발간, 집담회 참여, 토론, 식사 자리에 이르기까지 전폭적 지원과 격려를 아끼지 않으신 신욱희 교수님, 2019년 아메리카학회 세미나에서 사회자와 토론자로 깊이 있는 비판과 제안을 해 주신 손병권, 박인휘, 이종곤, 김유진 선생님들께도 다시 한 번 감사 말씀을 드린다. 편집 과정에서 애써준 오정현 군과 사회평론 편집 팀의 도움 또한 컸음은 물론이다. 이 책을 통해 미국과 세계에 대한 시각이 보다 넓어지고 토론이 더욱 활발해진다면 연구자로서 큰 보람이 될 것이다.

필진을 대표하여

2020년 4월

서정건

차례

세부 차례

제1장

미국 국내정치와 외교정책 상관성

— 미·중 관계를 중심으로*

American Politics and Foreign Policy: A Case Study of US-China Relations

서정건 | 경희대학교 정치외교학과 교수

* 본 장은 2019년 국립외교원 프로젝트를 수정 및 보완한 내용임을 밝혀 둔다.

미국의 글로벌 리더십이 쇠퇴한다는 객관적 지표는 미국 외교정책 형성에 있어 어떤 의미를 가지는지 논란이 분분하다. 미국 쇠퇴 현상에 따른 미국 외교정책의 변화를 파악하기 위해서는 결국 미국 정치를 들여다볼 수밖에 없다. 다시 말해 글로벌 리더십 쇠퇴에 대한 미국의 진단 또한 미국의 결정과 선택일 수밖에 없다. 실제로 트럼프(Trump) 시대 미국 외교정책을 둘러싼 논쟁 중 가장 빈번하게 등장하는 단어 중 하나는 '국내정치'다. 그런데 미국 외교정책과 국내정치 간 연관성은 트럼프 시대에만 발견되는 예외적 성격일까? 정도와 스타일의 차이만 존재할 뿐 역사상 미국 대외정책과 미국 국내정치가 분리되었던 적은 거의 없다. 이 장은 미국의 글로벌 리더십 쇠퇴 현상을 중국의 부상과 함께 파악해 보고 이에 대한 미국 국내의 인식 및 대응을 다룬다. 미국이 냉전 시기 고수했던 자유주의적 국제주의(liberal internationalism)의 핵심 요소 중 하나인 군사주의(militarism)에 대해서도 탐구한다. 그리고 미국 쇠퇴론 등장 이후 달라진 미국 내 담론의 변화를 추적한다. 트럼프 시대의 미국 정치와 중국 정책이 보여 주는 특성에 대해 정치 제도적 차원, 정당 경쟁적 차원, 그리고 정치 과정적 차원으로 나누어 설명함으로써 미국 국내정치와 외교정책의 상관성을 조망해 본다.

Are American roles and powers in decline? Whether or not the indicators of US leadership in turmoil translates into changes in American foreign policy has been debated around the globe. One key element in this conversation regards America's domestic approaches and a larger understanding of the US' role in international relations. Although domestic politics is now the buzzword in the era of the

Trump presidency, US foreign policy has never been separable from domestic politics. This chapter focuses on the US' response to the rise of China from the perspectives of political institutions, party competition, and political participation in American politics. This multifaceted analysis sheds light on how domestic politics and foreign policy have been closely intertwined in American politics.

KEYWORDS 미국 쇠퇴론 US in decline, 군사주의 militarism, 잭슨주의 Jacksonianism, 정치 제도 political insitutions, 무역 확장법 Trade Expansion Act, 동시 분열 이슈 cross-cutting issue, 지지층 중심 정치 base politics, 키신저 질서 Kissingerian order, 외교정책 제도권 foreign policy establishment

I 서론: 미국 정치가 국제 이슈를 만날 때

미국의 글로벌 리더십이 쇠퇴한다는 객관적 지표는 미국 외교정책 형성에 있어 어떤 의미를 가지는지 논란이 분분하다. 미국 국민들이 이를 그대로 받아들여 자동적으로 새로운 미국 외교정책이 만들어짐을 의미할까? 아니면 수치상의 쇠퇴 현상을 만회하거나 저지하기 위한 새로운 미국 대외 정책의 개발을 의미할까? 그것도 아니면 미국 쇠퇴론 그 자체를 반박하는 논리 개발과 반증 제시에 주력함을 의미할까? 이처럼 미국 쇠퇴 현상에 따른 미국 외교정책의 변화를 파악하기 위해서는 결국 미국 정치를 들여다볼 수밖에 없다. 다시 말해 글로벌 리더십 쇠퇴에 대한 미국의 진단 또한 미국의 결정과 선택일 수밖에 없다. 소련과의 냉전이 끝났고 세계화에 대한 국내적 반감(resentment)이 팽배해진 현재 미국이 더 이상 글로벌 리더 국가가 아님을 인정하고 국제 질서 개입을 줄여나가는 방향으로 갈 것인지, 글로벌 리더 국가 지위를 유지하기 위해 새로운 형태의 안보 및 경제 동맹 관계를 구축할 것인지, 국방력의 우위는 유지하되 대외적 축소(retrenchment) 전략으로 가는 이중적 태도를 가지게 될지는 결국 미국의 정치 제도와 정치 과정, 그리고 정치 이념에 의해 결정될 가능성이 높다.

트럼프(Trump) 시대 미국 외교정책을 둘러싼 논쟁 중 가장 빈번하게 등장하는 단어 가운데 하나는 '국내정치'라고 해도 과언이 아닐 것이다. 우선 대통령 자신이 외교정책 변화를 결정하고 선포하는 과정에서 전직 대통령을 거론하는 일이 전례 없이 잦다. 2017년 1월 20일 취임 직후 탈퇴를 선언해 버린 환태평양동반자협정(Trans-Pacific Partnership) 사례부터 파리기후협정(The Paris Climate Accord) 무효 선언에 이르기까지 트럼프는 늘 오바마(Obama)를 의식하고 폄하하기에 바쁘다. 게다가 북한과의 핵협상을 주도할 때마다 이전 대통령들 누구도 해결 못한 이슈임을 거듭 강조한다. 저소득 백인 노동자 계층의 불만과 분노를 등에 업고 백악관에 입성한 것으로 알려진 트럼프는 중국과의 무역 전쟁 근거로 중서부 러스트 벨트 지역의 사라진 공장과 일자리를 거론한다. 중국의 불공정 무역 관행으로 인해 선량한 미국 노동자들이 막대한 피해를 입었고 거래의 달인인 자신만이 이를 해결할 수 있다고 큰 소리치는 중이다.

또한 후보 시절부터 집중 공략하였던 북미자유무역협정(NAFTA) 당사국들을 압박하여 마침내 미국-멕시코-캐나다 협정(United States-Mexico-Canada Agreement, USMCA)으로 바꾸어 버렸다. 역시 경합주(swing states) 유권자들을 염두에 둔 전략이라는 데 별 이견이 없다. 아직까지 합의 내용 중 노동과 환경 문제에 이의를 제기 중이지만 중도파를 고려하지 않을 수 없는 하원 민주당도 조만간 승인하게 될 것으로 예상된다. 심지어 2019년 2월 말 하노이 북미정상회담 결렬의 원인을 두고 당시 워싱턴에서 개최된 트럼프 변호사 코헨(Cohen)의 하원 청문회 때문이었다고 보는 시각도 대두되는 상황이다. 철저히 대통령 자신의 정치적 업적 쌓기와 향후 재선을 위한 이미지 제고 중심으로 미국 외교정책이 운영되는 것처럼 보인다. 선거 승리, 유권자 정서, 경제적 이익, 여론몰이, 언론 공격, 정당 경쟁 등 국내정치적 요소들을 배제한 트럼프 외교정책은 상상하기 쉽지 않다.

그렇다면 미국 외교정책과 국내정치 간 연관성은 트럼프 시대에만 발견되는 예외적 성격일까? 사실상 정도와 스타일의 차이만 존재할 뿐 역사상 미국 대외 정책과 미국 국내정치가 분리되었던 적은 거의 없다. 예를 들어 헌법에 대통령의 임기 제한 조항이 없던 건국 당시 초대 워싱턴(Washington) 대통령의 3선 출마 여부는 1796년 그의 두 번째 임기 마지막 해에도 오리무중이었다. 워싱턴이 결국 낙향하기로 마음먹은 결정적 배경에는 영국과의 제이 조약(Jay Treaty)을 둘러싸고 불거진 미국 국민들의 워싱턴 행정부에 대한 극도의 반감이 자리 잡고 있었다. 노예 해방을 이루어 낸 남북전쟁(Civil War) 당시 링컨 대통령은 영국이 남부 연합을 원조할지 모른다는 불안감을 떨칠 수 없었고 1880년대 공화당이 링컨 정신을 버리고 중국인 노동자들 차별 법안에 동조했던 이유는 경합주 캘리포니아 승리를 위함이었다.

이 장에서는 미국의 글로벌 리더십 쇠퇴 현상을 중국의 부상과 함께 파악해 보고 이에 대한 미국의 인식 및 대응에 대해 살펴본다. 그리고 미국이 냉전 시기 대외 정책 원칙으로 고수했던 자유주의적 국제주의(liberal internationalism)의 핵심 축 중 하나인 군사주의(militarism)에 대해 탐구해 본다. 그리고 미국 쇠퇴론 등장 이후 달라진 미국 내 담론의 변화에 대해 조사해 본다. 트럼프 시대 미국 정치와 중국 정책이 보여 주는 특성에 대해 정치 제도적 차원, 정당 경쟁적 차원, 그리고 정치 과정적 차원으로 나누어 살펴본다.

II 미국 쇠퇴론: 현실과 반론

미국의 쇠퇴 현상이 국제 질서의 화두가 된 것은 어제오늘 일은 아니다. 2차 세계대전 이후 자유 진영의 글로벌 리더로서 미국은 NATO와 IMF, World Bank 등으로 구성된 국제 정치와 경제 구도를 적극적으로 편성하였다. 하지만 미국의 절대적 지위 하락은 1971년 8월 닉슨 대통령이 금과 달러 교환 정지 및 모든 수입품에 10퍼센트 관세 부과 정책을 발표하면서 드러나기 시작하였다고 볼 수 있다. 소위 닉슨 쇼크(Nixon Shock)로 인해 브레튼 우즈 체제가 사실상 막을 내리고 두 차례에 걸친 석유 파동 시기를 지나 레이건 혁명을 겪게 되기까지 미국의 하강세는 더 이상 뉴스가 아니었다. 실제로 산업혁명 시기를 거치며 세계 경제를 좌지우지하던 유럽 강대국들도 그 영향력이 줄어들기는 마찬가지였다. 대신 근대화에 실패하고 유럽 열강 및 미국의 간십으로 고통받던 중국은 공산화에도 불구하고 1970년대 말 이후 개방-개혁 정책을 통해 새로운 강대국으로 부상하기에 이른다.

〈그림 1-1〉이 보여주는 유럽, 미국, 중국 그리고 인도의 전 세계 GDP 점유율 변화는 흥미롭다. 1600년대부터 산업혁명 시기까지 점유율 상위권 국가였던 중국은 산업혁명 이후 1970년대까지 경제력이 급감하였음을 알 수 있다. 유럽 강대국들의 경우 산업혁명 시기 이후부터 2차 세계대전 시기까지 세계 경제의 엔진이었고 미국은 2차 세계대전 이후 국제 경제의 선두 주자로 부상하였다. 21세기 들어 미국의 경제력은 상대적으로 하강 곡선을 그리는 반면 중국은 1979년 미국과의 수교 이후 미국뿐만 아니라 유럽 선진

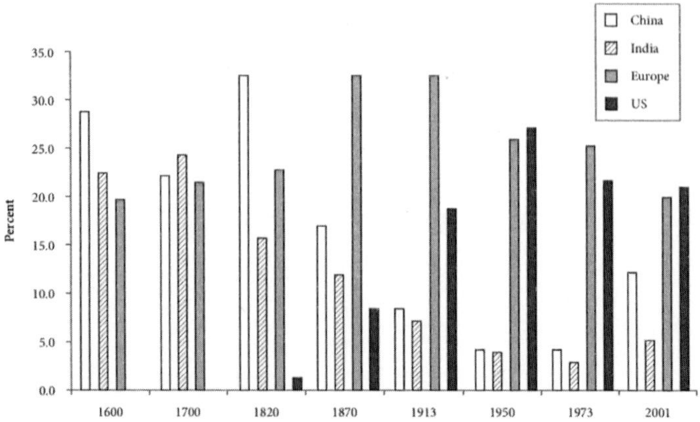

그림 1-1. 전 세계 GDP 점유율: 역사적 추세

출처: OECD(2003).

국들과 경제 교류를 폭발적으로 증대하였고 거대한 시장이자 수출 국가로 등장하게 되었다. 중국이 미국을 따라잡은 현상이 주로 최근에 부각되었지만 역사의 범주를 넓혀 보면 중국은 결국 세계 경제 대국으로 재부상한 것임을 알 수 있다.

한편 유럽이나 미국에 비해 중국과 같은 신흥 국가들(emerging markets)의 경제성장은 그 속도나 규모가 거의 전례 없다. 〈그림 1-2〉는 영국, 미국, 독일, 일본, 한국, 중국, 인도가 1인당 실질 국내총생산(per capita GDP)을 2배로 늘리는 데 걸린 시간을 비교해서 보여 주고 있다. 영국의 154년, 미국의 65년, 독일의 69년, 일본의 23년 등에 비해 중국은 단지 12년이 걸렸을 뿐이다. 중국보다 빨리 2배 달성에 성공한 나라는 한국이 거의 유일하다. 게다가 1인당 국내총생산이 두 배가 되는 시점에서의 인구 규모 또한 중요한 지표가 아닐 수 없다. 영국의 9백만 명, 미국의 1천

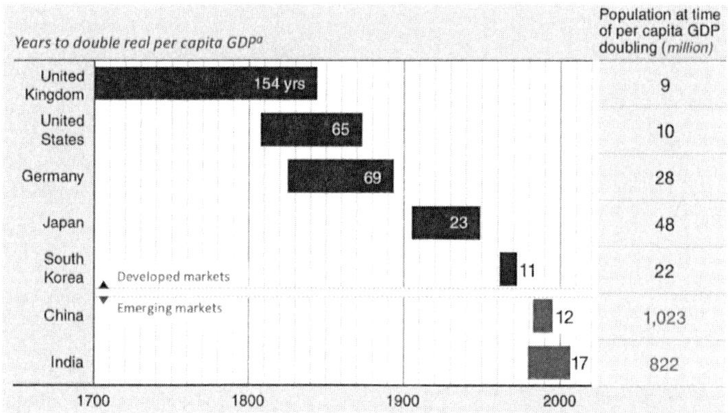

그림 1-2. 1인당 실질 국내총생산이 2배가 되는 데 걸린 시간 국가별 비교

출처: Maddison-Project Database(2013).

만 명, 독일의 2천8백만 명, 일본의 4천8백만 명, 한국의 2천2백만 명에 비해 중국은 10억 명을 상회하는 시기에 1인당 실질 국내총생산이 두 배가 되었다. 결국 한 국가의 전체 경제력은 1인당 국내총생산에 인구 숫자를 곱한 것이라고 볼 때 중국의 경제력 상승은 속도 못지않게 규모가 엄청나다. 물론 중국의 급속한 경제 발전은 국내적으로 소득 불평등과 지역 불균형 등 적지 않은 문제를 동시에 내포하고 있는 것 또한 사실이다. 〈그림 1-3〉은 주요 기관들이 전망한 중국의 미국 추월 예상 시점을 보여 준다. 예를 들어 IMF는 2016년을 추월 시점으로 이미 2011년에 예상했을 정도였다. 구매력 평가지수(purchasing power parity) 기준으로 하면 국내총생산(GDP)의 경우 2014년에 이미 중국 경제는 미국을 넘어선 것으로 평가된다. 결론적으로 경제력, 군사력 등 지표로 살펴볼 때 중국의 부상과 미국의 쇠퇴는 부인하기 어려운 현실로 인식된다.

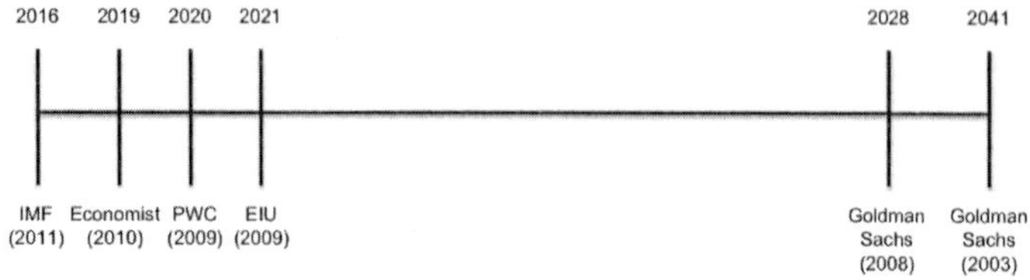

그림 1-3. 중국 경제가 미국 경제를 추월할 것으로 예측된 시점들

출처: Cox and Stokes(2012, 416).

미국 쇠퇴론에 대한 반론은 나이(Joseph Nye)가 주도해 왔다. 나이(2015)에 따르면 권력(power)은 결국 상대방이 자신의 원하는 바를 하도록 만드는 능력인데 강제(coercion), 지불(payment), 그리고 설득(persuasion)이다. 이 중 강요(sticks)와 대가(carrots)는 강성 권력(hard power)이며 매력(attraction)은 연성 권력(soft power)인데 결국 군사력 및 경제력과는 별개의 권력이다. 20세기 이후 미국의 글로벌 리더십을 설명하는 주요 변수라고 나이는 해석한다. 달리 말해 미국이 국제 질서에서 수행한 역할은 전통적 의미의 헤게모니(hegemony)에 따른 지배가 아닌 "반쪽짜리 헤게모니"(half-hegemony) 형식으로서 유럽 및 아시아 민주주의 국가들과의 공동 지배 형태였다고 주장한다. 20세기 팍스 아메리카나는 결국 "초청받은 제국"(empire by invitation) 형식이었음을 강조한다. 더구나 기술, 과학, 교육 등 전통적 국력 지표와는 구분되는 요소들이 21세기 들어 점점 더 중요해질 것이므로 미국이 대다수인 고등교육 기관 상위 순위 또한 미국 쇠퇴론을 정면으로 반박할 증거라 할 수 있다. 따라서 나이는 경제적 지표로만 예측하는 미국 쇠퇴론은 오류이며 당분간 미국이 주도하는 국제 질서에 큰 변화는 없을 것으로 본다.

미국 쇠퇴론 반박에 대한 재반박을 주도하는 학자들 중에서는 레인(Christopher Layne)이 대표적이다. 레인의 재반박 주장은 주로 중국이나 인도 등 신흥 라이벌과의 비교에 근거하기보다는 미국 자체 내의 여러 가지 징후를 기초로 한다. 소위 단극 정점 시대(unipolar moment)에서 단극 탈출(unipolar exit) 시대에 접어들었음을 지적하며 레인은 미국 경제의 구조적 위기를 구체적으로 명시한다. 재정 위기(fiscal crisis)가 이미 장기간 지속되었으며 미국이 전 세계 최대 부채 국가(debt country)인 사실, 만성적 재정 및 무역 적자에 시달리고 있는 점, 기축통화로서의 달러 가치가 얼마 되지 않아 흔들릴 것이란 예상, 결국 재정 및 경제 위기는 미국으로 하여금 축소 정책(retrench)을 택하지 않을 수 없게 되리라는 주장이다.

레인의 재반박 주장에 대한 이론의 여지는 거의 없어 보인다. 문제는 미국 쇠퇴론을 인정할 수밖에 없는 여러 지표들이 최근 들어 새로 나타난 현상을 가리키는 것은 아니라는 점이다. 특히 만성적 경제 악화 지표와는 별개로 정치적인 레토릭이나 이념적인 동원 등은 선거의 나라 미국에서 대외 정책의 방향과 관련 핵심적인 역할을 담당한다. 게다가 기축통화로서의 달러 위상 악화는 사실이지만 현실적으로 국제 시장에서 이를 명확히 대체할 결제 수단이 부재하다는 점은 쇠퇴론이 어느 정도 상대적 개념인지 여실히 보여준다고 볼 수 있다. 심리적 영향력이 큰 국제 금융 시장에서 달러의 가치와 필요성은 앞으로도 상당 기간 지속된다고 예상해 볼 때 기축통화를 찍어 낼 수 있는(printing money) 미국 정부와 국민이 생각하는 적자와 부채 경제(deficit/debt economy) 심각성은 미국 대외 정책의 근본적 변화를 일시에 가져올 만큼 크지 않다고 해석해 볼 수 있다. 결론적으로 미국의 글로벌 리더십이 전통적 국제 정치 의미에서의 "제국"이 아니라는 점에서 국내 경제적 문제점들로만 미국 쇠퇴를 단정 짓는 것은 다소 성급한 감이 없지 않다.

미국이 20세기부터 감당하고 있는 자유주의적 국제주의 리더 국가로서의 역할에 있어서 통상적으로 이해되는 두 가지 축은 동맹을 중심으로 한 안보 영역, 그리고 자유 무역을 내용으로 하는 경제 분야이다. 소위 평화와 번영 개념인데 해리스(Harris 2018)는 여기에 한 가지 중요한 차원을 추가해야 한다고 주장한다. 바로 "군사주의적 보루"(militarist redoubt) 요소인데 대규모 국방 체제(large military establishment)가 70년 넘게 지속된 미국의 글로벌 리더십에 필수적이며 국익에도 부합된다는 일종의 국내적 합의 요소라고 본다. 실제로 닉슨의 데탕트(detente) 접근법을 이어받은 것은 1980년대 민주당으로서 소련과의 군축 협상과 핵 동결에 방점을 두었다.

이에 비해 1980년 카터 대통령을 물리치고 대선에서 승리한 레이건 행정부는 "언덕 위의 빛나는 도시"(shining city upon a hill) 슬로건을 통해 미국 국민들의 자존심을 회복시키고 소련을 "악의 제국"(evil empire)으로 표현함으로써 반공주의 국내 동원에 성공한다. 이에 기반하여 대규모 자본 집약적 국방 예산 증액을 밀어붙임으로써 냉전과 냉전 이후 시기에도 군사주의적 접근법이 미국 정치의 대원칙으로 자리 잡도록 만들었다. 시리아와 이라크 등 해

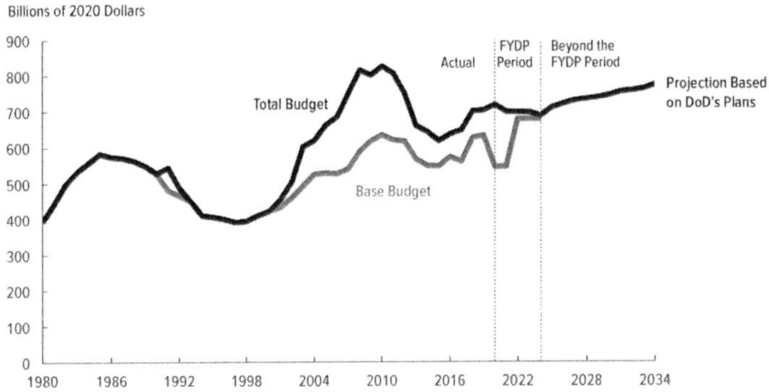

그림 1-4. 미국 국방 예산 증대 예상치

출처: Congressional Budget Office.

외 주둔 미국 군대를 철수하고 베네수엘라 군사 개입을 자제할 뿐만 아니라 동맹국에 터무니없는 방위비 분담금 증액을 요구함으로써 소위 축소주의적 성향을 보이는 트럼프도 미국 국내의 국방 예산과 국방 체제에 대해서는 오히려 이전보다 강화하는 성향을 보이고 있다. 〈그림 1-4〉는 미국 의회 산하 예산국에서 예상한 향후 미국 국방비 증액 경향인데 냉전 종료 직후인 클린턴 1기 행정부 당시와 대규모 금융 위기 이후 오바마 2기 행정부 당시를 제외하면 탈냉전 시대에도 여전히 미국 국방 예산은 증액 일로를 취하고 있다는 사실을 알 수 있다.

실제로 중국과 관련된 미국 대외 정책 또한 군사력 사용에 있어서 제약을 고려하기보다는 당연한 선택 사항으로 인식되고 있는 점 또한 분명해 보인다. 다시 말해 필요한 경우 미국이 중국에 대해 군사력 혹은 군사적 위협을 대외 정책의 필수적 정책 사항으로 사용하게 되는 상황에 대해 그 제약이 논의되는 적은 거의 없

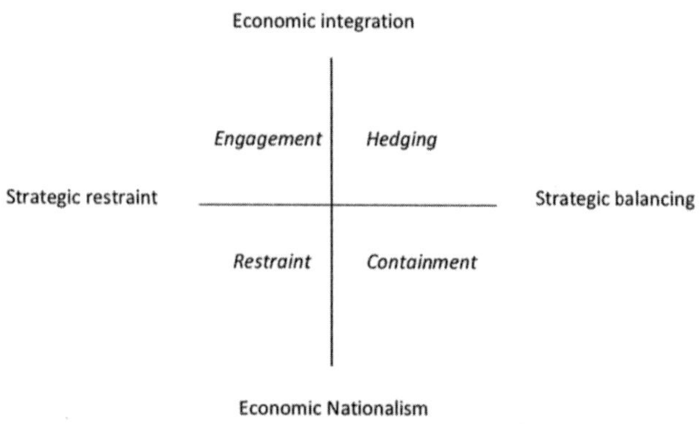

그림 1-5. 경제-안보 통합 관점으로 분류한 미국의 대중국 전략
출처: Trubowitz, Harris, and Seo(2017).

다. 미국 국내정치 맥락상 중국이라는 안보 위협에 대해 주어진 한계 하에서의 국방력으로만 대처하자는 주장은 어느 누구도 내놓기 어렵기 때문이다. 현재 진행 중인 민주당 대선 후보 경선 과정에서도 국방비 삭감에 대해 뚜렷한 합의 내용은 나오지 않고 있다. 트럼프 시대 외교정책 흐름을 잘 설명하는 잭슨주의적 외교정책(Jacksonian foreign policy) 경우에 있어서도 압도적 군사력 우위는 필수적 조건이다.

〈그림 1-5〉는 경제 측면과 안보 상황을 동시에 고려한 미국의 대중국 전략 옵션을 정리해 놓고 있다(Trubowitz, Harris, and Seo 2017). 중국에 대한 정책을 고려할 때 이전 냉전 시기와는 달리 경제적 차원을 고려하지 않을 수 없기에 2차원적인 논의가 필요하다. 예를 들어 기존의 공화당 전통 방식은 군사적으로 중국을 견제하고(strategic balancing), 경제적으로 중국을 세계 경제에 통합시키는(economic integration) 방식, 즉 헷징(hedging)을 전

략으로 선택해 왔다. 2000년 당시 클린턴 행정부는 중국이 WTO에 가입할 수 있도록 미국 국내법을 통과시킴과 동시에 군사적 맞대응은 자제하는 축소 전략을 구사하였다. 정책 선택지는 일종의 포용(engagement)이었다. 이에 반해 2017년 이후 트럼프 행정부는 군사적 균형(balancing)과 더불어 경제적 민족주의(economic nationalism) 노선을 택함으로써 결과적으로 봉쇄(containment) 전략을 시행하고 있는 중으로 해석해 볼 수 있다.

III 미·중 관계와 미국 정치: 정치 제도, 정당 정치, 정치 과정

1979년 카터 행정부가 주도한 미국과 중국 간 국교 정상화(normalization) 이래 미국의 중국 정책은 일종의 패턴을 반복해 온 것이 사실이다. 대통령 선거 국면에서는 중국을 비판하고 견제하는 레토릭에 집중하다가 당선 이후 정책 집행 차원에서는 중국과의 통상 확대에 치중해 온 것이다. 1980년 대만(Taiwan)에 무기 수출을 주장하며 중국 공산당을 자극했던 레이건 후보, 1992년 현직 아버지 부시 대통령의 미온적 태도에 맞서 "북경의 도살자들(Butcher of Beijing)"이라는 표현을 사용한 클린턴 후보, 2000년 선거에서 기존의 민주당 정권을 비판하며 중국은 전략적 협력자가 아닌 전략적 경쟁자(strategic competitor)라고 규정했던 아들 부시 후보 등은 일관되게 선거 때 중국 비판(China-bashing)에 몰두하였다. 대규모 금융 위기 당시 중국의 수출 시장이 필요했던 오바마 후보만이 최근 들어 중국 때리기 없이 대선을 치른 유일한 사례였다. 그런데 중국과의 경제 교류가 시작된 1980년 이래 레이건, 클린턴, 부시, 오바마 모두 예외 없이 중국과의 자유 무역을 옹호하게 된다. 2016년 대선에서 트럼프 후보가 중국에 대한 거침없는 비판을 쏟아낼 때만 하더라도 만일 당선된다면 트럼프 대통령 역시 비슷한 패턴을 반복할 것으로 대다수 전문가들은 예측했다. 하지만 잘 알려진 대로 트럼프는 중국과의 무역 전쟁을 수행 중인 2차 대전 이후 최초의 미국 (공화당) 대통령이 되었다.

미국의 중국 정책을 분석하고 전망하기 위해 필수적인 미국 정치와의 연결 방식은 다음의 세 가지 기준을 생각해 볼 수 있다. 첫째, 정치 제도 차원이다. 주로 대통령과 의회의 상호작용이 주된 요소인데 기존의 입법 정치(lawmaking) 방식에서 현재의 행정명령(executive order) 위주 방식이 가지는 함의에 대한 분석이 필요하다. 둘째, 정당정치 차원이다. 주로 공화당과 민주당의 중국 정책에 대한 대외적 입장과 내부적 단합이 연구 대상이다. 정치 양극화(polarization) 시대임에도 불구하고 과연 중국 이슈를 둘러싸고 당파적 정당 경쟁이 이루어지고 있는지 파악해 볼 필요가 있다. 그렇지 않다면 이유는 무엇이고 미국의 중국 정책 결정에 있어 어떤 의미를 가지는 것인지 탐색해 볼 필요가 있다. 셋째, 정치 과정 차원이다. 특히 트럼프 시대에 변화된 여론 입장에 대해 조사해 볼 필요가 있다. 이전 대통령들이 보여준 중국 입장이 "선거 때 비판, 재임 시 협력"이었던 점을 고려해 볼 때 트럼프 대통령은 확실히 다른 면모를 보여주고 있다. 더구나 중국 관련 부정적 국내 여론을 대통령이 선도하고 있는 측면이 없지 않다. 미국 전체의 여론과 경합주의 여론이 얼마나 같은지 혹은 다른지에 대해 유의해서 살펴보아야 한다.

1. 미국 제도 정치와 중국 정책

두말할 필요도 없이 미국의 대중국 정책을 이해하기 위해서는 미국 정치를 살펴보아야 한다. 특히 두 가지 차원, 의회-대통령 관계라는 정치 제도(institutional politics) 차원 그리고 정당 경쟁이라는 정당정치(party politics) 차원에 대한 분석이 필수적이다. 우선 의회-대통령 차원에서 주목해야 할 점은 입법 정치(lawmaking politics)와 행정명령(executive order)이라는 정책 형식에 관한 문제이다. 1979년 미국과 중국의 정식 수교 이후 미국과 중국 간 폭발적으로 증가한 경제 교류는 사실 미국 국내법을 고려해 볼 때 간단한 이슈가 아니었다. 1974년 만들어진 무역법(Trade Act)에 붙여진 잭슨-베닉 수정안(Jackson-Vanik Amendment)은 원래 소련을 타깃으로 삼은 경제 교류 제한 법률이었다. 반(反)시장주의 국가라는 광범위한 정의에 따라 중국도 이에 해당되었고 카터 행정부 임기 마지막 해 이후부터 대통령이 잭슨-베닉 수정안 유예(waiver) 결정을 하고 의회가 이에 대해 불승인 결의안을 채택하지 않는 방식으로 미국은 그 해결책을 찾아 왔다.

1989년 6월 천안문 사태가 불거진 이후 민주당은 부시(George H. W. Bush) 대통령의 미온적 대응을 정치적 공격의 소재로 삼고 행정부의 유예 결정에 대한 불승인 결의안 표결을 시도하기 시작한다. 이후 매년 중국에 최혜국대우(MFN) 조항을 부여할지 여부에 대해 상원과 하원은 표결을 통해 결정했다. 물론 미국 상원은 단 한 번도 불승인 결의안을 통과시키지 않음으로써 중국과의 통상 거래에는 실질적 영향이 미치지 않았지만 미국 국내적으로 중국에 대한 정치적 견제 효과는 나름 거두어 왔다. 마침내 중국을 세계무역기구(WTO)에 가입시키기 위한 영구적 최혜국대우(Permanent Normal Trade Relations) 법안에 대해 클린턴 대통령이 2기 행정부 마지막 해인 2000년에 민주당 당내 반발을 무릅쓰고 밀어붙였다. 공화당의 전폭적 지원과 민주당 내 일부 자유무역주의자들의 지원 속에 중국 무역 자유화 법안(H. R. 4444)이 미국 의회를 통과했고 중국은 마침내 2001년 WTO에 가입하게 된다.

주목할 점은 미국 의회가 입법 정치로 중국 관련 주요 정책 변화를 초래한 적은 2000년 중국의 최혜국대우 조항 논란이 종지부를 찍게 된 이후 실제로 없다는 사실이다. 물론 미국은 불공정 무역, 티베트 인권, 타이완 문제, 지적 재산권 문제 등 다양한 중국 관련 이슈에 대해 결의안(resolutions)들을 통과시키고 있다. 하지만 미국의 중국 정책을 실질적으로 변화시킬 주요 입법은 2000년 이후 만들어지지 않고 있다. 2005년 중국의 인위적 위안화 평가절하(currency manipulation)가 미국 내 커다란 경제 이슈로 불거졌을 때 공화당의 보수 아이콘인 그래험(Lindsey Graham) 의원과 뉴욕 출신 민주당 중진 슈머(Chuck Schumer) 의원이 중국 수입품에 일괄적으로 27.5퍼센트 관세를 부과하는 초강수 입법을 시도한 적이 있다. 두 의원은 중국을 함께 방문하는 등 미국의 압력을 과시하였지만 실제로 미국 상원 내에서 표결조차 부쳐지지 못한 상태로 유야무야되었다. 주로 대통령 선거 해에 후보들이 중국을 비판하고 중국을 손볼 공약을 제시해 왔지만 당선 이후에는 세계 최대 시장인 중국 친화적인 정책을 펼쳐 왔음은 앞서 지적한 바 있다.

2000년 이후 정치 제도적 차원에서 중국에 대한 실질적 정책 대응에 실패해 온 미국 정치에 있어 트럼프의 등장은 전혀 다른 차원의 중국 대응이 가능함을 알게 만들었다. 2차 세계대전 이후 대통령에게 관세 정책 권한을 대폭 이양해 온 미국 의회는 1962년 무역 확장법(Trade Expansion Act)을 통과시켰다. 케네디 행정부 최대 승리로 평가되었던 자유무역 법안의 232조에는 당시 공산 국가들에 대한 미국의 단호한 조치가 담겨 있었다. 바로 "국가 안보"(national security)와 관련 있는 경우 대통령이 25퍼센트 관세 부과 권한을 가지도록 규정한 것이었다. 당시 이 조항을 만들었던 미국 의회는 약 55년 이후 공화당 대통령이 이를 이용하여 무역 전쟁을 주도하게 될지 상상도 하지 못하였을 것이다. 입법 정치 중심인 미국의 경우 법적 근거가 분명한 대통령의 임의석 관세 부과 권한은 중국과의 무역 불균형을 해소하고 중국으로 건너 간 기업들을 미국으로 되돌아오도록 유도하는 트럼프에 의해 철저히 이용되고 있는 상황이다.

사실 무역 확장법 232조에 따르면 이해관계 당사자인 경우 누구라도 미국 상무부(Department of Commerce)에 해당 수입품이 미국의 국가 안보에 해가 되는지 조사하도록 요구할 수 있다. 상무부 조사 결과 사실로 판명되면 대통령에게 보고되며 대통령은 15일 안에 제한 없는 관세 부과 결정을 내릴 수 있다. 의회도 행정부 결정에 대한 어느 정도의 감독 권한을 행사할 수 있다. 1980년 석유 제품에 대해 카터 대통령이 국가 안보를 근거로 관세를 부과하였고 이에 동의하지 않은 미국 의회는 불승인 결의안을 통과시킨 바 있다. 무역 확장법 232항 (f) 문단을 수정하여 불승인 결의안 대상이 되는 품목을 확대시킬 수 있는 권한도 의회에 배정되어 있다. 실제로 트럼프 시대 미국과 중국 간 무역 분쟁의 장기화를 우려한 공화당 코커(Bob Corker) 상원 외교위원장과 투미(Pat Toomey) 공화당 상원 의원은 115대(2017-2019) 의회 당시 무역 확장법 수정안을 상정하고자 시도하였다.[1] 하지만 상원의 찬성표 부족과 트럼프 대통령의 비토(veto) 가능성을 근거로 공화당 상원 원내 대표 맥코넬(Mitch McConnell)은 표결을 위한 의안 상정 자체를 거부하였다.

대통령의 과도한 관세 권한을 우려한 일부 의원들과 전문가들은 국가 안보 조항 행사를 위한 추가 필수 사항으로 미국 무역위원회(International Trade Commission) 주도의 경제 영향 분석을 포함해야 한다고 주장한다. 의회와 협의를 필수 사항으로 하거나 관세에 대해 의회의 추가적 승인 절차를 도입해야 한다고 주장한다. 뿐만 아니라 행정부에 이미 대폭 양보한 무역 관련 권한들에 대해서 광범위한 재검토를 실시하고 의회 권한을 되찾아 와야 한다는 지적도 있다. 그럼에도 불구하고 의회는 무역 정책뿐만 아니라 거의 모든 정책 영역에서 행정부로의 권한 이양을 통해 정치적 실리를 챙겨 왔음을 부인하기 어렵다. 정치 현실적으로 이를 다시 돌려

1 수정안 내용은 다음과 같다. "232항 국가 안보 조항에 근거한 관세 부과에 대해 의회는 60일 이내에 이를 승인할 수 있다. 별도 조치가 없으면 대통령 관세 부과는 무효화된다." Alexander Bolton. "GOP senator pans Trump's aid to farmers as 'very bad policy'." *The Hill*, May 15, 2019.

놓는 일은 거의 불가능하다.

결정적으로 중국과의 무역 전쟁을 진두지휘하는 행정부 수장이 전례 없는 '공화당' 대통령(Republican President)이라는 점 또한 전통적 자유무역 정당인 공화당의 대응을 복잡하게 만들고 있다. 한편 민주당은 그동안 자신들이 선호해 온 중국 관련 보호 무역 조치에 대해 트럼프 대통령의 리더십을 전적으로 부인하기 어려운 실정이다. 무역 확장법 232조를 둘러싼 대통령의 관세 권한 사용 논쟁은 현재도 진행 중이며 의회 차원의 체계적 대응을 주목해서 볼 필요가 있다. 현재로서는 제도 정치 차원에 있어 의회 주도의 입법 정치가 아닌 행정부 주도 행정명령이 미국의 중국 정책 근간임을 이해하는 일이 필수적이다.

2. 미국 정당 정치와 중국 문제

미국 제도 정치의 특성상 의회가 주도하는 중국 정책이 더 이상 만들어지지 않는 배경에는 미국 정당정치 맥락도 중요한 요소로 자리 잡고 있다. 잘 알려진 대로 미국은 건국 이후부터 현재까지 연방 의회 선거를 단순 다수제(plurality)로 치르고 있다. 득표율이 1등인 오직 한 명만 대표로 당선될 뿐만 아니라("winner-takes-it-all") 비례 대표제는 한 번도 채택한 적이 없는 미국 의회는 철저한 양당제(two-party system)로 운영되어 왔다. 이러한 양당 경쟁 체제 하에서 특정 이슈를 둘러싼 정책 연합이 형성되는 양상은 크게 네 가지 정도로 분류해 볼 수 있다. 두 정당이 모두 찬성 혹은 반대 어느 한쪽으로 입장을 정한 초당파적(bipartisan) 이슈, 한 정당이

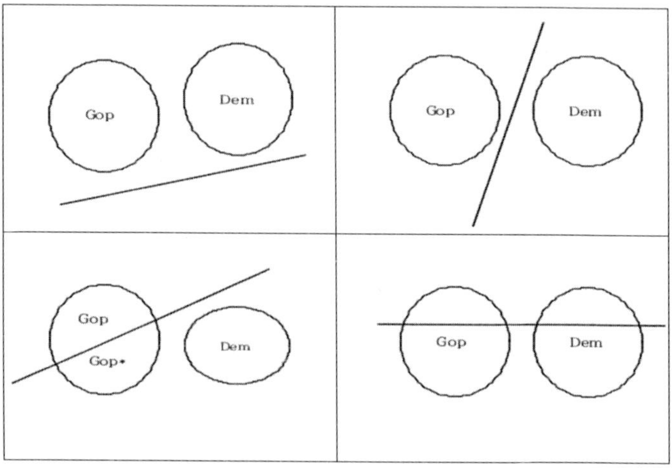

그림 1-6. 미국 양당제 정당정치와 이슈를 둘러싼 정책 연합 분류
출처: Seo(2019, 116).

다른 정당과는 정반대의 입장을 가지고 있는 당파적(partisan) 이슈, 한 정당은 당내가 단합되어 있는 반면 다른 정당은 당 내부에 이견이 존재하는 분열 이슈(wedge issue), 마지막으로 두 정당 모두 내부적으로 분열되어 있는 동시 분열 이슈(cross-cutting issue)가 그것이다. 〈그림 1-6〉은 이러한 상황을 잘 보여준다.

미국 정당 경쟁과 중국 이슈 상관성을 고려해 볼 때 초당파적 이슈는 앞서 설명한 대로 주로 두 정당 간 의견 일치가 상대적으로 쉽게 이루어지는 분야라고 볼 수 있다. 중국의 불공정 무역 관행에 대한 비판, 티베트 등 중국 접경 지역의 인권 및 민주주의 문제, 타이완에 대한 무기 수출과 중국 압박 이슈 등은 공화당과 민주당이 의견 일치된 초당파적 이슈다. 다만 결의안 통과 등 의회의 상징적인 조치가 주를 이룬다. 현재 미국 정치 특징 중 하나인 양극화(polarization) 상황에서 중국 문제가 당파적 이슈가 되는 경우는 예상보다 많지 않다. 다시 말해 안보 혹은 통상 관련 두 정당이 중국 문제에 있어 정반대의 정책을 제안하기에는 당내 사정이 매우 복잡하다. 공화당의 경우 중국을 안보 위협으로 인식하는 그룹, 세계 최대의 수출 시장으로 바라보는 그룹, 낙태 혹은 종교 등 보수 정당이 용인할 수 없는 사회 문제가 만연한 나라로 비판하는 그룹 등 다양한 당내 세력이 존재한다. 민주당의 경우에도 포용 정책으로 중국을 국제 정치-경제 질서에 안착시켜야 한다는 온건파(moderates)와 보호 무역 조치를 통해 중국 경제를 견제해야 한다는 진보파(progressives) 등으로 당내 입장 정리가 안 되어 있다.

현재 미국 정당정치에 있어서 중국 이슈는 동시 분열 이슈(cross-cutting issue)에 가깝다고 볼 수 있다. 역사적 사례를 살펴보면 분열 이슈(wedge issue) 상황인 경우 미국의 중국 정책 변화가 이루어졌음을 알 수 있다. 1882년 미국 의회가 중국인 노동자 10년 입국 금지 법안을 통과시킬 때 공화당은 분열되어 있었고 민주당은 단합되어 있었다. 2000년 중국에 대한 최혜국대우 조항 영구화 법안 통과 당시에는 민주당이 분열되어 있었고 공화당이 단결하고 있었다. 결론적으로 공화당과 민주당 두 정당이 향후 중국 문제에 대해 어떤 당내 역학 상황을 보이는지에 따라 제도 정치와 맞물려 중국 정책이 변할 수도 있고 그대로일 수도 있는 점이 미국 정치 특성이라 할 수 있다.

3. 미국 정치 과정과 중국 이슈

탈냉전 이후 클린턴 행정부 당시 미국은 새로운 대외 정책(American grand strategy)에 대한 깊은 고민과 논쟁을 회피하였다. 소련이라는 이념적 라이벌이 사라진 마당에 국민들의 관심은 평화 지분(peace dividend)에 쏠려 있었고 1990년대 이후 낮은 석유 가격과 낮은 이자율 등으로 인해 미국 경제가 역사상 최대 호황을 누리게 되자 새로운 외교정책 전환이 체계적으로 이루어지지 않았다. 민주당 행정부 시기였지만 "큰 정부 시대는 끝났다"(The era of big government is over)며 규제 완화와 복지 축소를 밀어 붙였고 인터넷 시대가 열리면서 국제 금융 자본주의 시대를 미국이 주도하는 상황이 전개되었다. 아들 부시 행정부는 9·11 이후 2003년 이라크 전쟁을 개시하였지만 2005년 이후 이라크 내부의 종파 갈등으로 인한 이라크 전쟁 실패가 분명하게 드러났고 2008년 주택시장 거품 붕괴로 촉발된 대규모 경제 위기는 미국 중산층 몰락을 가져왔다. 〈그림 1-7〉은 중국과의 통상으로 인한 지역구 내 일자리 상실(job loss) 정도를 측정한 내용이다. 오토(Autor 2017) 등 경제학자들이 분석한 바에 의하면 짙은 색으로 칠해진 곳일수록 중국과의 무역이 미국 내의 일자리 손실을 가져왔다는 것이다.

미국의 중국 정책과 관련하여 트럼프 대통령은 여러 가지 특이점을 보여준다. 첫째, 전체적으로 선거 당시 내건 공약을 대부분 그대로 실천하는 특이한 대통령이다. 미국 역사상 대부분의 대통령들은 후보 시절 내건 약속과는 달리 당선 이후에는 중국과의 자유 무역에 방점을 찍어 왔다. 이에 반해 트럼프 대통령은 환태평

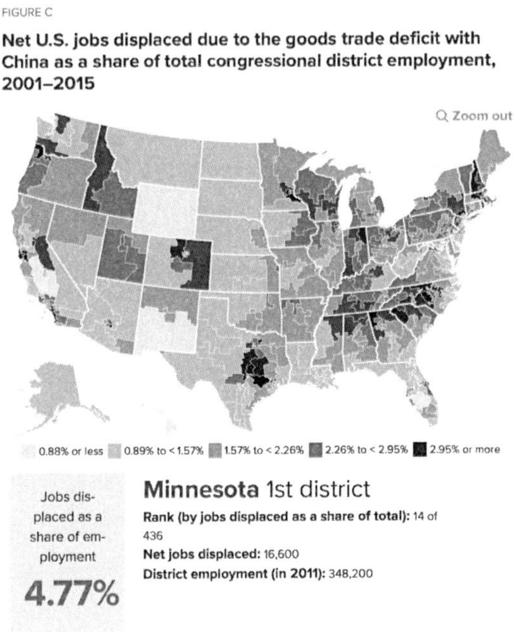

그림 1-7. 중국과의 교역으로 인한 미국 내 일사리 손실 정도

출처: Econonmic Policy Institute.

양동반자협정(TPP) 철폐, 파리기후협정 탈퇴, 이란핵협정(JCPOA) 탈퇴, 자유무역협정 재협상, 멕시코와의 국경 장벽 건설, 오바마 의료개혁 법안 철폐 등 선거 당시 공약을 취임 이후 밀어붙였다. 이 중에 의회가 해결해야 하는 오바마캐어(ObamaCare) 철폐를 제외하면 대부분 자신의 소신대로 성과를 어느 정도 이루었다. 국경 장벽 건설 관련해서는 국가비상사태를 선포하고 거부권을 행사할 정도까지 강력하게 추진하고 있다.

둘째, 정치 양극화 시대에 지지 기반 중심 정치(base politics)를 노골적으로 펼치는 특이한 대통령이다. 레이건 시대 이후 양극화가 진행되었지만 클린턴, 부시, 오바마 모두 적어도 겉으로는 국민 통합과 양극화 해소를 위해 애써 왔다. 이에 반해 트럼프는 자신에게 반대하는 민주당 지도부를 싸잡아 비판하고 자신에 비판적인 모든 진보 미디어를 가짜 뉴스(fake news)라고 단정 짓고 있다. 언론을 국민의 적이라고도 부른다. 그런데 트럼프의 가짜 뉴스 부추기기는 트럼프의 일방적 전략이라고만 보기 어렵다. 보수 유권자의 거의 88퍼센트 정도가 ABC, NBC, CBS 등 지상파 뉴스 채널과 뉴욕타임스, 워싱턴포스트 등 신문사의 보도에 대해 신뢰하기 어렵다는 정서를 가지고 있다. 외교 관련 미디어의 중요성에 비추어 볼 때 심각한 상황이다.

트럼프 대통령의 중국 정책과 관련하여 주목할 점은 취임 이후 줄기차게 중국에 대한 공격을 집중함으로써 국민 여론 또한 자신에게 유리하도록 만든 측면이 있다는 점이다. 〈그림 1-8〉은 퓨리서치센터(Pew Research Center)에서 조사한 미국 국민들의 중국에 대한 호감/비호감 정도의 추세 변화인데 2017년 이래 중국에 대한 비호감 추세가 점증하고 있음을 알 수 있다. 외교정책과 여론 동향의 주제 관련 "누가 누구를 대변하는 것인가?"(who is leading whom?)의 문제는 늘 규명하기 어렵다. 하지만 미국 국민들의 중국에 대한 반감이 갑자기 커져서 트럼프 대통령이 이를 대변하고 있다고 보기에는 다소 무리다. 반대로 트럼프 대통령이 취임 이후 줄곧 중국이 누리는 미국과의 무역 흑자 문제를 지속적으로 제기하여 왔고 중국이 지적 재산권 보호 등에 소홀한 점을 비판하여 왔음을 고려해 볼 때 대통령이 여론을 선도하는 경향을 주목하지 않을 수 없다.

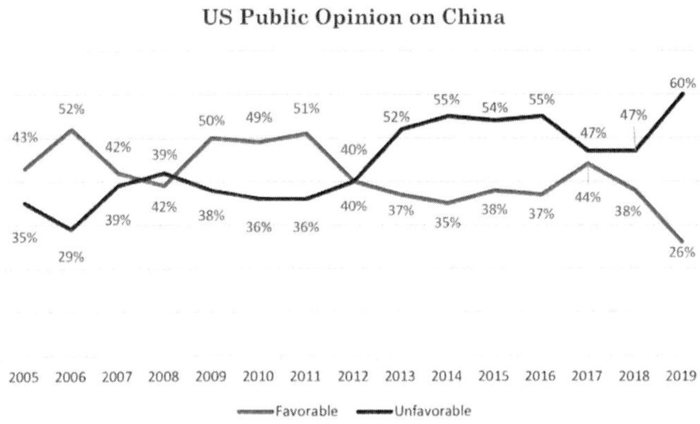

그림 1-8. 중국에 대한 호감/비호감 여론 변화 추이

출처: Pew Research Center. Spring 2019 Global Attitudes Survey.

다만 한 가지 더 주의를 요하는 사항은 트럼프 대통령이 중국 관련 문제 제기를 하는 경우 대부분 통상 이슈에 국한된다는 점이다. 관세 폭탄을 통해 중국이 무역 흑자를 줄이고 미국 농산물을 더 많이 사도록 압박하는 일에 트럼프 대통령의 관심이 온통 집중되어 있다. 이와는 달리 남중국해 문제, 홍콩 시위 문제 등 중국과 관련된 전통적인 지정학적(geopolitical) 이슈들에 대해서는 구체적 입장을 표명하고 있지 않다. 최근 홍콩 시위와 관련하여서도 미국 의회에서 발의한 홍콩 옹호 법안을 공개적으로 찬성하지 않았는데 무역 협상에 여지를 남겨두기 위함이라고 주장한 바 있다. 동시에 미국의 국방부, 국무부, NSC 등 관련 행정부 관료들이 인도-태평양 전략에 기초하여 엄청난 관심을 보이고 동시에 한국과 일본에 유형무형의 압박을 가해 온 한일군사정보보호협정(General Security of Military Information Agreement) 연장 문제에 있어 트럼프 대통령은 거의 입장을 내놓지 않았다. 2016년 대선 당시 상대 국가의 정권 교체(regime change)를 외교정책 일환으로 사용하지 않겠다는 공약으로 미루어 볼 때 트럼프는 철저하게 경제 문제에만 관심을 쏟고 있는 것으로 보인다.

결국 트럼프 시대는 "미국 우선(America First)을 통해 미국을 다시 위대하게(Make America Great Again)"라는 슬로건이 보여주듯 미국 쇠퇴론에 대해 자국 이익 중심 대외 정책으로 반박하고 있는 모양새다. 미국의 상대적 쇠퇴를 공개적으로 인정하기보다는 대선 경합주(swing states)와 겹치는 미국 중서부 러스트 벨트(Rust Belt) 지역의 백인 노동자 계층(white working class) 선호에 맞게 중국 압박 정책을 추진하고 동시에 미국의 자존심을 지키는 국방력 증강 노력을 경주하고 있는 것으로 보인다. 냉전 시기 미국이 유지해 온 자유주의적 국제주의는 결국 내용상 군사주의적 국제주의(military Internationalism) 형태였음을 분석한 해리스(Harris 2018)의 주장대로 미국의 국방 체제는 당분간 국내 경제의 불안정에도 불구하고 지속될 것으로 보인다. 중국을 국제 협력의 파트너로 인정할 뿐만 아니라 약화된 경제 사정에 맞는 국방력 축소를 국민들에게 이해시킬 수 있는 공감 능력 소유자 미국 대통령이 등장하기를 예측하는 것은 쉽지 않다. 중국을 비방함으로써 분노 감정(resentment)을 자극하고 국방력 증강을 외침으로써 잭슨주의적 전통에 호소하는 일이 당장의 선거에 절대적으로 유리하기 때문이다. 미국 쇠퇴론이 경제적 지표에 주로 근거한 분석인 데 비해 미국 쇠퇴론 반박은 주로 정치적 동기에서 비롯됨을 이해하는 작업이 향후 미국의 중국 대응을 전망하는 데 필수적이라 할 수 있다.

IV 소결: 과연 '키신저 질서'는 무너졌는가?

닉슨 시대 추구된 이른바 '키신저(Kissinger) 질서'는 냉전 시대 미국 외교정책에 있어서 소위 '중국 카드'(China Card)로서의 의미가 강했다. 1960년대 말 이후 미국 경제의 쇠퇴와 베트남 전쟁 실패는 소련과의 무한 경쟁에 대해 국내정치적 이유로 제동을 걸게 만들었고 중국을 활용한 소련 견제 및 대화 유도 전략에 관심을 가지도록 만들었다. 냉전의 종식을 상상하기 어려웠던 당시 중국의 잠재력을 바탕으로 국제 질서 구도를 재편함으로써 소련과의 데탕트 시대를 공고화하려던 키신저 안보보좌관/국무장관의 대전략(grand strategy) 차원인 셈이다. 닉슨의 몰락에도 불구하고 포드(Ford) 대통령의 신임을 받은 키신저의 중국 전략은 민주당으로 정권이 바뀐 이후에도 전략적 효용성을 인정받게 되고 1979년 카터 행정부 시절 중국과의 국교 정상화를 끌어내기에 이른다. 1974년 무역법의 잭슨-베닉 수정조항(Jackson-Vanik Amendment)에 의해 중국과의 무역은 원칙적으로 금지되어 있었지만 국교 정상화 이후 미국 행정부는 이 조항에 대한 유예 조치(waiver)를 발표하고 의회는 이를 묵인하는 형식으로 중국과의 통상을 인정하게 된다. 이후 잘 알려져 있는 대로 미국과 중국의 통상 관계는 급격한 확대일로를 걷게 된다.

국교 정상화 이후 약 10년이 지난 후 발생한 1989년 천안문 사태는 미중관계가 미국정치화(Americanization) 단계를 거치도록 만드는 결정적 계기가 된다. 소련과의 냉전 대결이 마무리되던 시점에 그 동안의 경제 교류가 향후 중국의 민주주의를 가지고 올 것이라는 소위 '중국 환상'(China Fantasy)이 무참히 깨지는 효과를 낳게 된 것이다. 특히 1980년 이후 세 차례나 연속으로 대통령 권력을 공화당에 내준 민주당 입장에서는 부시 대통령의 미온적 대응이 중국 문제를 국내적으로 제기하기 수월하도록 만들어 주었다. 1991년 냉전 공식 종결 이후 더욱 본격적으로 미국 의회는 중국에 대한 최혜국대우 조항 부여 여부를 둘러싸고 중국 문제를 미국 정치 이슈로 다루게 된다. 그런데 닉슨 시대 개막된 미중 관계의 키신저 질서는 2000년 민주당 대통령 클린턴에 의해 그 정점을 찍게 된다. 소속당 의원들의 반대에도 불구하고 중도 온건 성향의 클린턴 대통령이 공화당의 전폭적 지지를 지렛대 삼아 중국 관련 항구적 무역 관계 법안(Permanent Normal Trade Relations)을 의회에서 통과시킴으로써 중국의 세계무역기구(WTO) 가입 길이 열리게 된 것이다.

사실 미국 입장에서 볼 때 중국 관계는 매우 특이한 현상이 아닐 수 없다. 20세기 국제 질서 리더십에 적극 가담하기로 한 미국이 다루어 온 세계는 크게 둘로 나뉘어 있었다. 동맹 관계 아니면 적대 관계가 그것이다. 그런데 중국은 그 둘 사이 어디엔가 존재하는 국가이다. 프리드버그(Friedberg 2011, 4) 표현대로 "주요 교역 국가(trading partner)이지만 민주주의 국가(democracy)가 아니고, 신뢰할 만한 친구 나라(trusted friend)가 아니지만 그렇다고 타도해야 할 원수 나라(sworn enemy)도 아니다." 미국의 중국 정책을 봉쇄-포용(congagement) 정책으로 분류해 온 이유이기도 하다. 역사적으로 세력 균형이나 다변화 외교 등에 비교적 민감하지 못했던 미국에게 중국은 국내정치 영향이라는 잠복 요인이 상대적으로 큰 나라였다. 다시 말해 대표적인 현실주의 이론가이자 정책 결정자인 키신저가 상정한 미중 관계 질서는 국내정치적 요소들이 비교적 발현되기 어려웠던 냉전 시기에 만들어졌고 유효했다. 혹은 2000년 클린턴 사례처럼 국내정치적 복잡성을 넘어서서 국가 이익 혹은 국제 질서를 우선시하는 미국 대통령 리더십이 발휘될 때 제대로 작동할 수 있는 질서라고 볼 수 있다. 냉전은 이미 종식되었고 지지 기반 우선 정치(base-first)를 펼치는 트럼프 시대에 키신저 질서 하의 미중 관계는 큰 위기에 봉착해 있다고 볼 수 있다.

그럼에도 불구하고 적도 친구도 아닌 미국의 대중국 관계 본질이 근본적으로 달라진 것으로 보이지는 않는다. 여전히 중국은 미국에게 중요한 시장이고 기회의 나라다. 경제 관계를 외교정책의 핵심으로 인식하는 미국 전통에 따르면 중국을 온전한 적으로 인식하기에는 이미 상호 교류의 폭이 깊고 넓으며 중국의 공산주의 성향이 미국 국민들 인식에 있어 미미하다. 중국을 비판하는 선거 운동이 끝나면 중국과의 교류에 집중해 온 역대 미국 대통령들의 행태가 이를 방증한다. 트럼프가 예외적으로 보이지만 행정 명령에 근거한 트럼프의 중국 무역 전쟁은 의회(Congress)를 동반한 미중 관계의 근본적 정책 변환이라고 보기는 쉽지 않다. 역설적으로 레토릭(rhetoric)을 중심으로 한 일종의 선거 운동 연장선으로 이해할 수도 있다. 최근의 소위 무역 분쟁 1차 합의에서도 알 수 있듯이 언제든 필요에 따라 일단락 지을 수 있는 성격의 대중국 접근이라는 의미다.

다만 미국의 중국 정책에 있어서 불균형과 불투명의 정도는 점점 증가하는 추세인 점을 지적하지 않을 수 없다. 포용 정책에 따라 중국을 국제 질서의 책임 있는 당사국(stakeholder)으로 끌어들임으로써 키신저 질서의 연장 및 확대를 추구하는 미국 국내의 정치적 세력이 점차 그 목소리를 내기 어려워지고 있다. 즉 불균형이 커지고 있다. 중국과의 경제 교류가 미국의 전체 이익에 얼마나 부합하는지에 대해 공개적으로 지지하기 어려워지는 분위기인 점에서 불투명 정도가 증가하고 있다. 중국에 대한 전략적 균형(strategic balancing)을 거론하지 않고서는 전략적 통합(strategic integration)을 주장하기 어려워지는 추세이다. 게다가 예측 불가능한 트럼프 대통령과 일정 정도 거리를 두고 있는 것으로 보이는 워싱턴의 소위 외교정책집단(foreign policy establishment)에게 있어 중국은 자신들의 생존을 위한 화두가 아닐 수 없다. 지지 집회(rally)에 가서 다룰 트럼프의 직접 관심사가 아닌 외교 안보 정책 사안의 경우 국무부, 국방부, NSC, 정보기관, 싱크탱크 등을 주축으로 한 외교정책집단은 자신들의 어젠다를 설정하고 언론과 유착하고 있는 상황이다. 예를 들어 최근의 소위 '인도-태평양 전략'에 대해 트럼프의 직접 언급은 거의 없는 반면 워싱턴의 행정가와 전문가, 그리고 관찰자들은 자주 인용하고 있는 중이다. 이들의 중국 관련 주요 관심사는 경제 교류 확대라기보다는 안보 이슈 활성화이다. 중국을 견제(containment)하는 정책의 수립과 홍보, 그리고 그에 따른 담론 형성이라고 보여진다. 향후 구체적 과제는 이들이 과연 어느 정도 미국의 중국에 대한 정책과 입장을 정확히 대변하고 있느냐에 대한 분석이 될 것이다.

참고문헌

서정건. 2019. 『미국 정치가 국제 이슈를 만날 때: 정쟁은 외교 앞에서 사라지는가 아니면 시작하는가』. 서울: 서강대학교 출판부.

Autor, David, David Dorn, Gordon Hanson, and Kaveh Majlesi. 2017. "Important Political Polarization? The Electoral Consequences of Rising Trade Exposure," *NBER Working Paper No.22637*, December.

Cox, Michael and Doug Stokes. 2012. *US Foreign Policy.* Oxford: Oxford University Press.

Harris, Peter. 2018. "Why Trump Won't Retrench: The Militarist Redoubt in American Foreign Policy," *Political Science Quarterly* 133(4): 611-640.

Friedberg, Aaron L. 2011. *A Contest for Supremacy: China, America, and the Struggle for Mastery in Asia.* New York: W. W. Norton and Company.

Layne, Christopher. 2006. *American Empire: A Debate.* New York: Routledge.

Nye, Joseph S. 2015. *Is the American Century Over?* MA: Polity Press.

Seo, Jungkun. 2019. "Building Coalitions and Making US Policy toward China," *Korean Social Science Journal* 46(2): 113-124.

Trubowitz, Peter, Peter Harris and Jungkun Seo. 2017. "Why Can't We Be Friends? Domestic Barriers to a US-China Grand Bargain," *Paper presented at the American Political Science Association Annual Conference.* San Francisco, California, September.

필자 소개

서정건 Seo, Jungkun

경희대학교 정치외교학과 교수
서울대학교 정치학과 졸업, 텍사스 대학교(오스틴) 정치학 박사

논저 『미국 정치가 국제 이슈를 만날 때: 정쟁은 외교 앞에서 사라지는가 아니면 시작하는가(2019)』, "Building Coalitions and Making US Policy toward China(2019)", "South Korea and the 2016 US Presidential Election: A Security-Trade Nexus Redefined?(2019)", "미국의 대한반도 국가 이익과 정책(2019)"

이메일 seojk@khu.ac.kr

제2장

트럼프에 대한 또 다른 평가

— 트럼프 3년 다시 보기

The Trump Presidency: an Unbiased and Alternative View

김준석 | 동국대학교 정치외교학과 교수

트럼프는 미국 정치의 이단아이다. 트럼프는 미국의 주류 정치는 물론, 주요 언론으로부터 매도에 가까운 배척을 받는다. 이는 일부 트럼프 개인이 대통령다움과 거리가 먼 모습에 기인한다. 하지만, 트럼프에 대한 미국 주류의 평가는 차라리 증오에 가깝고, 이는 트럼프에 대한 균형 있는 평가를 어렵게 한다. 특히, 이들 언론의 기사에 미국뉴스를 의존하는 우리 언론의 평가 역시 트럼프를 단지 '우스운 광대' 정도로 격하하는 점은 우려된다. 이 글은 이러한 시각을 보완하기 위해 작성되었다. 먼저, '트럼프가 성과가 없다'라는 시각은 대단한 오해란 점을 지적한다. 트럼프 3년 하에서 미국 경제는 사상 초유의 호황을 누렸다. 이는 GDP와 주식시장 등 양적 부분은 물론, 일자리 증가와 실업률 감소가 뒷받침된 튼실한 성장이었다. 특히, 흑인과 라티노 등 소수계의 실업률이 사상 최저를 기록한 점이나, (그 어렵다는) 제조업 일자리가 크게 늘어난 점은 특기할 만하다. '트럼프는 역대 어느 대통령과 비교할 만큼 미디어에 대한 노출이 많다. 다만, 트윗 등을 통한 정제되지 않은 메시지가 지지층과 적대층으로부터 상반된 반응을 얻는다. 무엇보다, 트럼프 정부의 정책이 일관되지 않았다는 시각은 대단한 오해다. 트럼프의 국내 정책은 보수주의의 기조에 따라 일관된 모습을 유지한다. 국제관계에서 기존의 문법과 다른 접근이 혼돈을 준다. 하지만, 이 역시 일부는 의도된 것일 수 있다. 트럼프가 충실한 대선 공약의 이행자임도 지적한다.

Trump is a heresy of American politics. Trump has been rejected by the mainstream politics and major media outlets of US since his first appearance in politics. This is somehow due to the fact that some Trump himself is far from so-called 'presidential'. However, the mainstream assessment of Trump presidency is rather hateful regardless of his performance as the president. This makes us to make a balanced judgment over the trump presidency. Following the biased view of the US mainstream media outlets such as Washington Post, the media in South Korea often degrade Trump to just a "funny clown". This article was written to rectify this kind of views. This article list four points of the Trump presidency over last three years. First, it is pointed out that the view that Trump is not successful is a great misunderstanding. The U.S. economy had a record boom under Trump's three years. This was strong growth, supported by both job growth and a drop in unemployment, as well as GDP and the stock market. In particular, the unemployment rate among minorities such as blacks and Latinos has reached the lowest level in US history. The number of manufacturing jobs has increased significantly. Second, the president Trump has as many media exposure as any previous presidents. However unrefined messages through tweets get opposite reactions from supporters and hostiles. Third, the view that the Trump administration's policies were inconsistent is a misleading. Trump's domestic policy remains consistent with the conservatism. His foreign policymaking seem chaotic. However, this may also be partly intended. Fourth, It also points out that whatever they are, Trump kept his presidential campaign literally.

KEYWORDS 트럼프 Trump, 이단아 heresy, 주류언론의 적대 a hateful judgment of the mainstream media outlets, 트위터 tweets

I 들어가며

2020년 1월 3일 이라크 바그다드 공항에서 이란 군부의 솔레이마니(Soleimani) 장군 등이 미국의 드론에 의해 폭사하였다. 이는 순식간에 중동을 일촉즉발의 위기로 몰아넣었다. 거셈 솔레이마니는 이란 혁명 정예군인 쿠드스군의 사령관이자, 이란의 사실상 2인자이다. 2003년 미국의 이라크 침공 이후, 공백상태로 남은 이라크, 레바논, 시리아 일대의 시아파 민병대 봉기를 주도하였고, 이는 이란의 영향력 증대로 이어졌다.[1] 미국 정부는 그간 중동지역에서 미군은 물론, 미군 협조세력에 가해진 테러의 배후로 솔레이마니를 지적해왔다. 전임 부시 정부와 오바마 정부에서도 그에 대한 참수작전은 고려되었으나 후폭풍에 대한 우려에 실행에 옮기지는 않았다. 트럼프 집권 이후 기존의 이란 핵협상을 탈퇴하는 등 잇단 강경책이 뒤따랐으나, 이란과의 크고 작은 군사적 충돌에 있어서는 미국은 이상할 정도로 조용했다. 이란의 미사일에 의해 미국의 최신 드론이 격추되기도 했고, 미국의 맹방인 사우디 정유시설에 대한 이란계 민병대의 습격도 이어졌다. 하지만, 구두 경고 정도에 그쳤다. 2019년 12월 미국 건설업자의 폭사가 있었다.

이란에는 피의 복수를 다짐하는 붉은 기가 곳곳에 내걸렸다. 신정국가 이란의 최고지도자인 하메네이는 눈물을 쏟으며 복수를 다짐했다. 이란의 심상치 않은 반응에 트럼프 대통령을 비롯한 미국 당국자의 경고 메시지가 쏟아졌다. 트럼프도 역시나 트

1 이슬람국가(ISIS)라는 공통의 적을 두고는 일시적이나마 미국과 군사적으로 협력도 이어졌다.

윗을 올렸다. "미국은 더 이상 위협을 원치 않는다. 만약 이란이 미국인이나 미국 자산을 일부라도 공격한다면, 이란과 이란 문화에 매우 중요한 52개의 이란 중요지점에 대한 공격목표로 설정해 두었다"고 적었다.[2] 이란도 이에 물러서지 않고 트윗 말싸움에 가세했다. 로하니(Rouhani) 대통령은 1월 6일 "숫자 '52'를 언급하는 자들은 IR655편의 숫자 '290'도 기억해야 한다. 이란을 절대 협박하지 마라"라는 글을 올렸다.[3] 이란 대통령 고문 역시 트럼프의 재산목록을 정리한 포브스지 페이지 링크를 트윗 하며, 공격을 암시하였다.

제3차 중동전쟁으로 비화될 것 같던 사건은 다소 소강국면으로 접어들었다. 이란은 이라크에 주둔한 미군 기지를 보복 공격하였다. 하지만 공격 한 시간 전 이라크 정부에 이 내용을 구체적으로 통보한 것으로 드러났다. 헬기 한 대가 망가지고 기지가 약간

2 "Iran is talking very boldly about targeting certain USA assets as revenge for our ridding the world of their terrorist leader who had just killed an American, & badly wounded many others, not to mention all of the people he had killed over his lifetime, including recently........hundreds of Iranian protesters. He was already attacking our Embassy, and preparing for additional hits in other locations. Iran has been nothing but problems for many years. Let this serve as a WARNING that if Iran strikes any Americans, or American assets, we have.........targeted 52 Iranian sites (representing the 52 American hostages taken by Iran many years ago), some at a very high level & important to Iran & the Iranian culture, and those targets, and Iran itself, WILL BE HIT VERY FAST AND VERY HARD. The USA wants no more threats!" (Donald J. Trump Twitter (@realDonaldTrump, 검색일: 2020.1.7.)

3 "Those who refer to the number 52 should also remember the number 290. #IR655 Never threaten the Iranian nation." (Hassan Rouhani Twitter @Rouhani_jr, 검색일: 2020.1.7.)

손상되었으나, 미군을 포함하여 어떠한 인명피해도 없었다. 트럼프는 군사대응 대신, 이란의 철강 사업을 비롯한 경제제재를 강화하겠다고 했다. 이란과의 대화의 여지도 열어놓겠다고 했다. 미국과의 전쟁이 부담스러웠던 이란이 명분은 챙기고, 전쟁의 불씨를 진화한 결과였다. 이번 사안이 만약 도박이었다면 특유의 승부사 트럼프가 단기적으로는 이익을 챙긴 것으로 보인다.

미국과 이란 국가 지도자 간의 군사 위협 공방이 대변인의 입이 아닌, 트윗을 통해 오갔다. 트럼프는 중독에 가까울 정도로 시간 단위의 트윗을 쏟아내는 인물이다. 트럼프는 트위터 계정을 만든 2009년 3월 이래 총 44,908개의 트윗을 쏟아 내었다.[4] 하지만 로하니 대통령은 그간 트위터 등과 거리를 두었던 인물이다. 로하니는 2013년 5월 가입 이래 총 3,575개의 멘션(mentions)을 적었으나, 공식적인 행사에 대한 의전 기록이 대부분이다.[5] 사실 이런 메시지는 지도자 본인보다는 수행 직에서 홍보 목적으로 대신 올리는 것들이 대부분이다. 물론 이란의 특성상 사회관계망을 통한 대국민 소통이 그다지 활발하지 않은 점도 고려할 수 있다. 하지만 로하니 대통령의 이러한 트윗 대응은 트럼프 이후 변화한 미국 외교의 일면을 보인다. 트럼프 시대에는 대외관계는 물론, 그 표현의 수단과 방식조차 크게 변화한 것이다. 정부 대변인을 통한 공식 입장의 발표와 이면의 협상으로 전제되었던 국제관계의 틀이 트럼프 앞에선 180자의 확성기로 여과 없이 표출되고 있는 것이다.

4 2019년 1월 7일 기준 집계.

5 로하니 대통령의 이란어 계정 역시 2013년 4월 가입 이래 총 3,386개의 짧은 멘션이 전부이다 (검색일: 2020.1.7).

도널드 트럼프는 미국 정치의 이단아이다. 성공한 사업가가 정치에 입문하려는 시도는 그간 여러 차례 있었으나, 트럼프처럼 정치경험 제로의 정치인이 대통령으로 직행한 경우는 미국 역사 200년에도 없었고, 이후에도 찾아보기 힘들다. 트럼프처럼 정당을 넘나들었던 정치인도 없었고, 주요한 정책에 대한 입장을 손바닥 뒤집듯 바꾼 정치인도 없었다. 일반 정치인이었으면 말 한마디에 삐끗할 수 있는 낙태 문제를 놓고도 '낙태는 선택(pro-choice)'이라는 자신의 이전 입장을, 공화당 대선을 앞두곤 '낙태는 생명을 죽이는 것(pro-life)'으로 바꾸고 우길 수 있는 '뻔뻔한' 인물은 트럼프 외엔 생각하기 쉽지 않다. 그만큼 트럼프는 미국 대통령으로서 이전과 다른 이질적인 존재요, 트럼프 개인에 대한 분석이 요구되는 것이다.

본 연구는 트럼프 개인에 대한 저자의 생각과 평가를 여과 없이 담은 것이다. 트럼프 개인에 대한 도덕적인 평가나 당위적인 평가, 혹은 소위 '또라이 트럼프'론, '개자식 트럼프'론과 같은 가치판단의 시각은 일절 배제하려 한다. 다만 트럼프의 행동을 '영혼 없이' 살피고, 트럼프를 '영혼 없이' 이해하려는 시각을 취한다. 두 가지 이유가 있다. 첫째, 트럼프가 옳건 그르건 초강대국 미국의 대통령인 사실엔 변함이 없다. 트럼프의 당선은 물론, 재선에 있어서도 우리는 단 한 표의 영향도 미칠 수 없는 '남의 일'이다. 그 '남의 일'을 그대로 강 건너 불구경할 수 없을 만큼 그 '남'은 강력한 힘을 갖고 있고, 그 한마디에 우리 땅의 정세가 맑음과 흐림을 오간다. 트럼프가 미국 대통령으로서 자질을 갖추었느냐는 남의 일이다. 그 트럼프가 왜 이러한 행동을 하고, 이를 어떻게 특징화할 수 있으며, 어떤 행동을 할 것인지를 예측하는 것이 한반도의 우리에겐 더욱 중요한 사안이다.

둘째, 트럼프의 자질과는 별개로 그의 정책방향과 집행이 우리에게 가져올 유불리에 더 관심을 가지려 한다. 단순한 인물 비교로는 전임 오바마가 더욱 존경을 받을 만하고, 미국의 통합에도 기여한 인물인지 모른다. 하지만 오바마 개인이 한반도 평화를 위한 어떠한 정책을 폈는지는 의문이다. 오히려 오바마 정부의 소위 전략적 인내(strategic patience)는 북한에 대한 '방관' 및 '무시' 일변도의 정책을 취했고, 마치 북한이 내부로부터 붕괴되기만을 기다린 안이한 정책으로도 보인다. 오바마 정부의 8년여 대북정책은 '아무것도 하지 않았다(do nothing policy)'라고 평가되곤 한다. 물론 트럼프 역시 한국을 위해 일하지 않으며, 미국 우선주의(America First)를 내세우며 주변국을 압박한다. 하지만 그러한 정책들의 효과가 우리의 이익에 부합한다면 트럼프가 허풍쟁이이건 TV 쇼맨이건 크게 문제 삼을 필요가 있을까? 더구나 오바마 정부는 한미일 삼각동맹을 축으로 중국 견제를 구체화하기 위해, 우리 정부가 원하지 않았던 과거사 협약들의 체결을 암묵적으로 강제하였다는 의심 역시 받고 있다.

II 트럼프는 탄핵되었다. 그럼에도 미국 사회는 놀라지 않는다?

2019년 12월 18일 미국 연방하원은 대통령 트럼프를 탄핵하였다.

권력남용과 의회 방해의 두 가지 혐의가 적용되었고, 두 혐의 모두 하원의 과반 이상의 찬성으로 통과하였다. 이로써 트럼프는 미국 역사상 세 번째로 연방하원에서 탄핵된 대통령이 되었다. 전 세계를 뒤흔들 것 같은 이 소식은 미국은 물론, 전 세계적으로 차분하게 다루어졌다. 특히 한국에선 해외의 작은 소식을 다루는 정도로 짧게 보도되었다. 탄핵이 하원에선 가결될 것임은 쉬이 예측이 가능했다. 무엇보다 트럼프가 궁극적으로 탄핵될 것이라는 것을 믿는 이는 거의 없었다. 트럼프 탄핵을 위해선 연방 상원의 3분의 2 이상의 찬성이 필요하다. 공화당이 과반 이상을 점유하고 있는 상원에서, 이는 가능해 보이지 않았다. 하원 표결에서도 찬반은 당파에 따라 극명하게 나뉘었다. 공화당 의원 중 탄핵에 찬성한 의원은 없었다. 민주당 의원들은 몇 명이 이탈하긴 했으나 탄핵 찬성에 대부분 표를 던졌다. 트럼프에 대한 결정적 혐의와 증거가 발견되지 않은 상황에서 탄핵에 대한 판단은 표를 던지는 의원의 '소속 정당'이 가장 중요하게 작용하였다.

취임 3년차의 마지막 12월에 표결까지 가긴 하였으되, 트럼프 탄핵은 임기 내 상수 중 하나였다. 트럼프 취임 전부터 그 탄핵을 놓고 세간의 다양한 추측이 제기되었다. 임기 초, 의회는 러시아의 선거개입 혐의 조사를 위해 로버트 뮬러(Robert Mueller III) 전임 연방조사국장(FBI)을 필두로 한 조사팀을 출범시켰다. 조사는 트럼프 임기 절반기간 동안 계속되었고, 청문회 증인과 그 범위를 놓고 의회와 행정부 간의 힘겨루기가 이어졌다. 2년여의 조사를 통해 발간된 뮬러 보고서는 트럼프의 혐의에 대한 구체적 결론을 제시하지 못했다. 몇 달 후, CIA 당국자의 무기명 내부고발에 의해 우크라이나 사건이 알려졌다. 트럼프가 우크라이나 대통령 젤린스키(Zellensky)와의 통화에서 바이든(Joseph Biden) 전 부통령의 아들에 대한 부패혐의를 재조사할 것을 요청하였으며, 이를 위해 군사원조를 담보로 삼았다는 내용이었다. 이번 탄핵의 직접적인 불씨가 되었던 사건이다.

하원의장 낸시 펠로시(Nancy Pelosi)와 상원 다수당 대표 미치 맥코널(Mitch McConnell) 간의 탄핵을 둘러싼 신경전은 여전히 계속되고 있다. 펠로시는 하원에서 통과된 트럼프 탄핵안의 상원 송부를 미루고 있다. 탄핵 이슈를 2020년 대선을 앞두고 좀 더 길게 가져가고, 이를 지렛대 삼아 상원의 탄핵 진행 과정에 영향을 끼치고자 하는 의도다. 트럼프 탄핵 청문회를 상원에서 다시 열어, 존 볼턴(John Bolton) 전 국가안보보좌관 등의 새로운 핵심증인을 불러 깜짝 증거를 찾고자 한다. 맥코널은 일체의 협상은 없다는 태도다. 하원의 요구와는 달리, 상원에서는 일체의 청문회나 별도의 조사를 하지 않을 계획이라 천명하였다. 빠르게 표결하고 '트럼프 탄핵' 이슈를 종결할 계획이다. 그 결과가 무엇이든, 지금까지의 모든 과정과 결과는 미국 정치가 당파 싸움의 심각한 중병을 앓고 있음을 보여준다.[6]

트럼프가 이렇게 배척받는 이유는 무엇일까? 트럼프 자체가 소위 대통령다움과는 거리가 멀다. 이른바 미국의 건국의 아버지들이 정치의 시스템화를 통해 등장을 배제하고자 하는 그러한 정치인의 모습에 트럼프가 가장 닮은 것으로도 보인다. 알렉산더 해

6 트럼프에 대한 상원의 탄핵 표결은 부결되었다. 공화당 의원 중에선 유타주의 밋 롬니 의원만이 탄핵의 한 가지 혐의에 찬성표를 던졌다.

밀턴(Alexander Hamilton)은 미국의 제도가 상호 견제와 균형으로 중첩된 이유가 어느 날 "사생활에 절조가 없고 성격이 대담한 사람이 나타나 인기의 목마에 올라타서 당대 광신자들의 온갖 터무니없는 소리에 동조하며 아부해 정부를 곤란하게 만들고 상황을 혼란에 빠뜨려 그 폭풍에 편승해 회오리바람을 이끌"지도 모를 가능성을 막기 위한 것이라고 했다(카쿠타니 2019, 20).

트럼프에 대한 무조건 반대는 취임 전부터 강하게 제기되어 왔다. 특히 진보/좌파 엘리트의 트럼프에 대한 반감은 '증오'에 가깝다. 물론 이러한 '증오'의 감정은 상호적이어서 보수/우파/수구 엘리트 및 미디어 역시 내 편은 감싸고 반대편은 무조건 비난하는 입장을 견지하고 있다. 그 중심에 있는 트럼프 역시 트위터 등을 통해 정치인 개인의 실명을 거론하며 욕설에 가까운 비난을 공공연하게 표현하고 있다.

트럼프에 대한 진보/좌파의 적대감을 가장 잘 보여주는 도서가 있다. 당선 초인 2017년 『트럼프에 대한 위험한 사례(*The Dangerous Case of Donald Trump*)』라는 도서가 출간되었다. '트럼프'라는 하나의 주제만을 놓고 필립 잠바르도, 존 가트너 등의 신경정신과의 권위자들은 물론, 노엄 촘스키 등의 진보적 석학 27명의 글이 담겼다. 세간의 화제를 모았고 베스트셀러가 되었다. 이 책은 '인간 트럼프'에 대한 정신분석학적 접근을 시도한다. 하지만 이 책의 의도가 순수하게만 보이지 않는 것은 첫 장이다—"권력자가 명백하게 정신장애의 징후를 보일 때."

이 책의 저자들은 각각 트럼프의 병명을 다음과 같이 진단한다. "극단적 현재 쾌락주의", "병적인 나르시시즘", "소시오패

시", "악하거나, 미쳤거나, 둘 다거나", "인지장애, 치매", "추정상의 무능력자", "불안장애", "학대하는 대통령" 등. 한 인물이 이러한 정신장애를 한 몸에 갖고 있다는 것을 믿을 수 있을까? 하지만, 이 '석학'들은 마지막 두 장에서 도대체 "누가 트럼프가 되는가?"를 진단하고, 의회는 헌법상의 조항을 원용하여 즉각 이러한 정신병 종합세트와 같은 대통령을 쫓아내야 한다고 주장한다. 트럼프가 본격적으로 임기를 시작한 지 몇 달이 채 되지 않은 시점이다.

> "의회는 즉시 행동해야 한다. 심각한 정신적 불안정성의 징후를 보이는 대통령의 손안에 핵무기가 있다. 이는 국가 안전이 걸린 위급한 문제다. 우리는 우리가 선출한 공직자들에게, 트럼프에 대한 독립적이고 초당적인 신경정신의학적 검진을 요구해온 수천 명의 정신건강 전문가들의 경고에 귀 기울일 것을 요구한다. 우리가 지금 알고 있는 세상은 새벽 3시의 핵 트윗과 함께 더 이상 존재하지 않을 수도 있다."

이를 더욱 증폭시킨 건 언론의 평가다. 미국의 저명 일간지 중의 하나인 워싱턴포스트(*The Washington Post*)는 평에서 이 37명의 신경정신과 학자들이 큰 용기를 내었고, 설득력 있는 결론에 도달했다고 적었다. 트럼프 취임 초, 대통령을 쫓아내야 한다는 의견에 사실상 동조하는 움직임을 취한 것이다.[7] CNN 등 소위 반트럼

7 "The stand these psychiatrists are taking takes courage, and their conclusions are compelling." —*The Washington Post* (www.amazon.com

프 매체의 시각 역시 마찬가지다. 반면 Fox news와 같은 친트럼프 성향의 매체나, 브레이브바트와 같은 극우/우파 정치블로그는 트럼프에 대한 칭찬 일색이다. 매체 역시 사안에 대한 평가와 판단에 있어서 '당파색'이 우선이 되는 시대가 된 것이다. 매체의 이름을 알면 트럼프에 대한 평가를 예측할 수 있는 시대에 살고 있다. 미국 정치는 물론 미국의 미디어도 망가지고 있는 것이다.

미국 사회의 분열은 엘리트뿐만 아니라 유권자 수준에서도 극명하게 나타난다. 트럼프를 열광적으로 좋아하거나, 트럼프를 극단으로 혐오하는 두 군의 사람들만 두드러지고 트럼프에 대한 지지와 반대를 오가는 유권자는 그다지 보이지 않는다. 지난 트럼프 3년의 대통령 지지도(presidential job approval)를 살펴보면 크게 3가지 특징이 나타난다.

첫째, 트럼프의 직무만족도(Presidential Approval)는 취임 후 3년 차 중반을 지나는 시점까지 단 한 차례도 50%를 넘긴 적이 없다. 아니 시작부터 절반 이상의 지지를 받지 않고 시작하였다. 둘째, 트럼프의 지지율은 최저 35% 중반에서 최대 46%까지 10% 범위 내에서 대단히 안정적으로 유지되고 있다. 셋째, 트럼프 대통령의 지지도에선 통상 나타나는 임기주기에 따른 지지율의 '상승 후 하락'의 특징이 나타나지 않는다. 취임 초 지지그룹과 지지하지 않는 그룹을 떠나서 새로운 대통령에게 거는 기대효과인 허니문효과(Honeymoon Effects)도 없다. 또한 임기 후반으로 갈수록 현직 대통령에 대한 지지층과의 연계가 약해지거나, 반지지그룹으로 돌

의 책 추천 페이지 재인용).

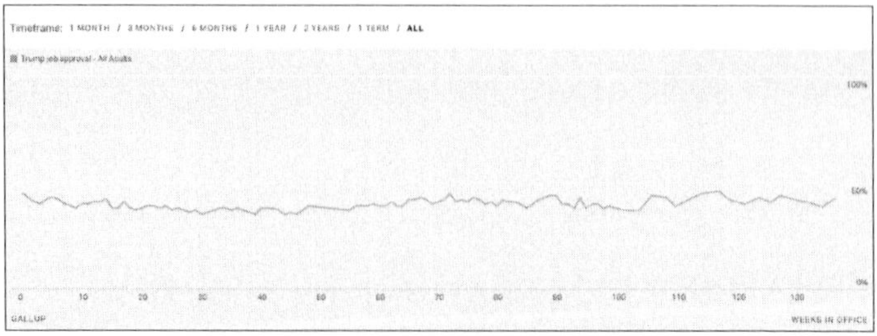

그림 2-1. 트럼프 대통령 Presidential Approval 변화 (취임일-968일)

자료: 갤럽 (www.gallup.com)

아서는 지지율 하락효과 역시 보이지 않다. 트럼프 자체의 대중적 호불호가 매우 강하게 작용한 것으로 여겨진다. 〈그림 2-1〉은 트럼프에 대한 직무만족도를 임기 시작부터 3년 차까지 정리한 것이다.

트럼프에 대한 직무만족도를 응답자의 정당 일체감에 따라 구분하면 〈그림 2-2〉로 나타난다. 임기 3년 차 중반을 기준으로 트럼프에 대한 지지는 응답자의 정당 일체감에 따라 극명하게 대비된다. 자신을 민주당원이거나 민주당에 가깝다는 응답자의 트럼프에 대한 직무만족도는 5%에 불과하다. 반면 공화당 혹은 공화당에 가깝다는 응답자의 트럼프에 대한 지지는 91%에 달했다. 대통령이 선거 후 모든 유권자를 포괄해 대표해야 한다는 규범적 대통령상과는 완전히 거리가 있는 결과이다. 이러한 유권자의 정파에 따른 대통령에 대한 극단적 태도가 '트럼프'에만 해당되는 것인가는 좀 더 고민해 볼 필요가 있다.

〈그림 2-3〉은 오바마 대통령 임기 3년 차까지의 직무만족도를 응답자의 정파 소속에 따라 나누어 시계열로 나타낸 것이다. 응답자 자신이 민주당이거나 민주당 지지 성향으로 밝힌 경우 대통령

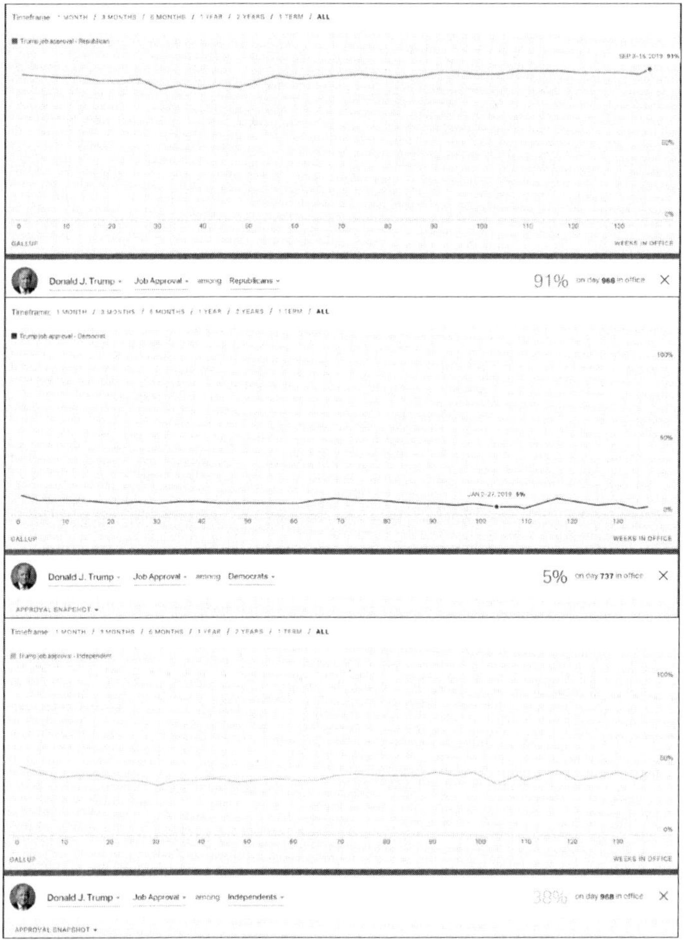

그림 2-2. 트럼프 지지율의 유권자 정당별 분석

자료: 갤럽 (www.gallup.com)

오바마에 대한 지지는 79%로 나타나고, 공화당 성향인 경우 9%에 그친다. 트럼프의 경우보단 그 정도에 있어선 덜하지만, 정파에 충분히 극단적인 태도이다. 트럼프라는 분열적 인물이 유권자의

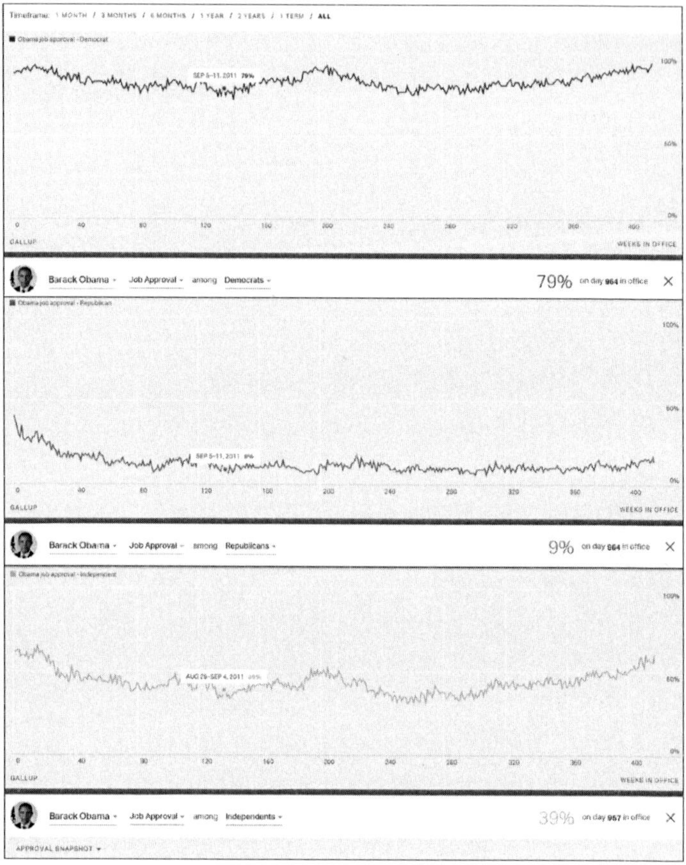

그림 2-3. 오바마 대통령 3년 차 중반의 지지도에 대한 응답자 정파별 구분

자료: 갤럽 (www.gallup.com)

정파에 따른 분열과 대립을 강화한다는 결론은 틀리지 않다. 다만 이러한 미국 유권자의 분열적 태도는 트럼프 이전부터 미국 정치의 기저에 자리하고 있었던 시한폭탄이었던 것이다.

III 트럼프에 대한 기존의 선입견 다시 살펴보기

1. 트럼프는 성과가 없다? 경제는 사상 초유의 호황

트럼프는 늘 부딪친다. 누군가 자신을 비판하면 이를 참지 못한다. 정제되지 않은, 아니 원색에 가까운 비난과 힐난이 실명으로 그의 트윗에 거론된다. 상대의 반응이 오면 설전을 벌인다. 트럼프와 관련된 거의 대부분의 사안은 대통령답지 않은 다툼의 사례로 가득하다. 취임 2년 차쯤, CNN에 출연한 가수이자 사업가 Jay-Z가 트럼프에 대한 비판의 포문을 열었다. 〈표 2-1〉은 Jay-Z와 트럼프의 말싸움 내용을 시간 순의 표로 정리한다.

위 사례에서 두 가지를 지적하고자 한다. 첫째, 트럼프에게는 적어도 경제 분야에는 "미국 역사상 최저 혹은 최고"라고 할 만한 실적이 있다는 점이다. 둘째, 트럼프이기 때문에 그러한 성과가 대단히 간과되고 있고, 어떤 면에선 거의 고려되지 않는다. 사실 정치학의 예측모형에 의하면 현재 트럼프 정도의 경제 실적을 갖고

표 2-1. Jay-Z와 트럼프의 말싸움

Jay-Z	"쓰레기통을 비우지 않고, 일시적으로 냄새를 없애려 향수를 뿌려왔다. 근데, 그러면 벌레가 몰려든다. 문제의 근원을 해결하지 않으면, 사안은 더 커진다. 결국 쓰레기통에선 왕벌레(Superbug)가 탄생한다. 우리에겐 지금 왕벌레와 같은 도널드 트럼프가 있다."
트럼프의 트윗	"누구든 Jay-Z에게 좀 알려줘. 내 정책으로 인해 흑인 실업률이 역사상 가장 낮은 것으로 낮게 나타났다는 걸."
Jay-Z의 트윗	"결국은 돈이 다가 아냐. 돈은 행복과 등치될 수 없어. (트럼프) 당신은 사람들을 사람답게 다뤄야해. 그게 핵심이야."

있다면, 재선 가능성에 대해 거의 의심하는 이가 없어야 할지도 모른다. 그간의 지도자에 대해서는 그러한 모형의 적용이 가능했다. 성과의 중심에 있는 대통령이 트럼프이기 때문에 성과 자체에 대해 끊임없는 의구심이 제기되고, 성과 자체가 크게 폄하되거나 고려되지 않는다.

Jay-Z와 부딪혔던 집권 1년 차의 트럼프 경제 성적표다. 주식시장의 S&P500 Index는 선거일 2,140이었던 것이 1년이 지나 2,575로 사상 최고치를 경신하였다. 10년 미 재무부 채권 이자율은 선거 이후 1년 차 2.38%로 가장 높았다. 국가경제의 성장을 나타내는 GDP 성장률은 선거일 당시 1.5%였던 것이 1년 뒤 2.3%까지 올라갔다. 경제가 살아나니 주택가격도 올라갔다. 선거일 당시 미국 주택 평균가격은 $364,900이었던 것이 2.96% 올라 $375,700으로 상승하였다. 향후 기업경기가 살아날 것으로 보고 돈이 주식시장으로 몰리고, 국가는 장기 채권 투자를 위해서 금리를 올려야 할 만큼 경기가 좋다는 의미다. 경제 규모는 커지고 소비는 늘어난다. 무엇보다 주목할 것은 실업률, 일자리 창출, 제조업 일자리 창출의 세 가지 지표이다. 실업률은 집권 1년 차 4.1%를 기록하였다. 이전에 비해 대단히 낮은 수치다. 특히 흑인 등 소수 인종의 실업률은 2차 대전 이후 사상 최저를 기록한 것으로 나타난다. 일자리가 꾸준히 늘어났으며, 2017년 제조업 일자리 약 138,000개가 새로 만들어졌다. 공장자동화 등 무인화 설비가 증가하고, 공장의 인력 직접 고용이 크게 감소하는 추세에 오히려 공장 일자리가 많이 만들어졌다는 것은 미국에서만 일어난 특이한 현상이다.

이후 미국 경제는 이러한 성장 추이를 여전히 유지하고 있을까? 트럼프 집권 3년 차 중반에 영국의 BBC 방송은 "트럼프 정권 하의 미국 경제: 역사상 최고인가?(US economy under Trump: Is it the greatest in history?)"라는 기사를 실었다.[8] "우리 경제는 세계의 부러움을 산다. 아마도 미국 역사상 가장 최고의 경제일 것이다"라는 트럼프의 호기 어린 말도 이어졌다. 트럼프의 말을 어떻게 받아들이든, 미국은 현재 '역대급 호황'을 누리고 있다. 경제는 3% 중반의 성장률을 유지하고 있다. 미국의 이러한 성장은 EU 및 중국 등 전 세계 다른 국가들이 겪고 있는 경기침체에 역행하는 나홀로 성장이라는 점에서 더욱 두드러진다. 특히 미국과 같은 경제대국에서 3%의 성장률은 그야말로 엄청나다. 미국 증시는 27000선을 넘어서고 있고, 실업률은 2019년 6월 기준 3.6%이다. 사실상 완전고용 상태를 의미하는 것으로, 구직자들이 일자리를 '골라가는' 상태로 전환되었음을 의미한다. 시장에서 고용이 활발하다 보니 노동자에 대한 시간당 임금 역시 상승 국면으로 접어들고 있다. 경제는 양적으로도, 질적으로도 2차 대전 이후 최고라고 할 만큼 좋은 상황이다. 트럼프 개인의 다양한 논란과 대중적으로 소화하기 힘든 독특한 캐릭터에도 불구하고, 적어도 보수층에서 트럼프의 인기가 유지되는 이유는 실질적 성과에 있다. 〈그림 2-4〉부터 〈그림 2-7〉까지는 트럼프 집권 이후 경제상황의 변화를 시계열로 보여주는 지표를 정리한 것이다.

8 "US economy under Trump: Is it the greatest in history? (*BBC News*, 2019-06-20)"

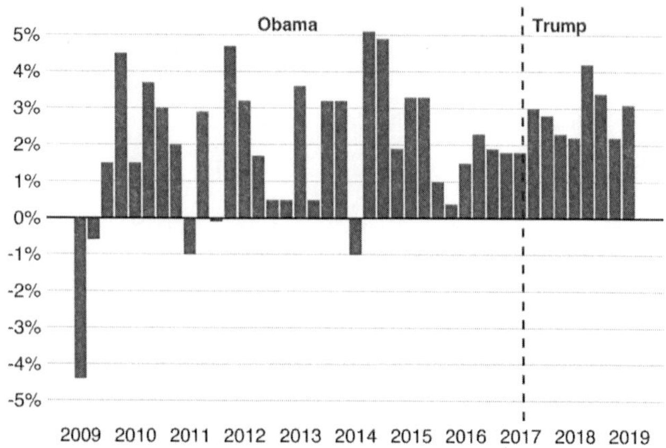

그림 2-4. 미국의 GDP 성장률 변화

출처: US Bureau of Economic Analysis.

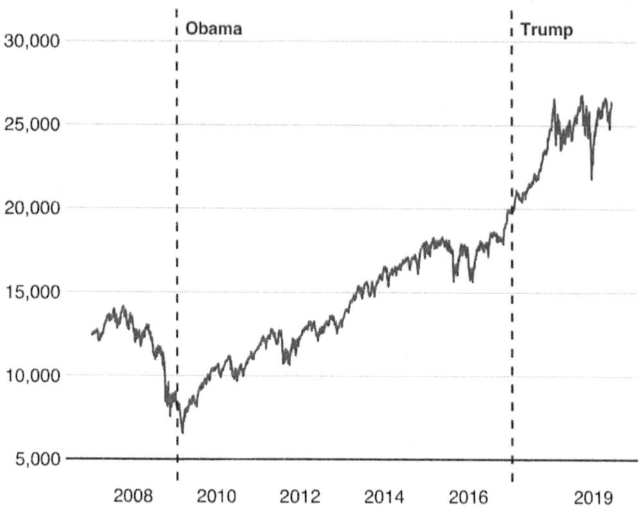

그림 2-5. Dow Jones Index의 변화

출처: Bloomberg.

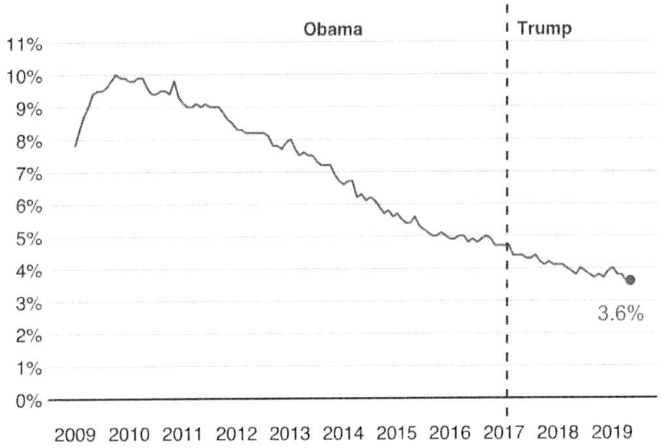

그림 2-6. 미국 실업률의 변화

출처: US Bureau of Labor Statistics.

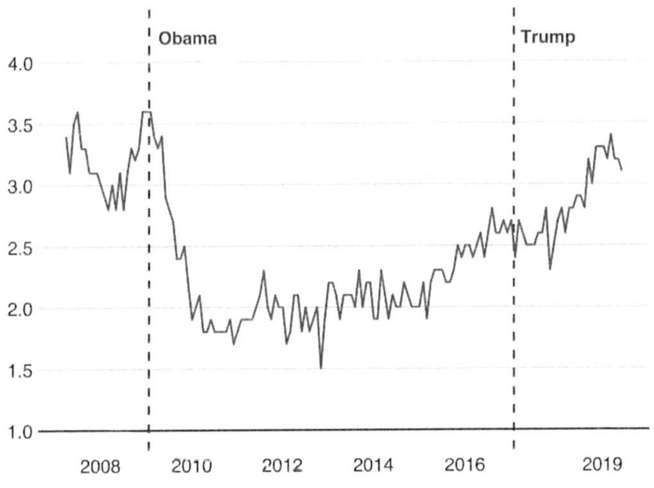

그림 2-7. 미국 노동자의 시간당 임금 상승률의 변화

출처: US Bureau of Labor Statistics.

2. 트럼프는 소통하지 않는다? 역대 여느 대통령만큼 미디어에 대한 노출이 많다

트럼프 대통령과 주류 미디어의 관계는 보수매체인 폭스뉴스를 제외하면 대단히 좋지 않다. 트럼프는 특히 CNN과 뉴욕타임스에 대한 적대감을 공공연하게 표출한다. 트위터 등을 통해 "망해가는 뉴욕타임즈(failing new york times)" 등의 표현을 쓰는 트럼프가 주류언론과 관계가 좋을 리 만무하다. 특히 지난 중간선거 이후 벌어졌던 CNN의 백악관 출입기자 짐 어코스타(Jim Acosta)와의 설전은 이러한 이미지를 더욱 강화하였다. "당신의 질문 기회는 넘어갔으니 마이크를 다른 이에게 넘겨라"라는 트럼프의 말과 기자의 날선 설전, 그리고 이 기자를 백악관 기자단에서 내쫓았던 트럼프를 생각하면, 트럼프는 주류 미디어에는 대단히 폐쇄적일 것이라는 생각이 굳어진다. 특히 트럼프가 미디어에 대한 대안으로 선택한 트위터에 지나칠 정도로 집착하는 행태를 보면 더더욱 그러하다.

온라인 업체인 Factba.se는 트럼프 취임 이후 트럼프의 기록된 활동에 대해 빅데이터 분석법을 접목한다. 이 업체의 분석에 따르면 트럼프의 미디어 활동에는 크게 두 가지 특징이 나타난다. 첫째, 트럼프 대통령의 텔레비전 등 주류 미디어에 대한 인터뷰 등의 활동은 결코 적지 않다는 점이다. 둘째, 대통령이 출연하는 매체의 상당수가 폭스뉴스 등 친트럼프 성향의 매체에 크게 편중되어 있다는 점이다.

트럼프는 취임 후 약 2년 반 동안 총 195회의 인터뷰를 하였다. 이는 취임 후인 2017년 1월 20일부터 2019년 7월 25일까지의

표 2-2. 트럼프의 인터뷰 매체별 구분 (2017.1.20~2019.7.25.)

매체	횟수	비중	비고
텔레비전/비디오	124	63.6	총 시간 31시간 33분 (평균 16분 20초)
프린트/온라인	53	27.2	
라디오/팟캐스트	18	9.2	

자료: Factda.se

기간을 기준으로 측정한 것이다. 이 중 텔레비전/비디오 인터뷰가 124건으로 전체의 63.6%를 차지하였다. 신문 등 프린트/온라인 매체와는 53건의 인터뷰를 하여 전체의 27.2%의 비중이었고, 라디오 및 팟캐스트 인터뷰도 18번에 달했다(9.2%). Factba.se는 트럼프의 텔레비전/비디오 인터뷰 124개의 총 시간을 계산하였는데, 이는 31시간 33분 58초에 달했다. 인터뷰 하나당 16분 20초 분량으로 적지 않은 시간이었다.

트럼프의 인터뷰 횟수는 적지 않은 대신, 인터뷰의 대상은 대단히 편중되는 경향이 강했다. 총 124회의 텔레비전/비디오 인터뷰 중 보수성향의 폭스뉴스와의 인터뷰는 48회였다. 폭스뉴스의 자매회사인 폭스 비즈니스(Fox Business)와의 11회를 더하면, 총 59회로 전체 비디오 인터뷰의 47.6%에 달하는 것으로 나타난다. 이 외에 지역 방송국과의 인터뷰가 30회였고, 전국 방송국으로는 CBS가 6회의 인터뷰를 진행하였다. 그리고 그 외 방송국과의 인터뷰는 모두 29회였다. 방송 인터뷰 중 폭스뉴스의 숀 해너티(Sean Hannity)와의 단독 인터뷰 진행이 모두 12차례로, 폭스뉴스의 다른 방송 진행자들의 두 배가 넘었다는 점도 특기할 만하다.

표 2-3. 트럼프 대통령의 인터뷰-매체별 분류

텔레비전/비디오	횟수	신문/프린트	횟수
Fox News	48	월스트리트저널	7
Local TV	30	뉴욕타임즈	5
Fox Business	11	로이터	4
CBS	6	타임	4
기타 등	29	워싱턴포스트	4
		기타 등	29

자료: Factda.se

방송에서의 편중과 달리, 신문매체와의 인터뷰는 횟수는 적었으나 비교적 고르게 진행되었다. 보수성향의 월스트리트저널과 7차례의 인터뷰를 진행하였고, 이어 늘 날선 각을 세우는 뉴욕타임스와 모두 5차례의 인터뷰를 진행하였다. 이어 로이터, 타임의 순이었고, 가장 크게 각을 세우는 워싱턴포스트와도 4차례의 인터뷰를 진행한 것은 흥미롭다.

트럼프는 트위터 계정을 개설한 이래 총 44,908개의 트윗을 올렸다. 가장 최근인 2020년 1월 12일 하루만 해도 트럼프는 모두 21개의 트윗을 각각 다른 시간대에 올렸다. 이 중 뉴스영상을 링크한 것은 3개이고, 나머지는 트럼프를 둘러싼 현안에 대한 그 자신의 여과되지 않은 생각을 그대로 적은 것으로 보이는 것이 대부분이다. 대통령 탄핵을 두고 "민주당의 마녀사냥"(Democratic Witch Hunt)으로 적는 것은 기본이요, 낸시 펠로시 하원의장이나 애덤 시프(Adam Schiff) 하원 법사위원장에 대해선 "미친 낸시"(crazy nancy), "긴장한 낸시"(nervous nancy), "부정직한 시프"(Shifty Schiff)라는 식의 원색적인 비난을 늘어놓는다. 다루는 사안은 대통령 탄핵부터 이란과의 긴장 상태 등 다양하다.

트럼프의 트윗 활동은 텔레비전 등 주류미디어와의 연결되는 방향에서 이해할 필요가 있다. 트럼프는 누구보다도 적극적인 뉴스 소비자이며, 자신을 칭찬하는 매체는 물론 비난하는 매체 등까지 그대로 살펴보는 것으로 알려져 있다. 트럼프의 백악관에 대한 내부자의 시선을 정리한 밥 우드워드의 『공포(*Fear*)』는 미디어와 트위터에 대한 트럼프의 집착을 여러 대목을 통해 잘 정리하고 있다.

> "대통령은 자신의 생명줄인 케이블방송 뉴스로 관심을 돌렸다. 그는 두 시간짜리 폭스 뉴스를 보았고 그다음에는 녹화해둔 두 시간 길이의 MSNBC와 CNN뉴스 대부분을 보았다."

> "대통령의 트위팅을 통제하거나 줄이려는 시도가 먹혀들지 않자, 프리버스는 실제로 효과를 낼 만한 방법을 찾으려 했다. 트윗은 대개 대통령의 강박에 가까운 TV시청으로 촉발되는 만큼 그는 텔레비전을 차단할 방법이 뭔지 고심했다. 그러나 텔레비전 시청은 트럼프의 몸에 밴 행동이었다. 대체로 일요일 밤이 최악이었다. 트럼프는 자기가 소유한 여러 골프장 중 한 곳에서 주말을 보내고, 자기에게 적대적인 MSNBC와 CNN 방송의 정치 대담시간에 딱 맞춰 백악관으로 돌아오곤 했다."

"대통령과 영부인은 관저에서 침실을 따로 썼다. 트럼프가 자기 침실에 있을 때는 대형 TV를 거의 켜놓다시피 하며 혼자 지냈다. 그의 곁에는 리모컨과 티보, 그리고 트위터 계정뿐이었다. 프리버스는 대통령의 침실을 "악마의 작업장"이라 불렀고, 이른 아침과 위험한 일요일 밤은 마법의 시간이라 묘사했다."

"트럼프가 백악관에 들어온 후 첫 6개월 동안 그가 미디어를 얼마나 많이 소비했는지 아는 사람은 거의 없다. 그의 미디어 소비는 무서울 정도였다. 트럼프는 오전 11시까지 일을 하러 나타나지 않았다. 그는 대개 하루 여섯 시간 내지 여덟 시간 동안 텔레비전을 봤다. 그렇게 하면 머리가 어떻게 될까? 배넌은 그게 궁금했다."

트럼프가 트위터에 강박에 가깝게 집착하는 이유는 무엇일까? 그 자신이 설명하는 트윗을 하는 이유에 대해선 다음과 같이 묘사되어 있다.

"이건 내 확성기야. 이건 어떤 여과 장치도 없이 내가 대중에게 직접 이야기하는 방식이야. 소음을 뚫어버리는 거지. 가짜 뉴스도 뚫어버리는 거야. 내가 활용해야 할 유일한 소통방식이라고. 내게는 수천만 명의 팔로워가 있어. 케이블 뉴스 시청자보다 많지. 내가 나서서 연설을 하고 CNN이 그걸 다뤄도 아무도 안 보고 아무도 신경 안 써. 내가 뭔가를 트윗하면 그건 세계를 상대로 한 내 확성기가 되지."

3. 트럼프의 정책은 예측되지 않는다? 국내정치는 일관되게, 국제관계는 의도적 혼돈

트럼프에 대한 오해 중 하나는 그의 불안정한 기질과 감정만큼, 정책 역시 심한 널뛰기를 한다는 생각이다. 물론 트럼프가 대통령으로서의 기질과 품격을 갖추었느냐에 대해선 다양한 문제제기가 있다. 백악관 기자회견에서 기자와 언쟁은 물론 마이크를 뺏는 소동을 벌이는 기행 등은 대통령에게서 기대하는 모습과는 대단히 거리가 멀기 때문이다. 자신의 트위터를 통해서 하원의장이나 정적 등에 대해서 "미친", "부정직한"이란 표현을 쓰거나, 자신을 비판하는 언론사에 "망해가는" 등의 표현을 적는 건 대통령다움과는 전혀 거리가 있다. 자신에 대해선 과장 일색의 발언으로 일관하는 모습이라든지, 시간단위로 바뀌는 트위터 속의 감정변화를 보면 "과연 이 사람이 대통령은 물론 정치지도자로서의 기본이라도 갖추었나?"하는 의문이 절로 드러난다.

하지만 트럼프의 감정기복과는 별개로, 지난 3년 그의 정책 기조는 대체로 일관된다. 대통령의 직무를 외치와 내치의 두 갈래로 살펴본다면, 적어도 내치에 있어서는 철저하게 보수주의 혹은 시장주의적 이익에 봉사하는 태도를 변화없이 유지하였다. 특히 국내 정책에 있어선 자신의 대선 공약에 있었던 내용을 현실 정치에 대한 고려 없이 거의 그대로 실행하려고 하는 태도를 취하기까지 하였다. 먼저, 취임 후 트럼프는 $1.5 trillion 달러 규모의 사상 최대의 세제 감면 정책을 실시하였다. 기존에 논의 중이던 TPP 등의 자유무역협정은 폐기하고, 기존의 국가 간 자유무역협정 역시 미국에 유리한 방향으로 변경을 시도하였다. 클린턴 정부 하에서의 NAFTA 구조를 깨고, 새로이 USMCA(United States-Mexico-Canada Agreement) 협정을 체결하였다. USMCA는 북미경제권 역내 무역에서 미국의 일자리를 보호하고, 캐나다의 농산물 수입시장을 개방하는 내용을 담았다. 무엇보다, 비시장경제국가 조항을 신설하여, 캐나다나 멕시코가 비시장국가와 자유무역협정을 맺으려 할 경우 USMCA가 자동 종료될 수 있는 내용을 담았다. 이는 사실상의 중국에 대한 견제로서, 캐나다와 멕시코가 중국이 아닌 미국을 무역의 고정파트너로 유지하게끔 옥죄는 역할을 한다.

이른바 '중국 때리기'(China bashing)를 대통령이 되어서도 실제로 진행하는 것도 이전의 대통령과 다른 점이다. '중국을 환율조작국으로 지정하겠다'거나 '중국의 불공정한 무역 관행에 대해서 강하게 제재하겠다'는 식의 언행(rhetorics)은 미국 대통령 선거전을 통해 어느 후보에게나 흔히 발견된다. 하지만 대부분은 당선 이후 이러한 '중국 때리기'를 거두어들였기에 이는 단순한 수사적 표현에 그친 경우가 많았다. 하지만 트럼프는 당선 이후 중국에 대한 무역 전쟁에 돌입하였고, 현재까지 관세 폭탄을 주고받는 등 긴장 일변도로 흘러가고 있다.

트럼프의 '중국 때리기'는 무역 문제에만 한정되어 있을 뿐, 중국에 대한 정치적·군사적 측면의 압력으로 이어지진 않는다. 이는 전임 오바마 정부의 방향과 대치된다. 오바마 정부는 경제와 무역의 측면에선 중국과의 자유무역의 기조를 그대로 유지하되, 중국의 정치적 부상이나 동북아에서의 군사대국화에 대한 제어를 위해 다양한 노력을 기울였다. 중국의 인권문제에 대한 거론이나, 동북아에서의 한미일 삼각동맹, 한반도 사드 미사일 배치 등의 여러 정책은 동북아의 긴장상황을 한층 강화하였다.

트럼프는 파리기후협약을 탈퇴하였고, 환경부 폐지론자를 환경부 장관으로 앉히는 등 기업의 발목을 죄고 있다고 주장한 환경 규제의 상당수를 철폐하였다. 오바마 8년간 추진해온 신재생에너지 산업의 큰 틀은 흔들리게 되었고, 석탄 등 광업 분야와 기존의 에너지 사업이 다시 활력을 띠게 되었다.

법관의 임명에 있어서도 보수주의자들의 입맛에 맞는 조치들이 뒤를 따랐다. 취임 후 보수 성향의 닐 고서치, 브렛 캐버노 대법관을 임명하는 데 성공하여, 연방대법관 구성을 5 대 4의 보수 우위 구도로 만들었다. 연방항소법원의 경우 트럼프 대통령 취임 후 새로이 48명을 임명하였으며, 이는 부시 8년과 오바마 8년을 합친 숫자보다도 많다. 전체 연방항소법원 12개 중 절반 이상이 공화당 지명을 받은 판사들이 다수를 차지하는 결과를 가져왔다. 전체 85명의 연방판사가 트럼프 대통령 취임 후 새롭게 자리를 잡았다.[9]

대선 전부터 논란이 거셌던 반이민정책도 상당수 그대로 실행되었다. 미국 경기가 사상 유례없는 호황을 맞고 있음에도, 이민자의 수는 감소추세로 들어선 것으로 나타났다. 이는 2008년 서브프라임 모기지 사태로 인해 감소한 이래 처음 나타난 결과다.

반면 트럼프 정부의 외교는 혼돈 그 자체라고 보아도 무방하다. 하지만 이러한 혼돈은 트럼프에 의해 의도된 것이다. 그간 미국이 갖고 있던 외교의 틀을 그대로 수용하는 것이 아닌, 바닥부터

9 "판사지명 적극 나선 트럼프...대법원 이어 항소법원도 보수우위." (연합뉴스. 2019-11-26).

재검토하고 있는 데서 발생한다. 특히 국제관계에서 기존에 갖고 있던 우방과 미국의 세계전략이라는 틀로는 예측되지 않은 일들이 지속적으로 발생한다. 먼저, EU, 일본, 한국 등 전통적인 우방에 대해선 '무임 승차자'로 비판하며, 방위비 분담금 인상에 대한 지속적인 압박이 이어진다. 하지만 이러한 변화가 미국의 전략에 있어서 이들 국가들의 중요성이 감소했다든지, 혹은 미국이 전략적 변화를 꾀한다든지 근본적인 변화가 있는 것은 아니다. '미국이 지켜주고(?) 있으니 더 많은 돈을 부담하라'는 단순한 욕심에서 벌어진 일들이다. 우리의 경우 협상의 과정에서 주한미군 재배치 및 일부 철수 등의 카드도 슬쩍슬쩍 언급되고 있으나, 이 역시 좀 더 많은 돈을 내게 만들기 위한 협상의 카드에 불과하다.

러시아에 대한 태도 역시 이중적이다. 2016년 대선 과정에서 러시아의 개입 의혹과 트럼프와의 유착 의혹에도 불구하고, 트럼프는 푸틴 대통령에 대한 호의적인 태도를 유지하고 있다. 트럼프 대통령이 아닌 미국 정부는 전임 오바마 정부보다 러시아에 적대적인 태도를 취한다. 러시아에 인접한 우크라이나에 대하여 2019년 첨단무기를 포함한 $250억 달러 규모의 대규모 군사원조는 지역 내에서 러시아에 대한 견제를 강화하겠다는 의도로 읽힌다.

술레이마니 장군에 대한 암살로 전환점을 맞았지만, 이란에 대한 미국의 태도도 중의적이다. 이란에 대한 노골적인 비난을 하며 오바마 정부에서 체결된 이란 핵협상에서 탈퇴하였다. 이는 이란에 대한 강력한 견제를 하겠다는 의미로 읽힐 수 있으나, 반면 시리아에서 미군이 철수할 것임을 발표한 것과 배치된다. 이란을 중심으로 이라크, 시리아, 레바논에 이르는 이른바 이슬람 시아파 벨트의 형성을 사실 용인하는 결과를 가져올 수도 있다.

북미관계 역시 불확실성과 중의적인 관계가 얽혀 있다. 취임 초 '늙다리 노인네'와 '리틀 로켓맨'으로 국제무대에서 비난을 교환하던 관계가 두 차례의 북미정상회담으로 이어졌다. 싱가포르에서 트럼프는 2일간의 일정을 소화했고, 하노이에서 역시 3일간의 일정을 북미정상회담에 쏟아 부었다. 정상회담장에서 아무런 합의 없이 자리에서 일어나는 사건이 발생하였다. 이후 북미와 한반도를 둘러싼 긴장 상황에서도, 북미 지도자 간의 의사소통은 계속되고 있는 것으로 보인다. 특히 적성국의 지도자에게 생일 축전을 보내는 행위와 같은 것은 그간의 상식으로는 쉽게 이해하기 어렵다.

4. 트럼프는 왜 저러나? 그래도 되니까!

트럼프의 덴마크 방문과 관련된 최근의 사례로부터 시작하자. 트럼프는 2019년 말 덴마크 국빈방문 일정을 2주 전 트위터로 취소하였다. 외교 관례상 있을 수 없는 일이었다. 트럼프는 방문 목적 중 하나로 그린란드(Greenland)를 매입하는 데 관심을 갖고 있음을 공개적으로 드러냈다. 그린란드는 덴마크의 관할이긴 하나, 자치상태인 지역이다. 당연히 덴마크는 그린란드를 팔거나 다른 국가에 이양할 의도를 내비친 적이 없다. 팔려고 하지도 않은, 더군다나 거래의 대상으로 생각도 안 한 영토에 대해 '매매' 의사를 내비치는 것은 국가 간의 관계에서 상상도 힘든 일이다. 더군다나 국가 정상외교에 있어서 이는 실례를 넘어 관계 그 자체에서부터 다시 생각하게 할 만큼 큰 문제를 발생시킬 수 있다.

트럼프의 문제 발언이 보도되고 난 후 덴마크 여론은 분노를 넘어 당황 그 자체였다. 우선 현재 공직에 있지 않은 이들은 직접적으로 반발했다. 전직 덴마크 수상인 소닝-슈미트(Helle Thorning-Schmidt)는 "(트럼프의 말) 이거 농담이지?"라고 되받았다.[10] 현직 수상인 프레드릭센(Metter Frederiksen)은 트럼프의 그런 생각 자체가 말도 안 된다(absurd)고 하면서 그린란드는 팔지 않을 것임을 명확히 밝혔다. 더하여 "감사하게도 다른 국가와 인구를 사고팔던 시절을 지났다. 현재 그대로 내버려 두어야 할 것"이라는 언급도 더했다.[11] 역시 트위터를 통해서였다.

트럼프의 반응은 어떠했을까? 그는 덴마크 수상의 발언이 "고약하다(nasty)"라고 하였으며, "누구도 미국에 대해 그런 식으로 이야기할 수 없다. 적어도 내 정권하에서는 말야"라고 되받았다.[12] 그리고 누구도 생각할 수 없는 방식의 행동을 했다. 바로 그의 트위터 계정을 통해 덴마크 공식방문을 취소한 것이다. 〈그림 2-8〉은 당시 그러한 트윗의 내용을 그대로 옮겨온 것이다.

트럼프가 덴마크 방문을 임의로 취소하고, 트위터로 통보한 후에 어떠한 일이 벌어졌을까? 덴마크 내부는 분노하였지만 덴마크 정부 차원에서 미국에 항의하거나 어떠한 외교적 조치를 취했다는 소식은 듣지 못했다. 결국 세계 최강대국 미국 앞에서 덴마크 역시 외교적으로 모욕적인 행동을 당해도 제대로 항의하고 조치

10 "Is this some sort of joke?"

11 "Greenland is not for sale," "Thankfully, the time where you buy and sell other countries and populations is over. Let's leave it there."

12 "Nasty" "You don't talk to the United States that way. At least under me."

그림 2-8. 트럼프의 덴마크 방문 취소 통보 트윗

할 수 없었던 것인지도 모른다. 아니면 내심 트럼프의 방문을 그다시 반기지 않았을 수도 있다. 이란이 자국의 전쟁영웅이자 군부 일인자가 미군 드론에 의해 폭사한 후에도 자국 내에서 피의 복수를 다짐하더라도 미군 부대 근처에 폭탄을 떨어뜨리는 시늉밖에 못했던 이유도 이와 같다. 트럼프는 미국의 대통령으로서 그러한 지위를 대단히 사악하게 이용하고 있는 것이다. 미국 대통령이니까, 미국 대통령은 그래도 되니까. 누구도 미국 대통령의 한마디 한마디를 무시할 수 없으니까.

하지만 트럼프라는 사람이 늘 이런 식으로 행동했던 것은 아니다. 그간 두 차례의 북미정상회담에서 보여준 트럼프는 김정은에 대해 어떠한 부정적인 표현도 하지 않았으며 대단히 절제된 외교적 수사로 일관하였다. 또한 세 차례에 걸친 한국 방문에서도 트럼프의 행동과 발언은 대단히 정제되어 있었으며, 오히려 한국인의 입맛에 맞춘 듯한 발언도 눈에 띄었다. 결국 트럼프의 이러한 행동들은 원래 그런 것이기보다, 상황과 내용에 따라 적절하게 쓰고 있는 것이라는 판단에 도달하게 된다.

대통령이 되기 전 트럼프는 부동산 개발업으로 큰 돈을 벌었으며, 사업 내용은 크게 두 분야로 나뉜다. 첫째, 트럼프라는 브랜드를 통해 네이밍 권한을 판매하는 것이었다. 둘째, 재정상태가 취약한 대형 건물이나 호텔 등을 매입하고, 이를 바탕으로 정부의 세제 혜택은 물론 장기적인 지원을 뜯어내는 사업이었다. 트럼프 호텔로 잘 알려진 애틀랜틱 시티의 도박사업 등은 초반의 화려함에도 불구하고 트럼프를 파산 직전까지 몰아넣었던 실패한 사업들이었다.

트럼프는 대단히 자신감이 넘치고 때로는 오만하기는 했다. 사업가로서는 굽힐 때 굽히는 유연한 자세를 취했던 인물로 평가된다. 트럼프의 사업을 흥하게 한 트럼프의 뉴욕 허드슨강 서부 개발 사업은 홍콩 자본가 3인의 돈으로 시작된 것이다. 당시 트럼프가 땅은 보유하고 있었으나 거의 자본 잠식 상태로서 망하기 직전이었다. 트럼프의 재산 축적 과정은 트럼프가 특유의 자존심에도 불구하고 거래를 위해 몸을 숙였던 다양한 사례를 보여준다.

트럼프의 말과 행동, 일화 등을 살펴보면 두 개의 두드러진 특징이 나타난다. 첫째, 트럼프는 자신의 이뤄놓은 것과 이루려는 것에 대해서 대단히 과장되게 표현한다는 점이다. 둘째, 트럼프의 사람 씀을 살펴보면 그다지 큰 접점이 나타나지 않는다.

트럼프의 과장된 어법은 수십 년 사업가로서의 경험이 일부 투영되었을 수 있다. 사업가가 자신이 진행하려고 하는 사업을 설명하면서 우울한 전망을 늘어놓진 않는다. 사업은 꽃길을 걸을 것이며, 번창한 사업을 통해서 투자자들이 얼마나 큰 이익을 얻을 수 있는지를 과장되이 (때로는 허위의 사실과 함께) 홍보한다. 이러한 사업적 수사가 트럼프의 경우 정치 영역에 그대로 넘어온 것이라고 볼 수도 있다. 트럼프가 김정은의 편지를 언급하며 "우린 사랑에 빠졌다(we fell in love)"는 식의 과잉어법을 구사하는 것 역시, 끝나지 않은 사업을 두고 사업 파트너와의 향후 협상을 고려한 수사로 보인다.

트럼프 개인의 성격도 이러한 수사에 반영된다. 트럼프의 44,000개가 넘는 트윗이나, 그간의 여러 인터뷰를 통해서 발견되지 않는다는 단어는 '사과'나 '후회' 등의 발언이다. 물론 정치인이 이러한 발언을 하는 것이 쉬이 발견되는 바는 아니나, 트럼프의 경우는 자신에게 불리한 상황이나 국면에 있어서도 이를 다르게 과장하거나, 상대에 대한 격렬한 비난으로 타개하려는 시도들이 눈에 띈다. 우드워드의 『공포』는 트럼프의 이러한 성향을 다음과 같은 트럼프의 발언을 통해 묘사한다.

> 여성에게 어떤 나쁜 짓을 했다고 인정한 친구에게 트럼프가 개인적으로 충고를 해준 적이 있다. "진정한 힘은 공포야. 모든 게 힘에 관한 문제지. 절대 약한 모습을 보이면 안 돼. 언제나 강해야 해. 겁먹으면 안 돼. 다른 방법이 없어."

> "자네는 아니라고, 안 그랬다고, 그런 적 없다고 해야 해. 그렇게 여자들에게 밀어붙이라고." 트럼프가 말했다. "뭐가 됐든 자네가 책잡

힐 만한 일을 인정하고 나면 그땐 죽은 목숨이야. 인정하는 건 큰 실수지. 자네는 강력히 반격하며 맞서지 않았어. 약한 모습을 보였지. 강해야 해. 공세적으로 나와야 해. 거세게 반격해야 해. 자네에 관한 어떤 말도 부인해야 하네. 절대 인정해선 안 돼."

이러한 트럼프의 태도를 뚜렷이 엿볼 수 있는 사례는 지난 2016년 미국 대선후보 2차 토론회 당일이었다. 자신의 2005년 성희롱 발언으로 궁지에 몰린 트럼프는 토론회에서 이에 대한 진솔한 사과를 택하지 않았다. 대신 상대후보인 힐러리 클린턴의 남편 빌 클린턴과 성추문 관계에 있었다고 주장하는 여성 4인을 토론장에 대동하는 추잡한(?) 전략을 택했다. 드러난 사안에 대해 정면돌파하고, 문제를 명확하게 해결하려는 태도가 아니라 오히려 진흙탕으로 만들기를 시도한 것이다. 이러한 트럼프의 전략은 2016년 대선에서 일정 부분 성공을 거둔 바 있다. 트럼프는 성추문과 탈세의혹, 트럼프 대학의 부실 및 사기 논란 등의 스캔들이 끊이지 않았지만, 이에 대한 '무조건적인 부인'으로 일관했고, 오히려 '이메일 스캔들'을 들어 힐러리를 공격했다. 당시로선 트럼프의 이러한 전략이 먹힐 것이라 생각하진 않았으나, 결과는 트럼프의 당선으로 이어졌다.

트럼프의 내각에서 장관은 쉬이 바뀌는 것으로 보인다. 특히 트럼프 외교팀에서의 장관직은 비정규직임을 절실하게 느낄 수 있게끔 교체가 대단히 잦았다. 트럼프 정권 3년간 외교를 책임지는 주요 장관의 교체 폭은 역대 최고에 달할 정도다. 외교안보보좌관 네 명, 국무장관 두 명, 국방장관은 두 명이 거쳐 갔고, 현재는 국방장관 대행이 직을 수행하고 있다.[13] 또한 국방 및 외교의 주요 직책 중 많은 수가 임기 4년 차인 현재까지 공석으로 남아 있다. 이를 들어 트럼프의 들쑥날쑥한 기질과 정책이 '장관을 그만큼 자주 갈아치우게' 하는 주요 요인으로 지적되곤 한다.

트럼프의 인선에서 간과되는 부분 중 하나는 트럼프가 대선 과정에서 '빚진 인사가 거의 없다'는 점이다. 대선 과정의 등장부터, 후보 지명, 그리고 당선 전 마지막 순간까지 트럼프가 과연 대통령이 될 수 있을 것이라 믿은 이가 거의 없었다. 트럼프의 과격하면서도 비교조적인 접근은, 공화당 외교안보 전문가들의 초유의 반트럼프 서명운동으로까지 이어졌다. 트럼프가 당선되더라도, 트럼프 정부를 위해 일하지 않겠다고 하는 서명 운동은 당시 후보자에게는 치명타로 간주될 수 있는 것이었다. 대통령 당선 이후 국방장관으로 등용된 제임스 매티스나 존 켈리 국가안보보좌관 등은 대선 과정에서 트럼프 캠프에 직접적인 공헌을 했거나, 정책을 수립했다거나 하는 기여가 없는 사람들이었다.

여기에는 사람에 대해 신뢰하지 않고, 충성도의 가치를 그다지 높게 평가하지 않는 트럼프의 개인적 성향이 중요하게 작용하였다고 보는 시각도 있다. 그간 트럼프의 사업 규모나 범위를 고려하더라도, 기업이 가족 기업으로 남아 있는 것 역시 그러하다. 트럼프 정부의 자문으로 딸과 사위가 일하고 있는 것도, 트럼프 기업이 여전히 두 아들의 손에 의해 운영되고 있는 것도 역시 외부인에 대한 신뢰와 연결될 수 있다. 트럼프의 오랜 사업 연륜에도 소위

13 "A Volatile President, unfettered." (*The New York Times*. Jan. 6. 2020).

'집사'라고 하는 대리인조차 거론되지 않는 것은 물론 이러한 맥락에서 이해된다. 우드워드의 『공포』는 트럼프 백악관 내의 인사에 대해서 다음과 같이 표현하였다.

> "그는 타고난 포식자들을 기용했어요. 단순히 적수가 아니라 포식자들을요." 그 포식자들은 하나같이 정부에서 일한 경험이 전혀 없었다…어떤 면에서 이들 네 명—이방카, 재러드, 콘웨이, 배넌—은 같은 작업 방식을 보여줬다. "그들은 웨스트 윙에 들어옵니다. 하지만 무기를 내려 놓지는 않죠." 프리버스가 말했다. "나두 마찬가지입니다." 그들의 토론은 설득하기 위한 것이 아니라 그들의 대통령처럼 이기기 위한 죽이고 짓밟고 깎아내리기 위한 것이었다. "왜 그럴까요? 왜냐하면 뱀과 쥐와 매와 토끼와 상어와 바다표범을 한 동물원에 벽도 세우지 않고 모아놓으면 사태가 험악해지기 시작하고 결국 피를 보게 되죠. 바로 그런 일이 일어나고 있습니다."

IV 결론을 대신하여

트럼프에 대한 다양한 글들이 쏟아지고 있다. 이 중 『공포』와 같이 트럼프 정부에서 함께 일한 사람들의 의견을 바탕으로 트럼프 정부를 재구성한 글도 있고, 트럼프의 발언이나 행동 등의 간접적인 관찰을 통해서 정리한 글도 있다. 이 에세이도 신문과 매체, 그리고 여러 사건 등을 통해서 접한 트럼프에 대한 저자의 평가를 정리한 것이다. 트럼프라는 독특한 개인에 대해서 여러 사실들을 점검

하고, 인간 트럼프에 대한 이해를 통해서 그의 행보를 예측해보려는 데 그 목적이 있다.

트럼프는 그 등장부터가 기존의 문법과는 달랐다. 2015년 공화당 대선경선 출마를 선언했을 때 후보로서의 트럼프를 진지하게 여긴 사람들은 지지자들 외에는 그다지 많지 않았다. 지금은 이름조차 희미하지만 젭 부시(Jeb Bush)에 대해 세간의 관심이 쏠렸고, 소위 신흥 정치명문가인 부시 가문과 클린턴 가문의 대선 격돌 가능성을 예상했다. 트럼프가 미국과 멕시코 사이에 국경 장벽을 쌓겠다고 하고, 이를 멕시코 정부가 내게 될 것이라는 공약을 내걸었을 때, 이는 정치 영역보다는 시사코미디의 영역에서 더 크게 다루어졌다. 진지한 후보의 진지한 공약이라고 간주하지 않았기 때문일 것이다. 장벽을 쌓는다는 것도 그렇지만, 그 비용을 상대국으로 하여금 내도록 만들겠다는 공약은 트럼프를 허언주의자로 보이게끔 만들었다. 이어 무슬림 7개국에 대해서 미국 입국금지를 실시하겠다는 공약에선 사람들은 차별과 전체주의를 읽고 경계했다.

트럼프가 공화당 경선에서 선두를 달릴 때에도 트럼프가 결국 공화당 후보로 지명되지 못할 것이라는 견해가 다양하게 제기되었다. 공화당 전당대회를 목전에 둔 상태에서도 이러한 트럼프에 대한 부정적 전망은 지속적으로 이어졌다. 힐러리와 본격적인 경선에 돌입한 후에도 트럼프의 당선 가능성을 점친 사람은 거의 없었다. 힐러리의 낙승을 예상함은 물론, 힐러리 정부에선 어떠한 인사들이 중용될 것인가를 놓고 다양한 예측이 오갔다. 대선 막판의 트럼프의 2005년 성희롱 발언이 공개되고 난 후, 선거전은 사실상 끝났다는 예측이 워싱턴 정가를 뒤덮었다. 하지만 2016년 대선의 승자는 도널드 트럼프가 되었다.

트럼프는 그 등장부터 현재까지 예측이 되지 않는 인물이었다. 그가 기존 정치인의 전형과는 대단히 다른 인물이란 점을 말해주기도 하고, 그만큼 트럼프의 정치가 기존의 그것들과 다를 것임을 보여주는 것이기도 하다. 지난 트럼프 3년의 정치는 대단히 다른 모습을 보여주었다. 트럼프 개인이 백악관에 들어가면 200년이 된 시스템 속에서 적응하고 순화될 것이라는 예측과는 달리, 트럼프의 말과 행동은 거침이 없었고 워싱턴의 문법을 배우지 않았다. 반면 많은 이들이 우려했던 것과 마찬가지로, 트럼프 하 지난 3년 새로운 전쟁은 일어나지 않았다. 트럼프는 이념이나 특정한 세계관에 휘둘리는 사람이 아니었고, 오로지 '미국의 돈'을 위해서 움직이는 것처럼 보였다. TPP는 무효화하고, 파리기후협상을 탈퇴하였으며, NAFTA는 새로운 협상으로 대체하는 등 국제 무역질서를 뒤흔들려고 하는 듯 보였으나, 국제교류의 모습은 4년 전과 비교해 크게 달라진 바가 없다. NAFTA는 USMCA라는 다른 옷을 입기는 했으나, 큰 틀에서는 변화가 없었다. 한미 FTA 역시 조항의 변화를 겪기는 했으나 큰 틀에서는 변화 없이 유지되고 있다. 현재 미국과 중국 간의 무역 갈등과 관세 폭탄이 오가고는 있으나, 이러한 갈등이 중국과 미국의 정치적·군사적 갈등으로 비화할 것이라는 예측은 많지 않아 보인다. 트럼프 이후 세계는 많은 변화를 겪었고, 기존에 보지 못한 유형의 지도자를 경험했으나 큰 틀에서의 변화는 없었다는 해석도 가능하다.

이 에세이를 통해 논의된 사실은 기존의 알고 있던 선입견을 확인해 준 것도 있고, 새로운 내용을 다룬 것도 있다. 무엇보다 트럼프가 충실한 공약 이행자라는 점은 주목할 만하다. 트럼프의 과잉된 말과 행동으로 인해, 혹은 시간별로 바뀌는 시정잡배와 같은 트윗 내용으로 인해, 기자와 싸우거나 정상외교에서의 무례 등 기행으로 인해 많은 이들의 눈이 가려졌다. 하지만 국내 정책에 있어 트럼프는 철저히 보수주의의 노선을 그대로 따랐다. 국제정치에 있어서도 혼돈 그 자체로 보이나, 그 혼돈은 선거기간 중 '그렇게 하겠다고' 예고했던 내용이었다. 트럼프의 말과 트윗, 행동 등의 수많은 화이트 노이즈가 가득하지만, 그 중심에는 나름의 일관된 정책적 입장이 유지되어 왔음을 보여준다.

트럼프의 트윗이 미디어를 대체하는 것이 아님도 확인하였다. 트럼프는 누구보다도 적극적인 TV뉴스와 시사프로의 소비자이며, 그의 수많은 트윗은 미디어에 대한 시청을 통해 나온다. 그러한 트윗은 순간적이며, 트럼프의 당시의 감정과 느낌을 여과 없이 반영한다. 트럼프의 시시각각으로 변화하는 트윗 내용에 미국은 물론, 전 세계가 순간순간 반응하며 트럼프의 정책을 혼돈으로 이해하게 되는 경향이 있다. 물론 트럼프의 트윗은 그 자체로 충동적이며, 트럼프 개인의 성숙되지 못한 일면을 여과 없이 드러내는 경향이 있다. 또한 "미친", "망할" 등의 표현이 난무하는 트윗이 미국 대통령의 품격에 적합하냐는 근본 문제제기도 접어두자. 우리가 중요하게 살펴볼 점은, 트럼프의 이러한 트윗이 일종의 화이트 노이즈(White Noise) 기능을 수행하며, 미국 및 트럼프의 협상에 유리하게 작용할 수 있다는 점이다.

트럼프와 트럼프의 정책을 집행하는 관료와의 불일치 역시 다시금 생각해 볼 필요가 있다. 미국 정부 내의 불협화음이나 정책일관성의 문제로 지적될 수도 있지만, 협상 상대자의 입장에서는 이러한 상황이 이중의 장애물(double hurdles)로 작용할 수도 있다. 최근의 한국과 미국의 방위비 협상에서 미국은 기존의 1조 원에서 다섯 배가 오른 5조 원을 요구한 것으로 알려져 있다. 2021년 방위비 5조 원이란 금액의 산정 기준은 작위적인 것으로, '이만큼 받아야겠다'는 트럼프의 의지가 중요하게 작용한 것으로 알려졌다. 문제는 실제 협상을 진행하는 미국의 실무팀은 5조의 금액 인상 외에 다른 부분에도 가치를 두고 있을 수 있다는 점이다. 대통령의 요구액인 5조 원까지는 아니더라도 충분히 인상된 방위비를 받아내야 한다는 부담과 함께, (트럼프는 상대적으로 덜 중시하는) 전통적 우방으로서의 기여 등도 함께 요구하게 될 가능성이 크다. 이는 한미 방위비 협상이 상호 동등한 위치에서의 협상이 아닌 비대칭 협상이라는 기울어진 테이블에서 기인한다.

참고문헌

우드워드, 밥(Bob Woodward). 2018. 『공포(Fear)-백악관의 트럼프』. 장경덕 옮김. 서울: 딥인사이드.

카쿠타니, 미치코. 2019. 『진실 따위는 중요하지 않다』. 김영선 옮김. 서울: 돌베개.

Donald J. Trump Twitter 계정(@realDonaldTrump).

Lee, Bandy X. et al. 2017. *The Dangerous Case of Donald Trump: 27 Psychiatrists and Mental Health Experts Assess a President*. Thomas Dunne Books.

Nizza, Mike. 2018. "President Trump's First Year, in 14 Metrics." Opinion. Bloomberg.com. (출처: https://www.bloomberg.com/opinion/articles/2018-01-22/president-trump-s-first-year-in-14-metrics, 검색일: 2020. 4. 25)

필자 소개

김준석 Kim, Junseok

동국대학교 정치외교학과 교수
동국대학교 정치학과 졸업, 뉴욕주립대 스토니브룩 정치학 박사

논저 "testing Legislative Shirking in a new setting", "Prior Margins of Victory and Legislative Careers"

이메일 jspicture@dongguk.edu

제3장

부시 행정부의 '테러와의 전쟁' 외교정책 결정 연구

— 관료정치 모형의 적용

Assessing Foreign Policy Making of the "War on Terror" Based on Allison's Bureaucratic Politics Model

이수훈 | 한국국방연구원 선임연구원

본 연구는 그레이엄 엘리슨(Graham T. Allison)의 관료정치 모형(bureaucratic politics model)을 적용하여 9·11 테러 직후 부시(George W. Bush) 행정부의 테러와의 전쟁의 외교정책과 그 결정 과정을 분석한다. 엘리슨은 쿠바 미사일 위기(Cuban Missile Crisis)에서 미국의 외교정책 결정 과정을 관료정치 모형을 통해 분석했다. 합리적 행위자(rational actor) 모형에서 간과했던 관료들의 정치를 분석하고 이들이 외교정책 결정에 미치는 영향을 관찰했다. 본 연구는 테러와의 전쟁이라는 외교정책의 수립 과정에 관료정치 모형을 적용하여 합리적 행위자 모형에 따른 분석과는 다른 관점의 해석을 도출하고자 한다. 이에 본 논문은 관료정치 모형에 관한 기존 문헌을 분석하고 그 효용성을 입증한 후 부시 행정부의 테러와의 전쟁 외교정책 결정 과정을 분석한다.

This research assesses foreign policy making of the War on Terror using Graham T. Allison's bureaucratic politics model. Allison developed bureaucratic politics model for analyzing and assessing the Cuban Missile Crisis and, thus, shed a new light on the role of bureaucrats in foreign policy making. By implementing bureaucratic politics model to examine the decision making of the War on Terror, the research aims to explain roles and politics of the bureaucrats in the Bush administration. The 9 · 11 terror was not only the first attack on the American homeland but also the one that was committed by the non-state actor, or terrorist group, Al Qaeda. To understand the war, we need to understand its breakout and development. Nonetheless, most of the research regarding the war has been focused on the development phase, whilst its decision making and the planning phases have been under-researched. In this light, this research utilizes bureaucratic politics model to assess Bush administration's decision making of the war.

KEYWORDS 외교정책 결정 foreign policy making, 관료정치 모형 bureaucratic politics model, 테러와의 전쟁 war on terror, 부시 행정부 Bush Administration, 9·11 테러 9·11 terror

I 서론

미국과 탈레반(Taliban)은 2020년 2월 29일 무력 충돌을 끝낸다는 평화합의에 서명했다. 19년이라는 오랜 시간에 걸친 전쟁의 종식이다. 지금으로부터 19년 전인 2001년 9·11 테러(9·11 terror attacks) 이후 부시(George W. Bush) 행정부는 테러와의 전쟁(The War on Terror)을 선포했다. 미국 역사상 본토에 가해진 첫 공격이자 2,977명의 목숨을 앗아간 9·11 테러 이후 부시 행정부는 테러와의 전쟁이라는 외교정책을 수립하여 테러의 주범인 오사마 빈 라덴(Osama bin Laden)과 미국의 숙적 사담 후세인(Saddam Hussein)을 척결함으로써 9·11 테러에 대한 응징과 동시에 미국 안보에 대한 위협을 제거했다. 그러나 테러와의 전쟁이 진행된 20년에 가까운 기간 동안 9·11 테러 희생자의 두 배가 넘는 7,000여 명의 미군이 목숨을 잃었다(CRS 2019).

본 연구는 테러와의 전쟁이 9·11 테러 이후 미국 외교정책으로서 적합했는지에 대한 판단을 하는 데 목적이 있지 않다. 테러와의 전쟁 초반 아프가니스탄 전쟁에 대한 의견을 묻는 여론조사에서 90%가 넘는 미국인들은 전쟁을 지지했다. 이후 시간이 흐르며 전쟁을 지지하는 비율은 점차 낮아졌지만 반대하는 비율은 높아졌다. 가장 최근 조사에서는 전쟁을 지지하는 비율이 반대하는 비율보다 약간 높은 것으로 나타났고 그 차이는 매우 근소했다(그림 3-1). 테러와의 전쟁은 미국의 대외정책이며 모든 외교정책에는 국가 차원의 득실이 있고, 이에 대한 평가는 동시대에 이뤄지기 어렵다.

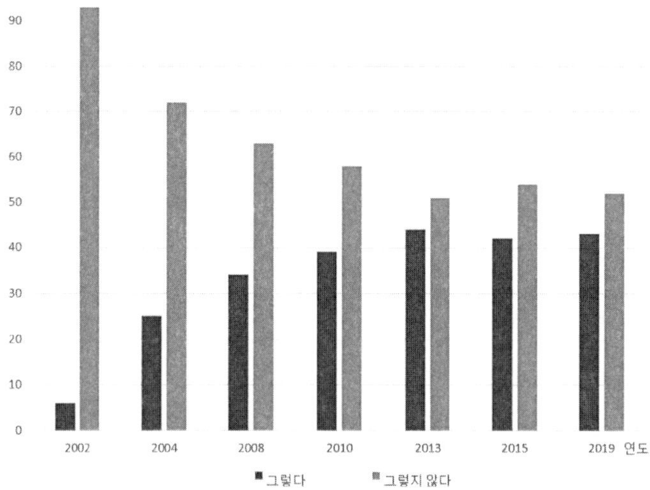

그림 3-1. 미국의 2001년 아프가니스탄 전쟁이 잘못되었다고 생각하는가?
출처: Gallup(https://news.gallup.com/poll/4909/terrorism-united-states.aspx).

본 연구의 목적은 테러와의 전쟁이라는 외교정책에 대한 평가가 아닌 그 과정에 대한 분석에 있다. 국가의 외교정책 수립에는 고려해야 할 여러 가지 사안, 사람, 단계가 있다. 9·11 테러와 테러와의 전쟁은 표면적으로 직접적인 인과관계가 성립되는 것 같지만 이 두 사건 사이에는 수많은 사안, 사람 그리고 단계가 있다. 전쟁과 그 결정을 이해하기 위해서는 개전, 확전, 종전에 대한 분석이 이뤄져야 한다. 부시 행정부에서 시작되어 오바마(Barack Obama) 행정부와 트럼프(Donald Trump) 행정부까지 약 20여 년에 걸쳐 진행된 테러와의 전쟁에 관한 기존 연구는 대개 확전과 종전에 분석의 초점이 맞추어져 있다. 한편 전쟁에 대한 정책 결정, 기획 그리고 발발에 대한 학술적 분석은 국내외 학계에서 모두 미비했다.

이러한 배경에서 본 연구는 9·11 테러 이후 부시 행정부의 외교정책인 테러와의 전쟁을 그레이엄 엘리슨(Graham T. Allison)의 관료정치 모형(bureaucratic politics model)을 통해 분석한다. 엘리슨은 쿠바 미사일 위기(Cuban Missile Crisis)를 관료정치 모형으로 분석하여 기존 합리적 행위자(rational actor) 모형에서 간과했던 관료들의 역할을 재조명했다. 본 논문도 엘리슨의 관료정치 모형으로 테러와의 전쟁 정책수립 과정을 관찰한다. 본 장에서는 본격적인 선행연구 분석과 이론적 논의에 앞서 외교정책에 관련된 미국 대통령의 특징에 대해 논의하고자 한다.

미국 헌법에 명시되어 있는 대통령과 의회의 외교정책 권한은 다음과 같다. 대통령은 군 통수권자로서 각 국가의 대사를 포함한 공직 임명권, 의회가 제정한 법률안에 대한 거부권, 사면권을 갖는다(US Constitution, Article 2, Section 2). 이러한 배경에서 대통령은 외교정책에 있어 막강한 권한을 행사하는 것처럼 보이나(Peterson 1994, 219-220), 미국 헌법은 이러한 배경에서 대통령은 한 사람에게 외교정책에 관한 막대한 권력이 집중되는 것을 방지하고 견제하기 위해 의회에도 일부 권한을 부여했다. 이에 따라 의회는 전쟁 선전포고, 군대 조직, 정부 예산 승인, 대통령 탄핵 등의 권한을 갖는다(Lindsay 2004, 184).

위와 같이 외교정책의 수립과 집행에 대한 대통령과 의회의 권력이 헌법에 명시되어 있음에도 불구하고 그동안 미국 외교정책 결정에는 대통령의 역할이 지배적이었다. 외교정책에 대한 미국 대통령의 권한은 베트남 전쟁과 닉슨(Richard Nixon) 대통령의 워터게이트 스캔들(Watergate Scandal) 이후 다소 약해졌으나, 여전히 외교정책 결정에 있어 구조적 우위(structural dominance)를 점하고 있다. 구조적 우위는 대통령이 주변 엘리트들로부터 공급 받는 고급정보(Wildavsky 1998)와 국제환경으로 인해 미국이 위기에 놓였을 때 대통령에게 편중되는 권력(Lindsay 2004, 187)을 일컫는다.

그동안 미국의 외교정책 수립 과정에서 대통령과 의회의 역할은 국제 안보환경에 따라 변화했다. 국제 안보환경으로 인해 미국이 위기 상황(emergency phase)에 놓였을 때 외교정책 결정 권한은 대통령에게 편중되었고, 반대로 안정적(stable)으로 유지될 때에는 의회에 편중되었다. 세계대전이 일어난 시기 외교정책에 관한 결정 권한이 대통령에게 집중되었던 반면, 냉전이 종식된 이후부터 9·11 테러 이전까지 외교정책에 대한 의회의 권력이 향상했다. 그리고 9·11 테러 이후 외교정책 결정 권한은 다시 대통령에게 편중되었다.

이러한 배경에서 본 연구는 테러와의 전쟁이라는 대통령의 외교정책 결정 과정을 관료정치 모형으로 분석한다. 이 분석을 위해서는 당시 외교정책 결정 과정에 참여했던 주변 엘리트와 관료들에 대한 조사가 선행되어야 한다. 당시 부시 행정부 안팎에는 신보수주의자(neocon)로 일컬어지는 정부 관료, 언론, 학계 인사가 포진되어 있었다. 신보수주의(neoconservatism)를 신봉하고 부시 대통령을 지지했던 이들은 9·11 테러 이후 정부의 외교정책 결정 과정에 참여했다. 본 연구는 이들이 테러와의 전쟁이라는 외교정책 수립에 어떠한 역할을 했는지를 알아보고, 이를 관료정치 모형을 통해 논의하고자 한다.

본 연구의 전개는 다음과 같다. 다음 제2절에서는 테러와의 전쟁의 외교정책 결정 과정을 분석한 선행연구를 논의한다. 선행연구에서 다룬 중점적인 내용, 분석틀, 논점을 설명하고, 본 연구가 가지고 있는 차별점을 명시한다. 이론적 고찰이 이뤄지는 제3절에서는 엘리슨의 관료정치 모형의 이론적 측면과 이 모형의 효용성에 대한 논의가 이뤄지며 제4절에서는 모형에 따른 쿠바 미사일 위기에 대한 분석이 간략하게 설명된다. 마지막 제5절에서는 테러와의 전쟁 외교정책 결정에 대한 분석과 결론이 도출된다.

II 선행연구

테러와의 전쟁에 관한 연구는 다양하나 전쟁에 대한 외교정책 결정을 분석한 연구는 미흡하다. 이는 국제정치, 외교, 안보 학계에서 테러와의 전쟁을 외교정책론보다는 국제정치 중심으로 연구하는 경향이 있었기 때문이다. 국제정치 중심의 연구는 국가의 정책 기조, 수립, 방향보다는 강대국의 전쟁, 미국의 중동 전략 등의 명제가 주를 이룬다. 한편 테러와의 전쟁 외교정책의 수립을 분석하는 외교정책론 연구는 주로 엘리슨의 연구를 중심으로 이뤄졌고, 본 논문에서 소개하는 선행연구 역시 일정 부분 엘리슨의 이론을 기초로 수행되었다.

스미스(Martin A. Smith 2008)는 부시 행정부의 2003년 이라크 침공에 대한 문제의식을 이라크의 정권교체(regime change)에서 찾는다. 스미스는 이라크 전쟁이 미 정부 내 관료정치(bureaucratic politics)에 영향을 줬다는 시각에서 관찰한다. 스미스의 연구는 미국의 이라크 침공이 대량살상무기(Weapons of Mass Destruction: WMD)를 찾아내기 위한 것이 아니라, 울포위츠(Paul Wolfowitz) 전 국방부 부장관의 발언대로 미 정부 내 관료들이 대량살상무기를 이라크 침공의 가장 합당한 이유로 꼽았기 때문이라고 한다.

스미스는 울포위츠가 이라크 정권교체를 주장하며 이라크 내 대량살상무기에 대한 위협을 제기했고 동시에 새로운 미국 세기를 위한 프로젝트(Project for the New American Century, PNAC)와 같은 단체의 도움을 받았다고 한다(Smith 2008, 99). 단 스미스는 울포위츠가 정책을 설계하는 사람이지 정책 결정권자는 아니라며 딕 체니(Dick Cheney) 부통령, 콜린 파월(Colin Powell) 국방부 장관의 입장도 소개한다(Smith 2008, 100-102). 스미스의 연구는 본 연구와 구조적인 면에서 비슷하지만, 이라크 전쟁을 분석했다는 점에서 다르다. 나아가 스미스는 전쟁에 관한 모든 이해관계자의 의견과 관계를 분석할 수 없으므로 관료정치 모형을 적용한 분석이 어렵다며 분석에 앞서 정책 결정자와 기간에 대한 정확한 설정이 선행되어야 함을 시사했다.

미첼(David Mitchell 2009)의 연구는 2003년 이라크 전쟁의 정책 결정 과정을 분석했다. 미첼은 2003년 이라크 전쟁에 관한 외교정책 결정이 부정확한 정보, 불충분한 토론, 전쟁 후 재건계획 부재로 인해 실패했다는 문제의식을 바탕으로 외교정책 결정 체계 모형을 고안하여 정보와 정책 결과의 관계성을 밝혀낸다. 본 연구에서 미첼은 리더십과 운영 스타일(leadership and management style) 관료정치 모형을 통해 9·11 테러를 매개변수(intervening variable)로 산정하여 부시 행정부의 외교정책을 분석한다(Mitchell 2009, 279). 미첼은 9·11 테러 이후 이라크에 대한 잘못된 정보로 인해 전쟁으로 이어졌고 이러한 상황을 체니 부통령과 라이스(Condoleezza Rice) 안보보좌관도 인식하고 있다고 한다. 미첼은 대통령의 개인 성향도 외교정책 결정에 영향을 미쳤다며, 부시 대통령이 참모들의 조언을 선별적으로 들어 결국 참모들도 대통령이 듣고자 하는 조언만 했다는 밥 우드워드(Woodward)의 주장도 언급했다(Mitchell 2009, 281). 미첼의 분석은 기존 관료정치 모형에서 스미스의 연구보다 좀 더 변형된 분석틀을 갖췄다.

피프너(Pfiffner 2009)는 부시 대통령이 아프가니스탄 전쟁보다 이라크 전쟁 외교정책 결정에 더욱 많은 시간을 쏟았다고 했다. 피프너에 따르면 부시 대통령은 네오콘(neocon) 참모들과 이라크 정권교체라는 목표를 세웠고 백악관 내 다른 참모들의 의견을 구하지 않았다. 이라크 침공에 관한 결정이 백악관 밖의 참모들로부터 이뤄졌다는 것이다(Pfiffner 2009, 376). 피프너의 연구는 이라크 침공에 대한 부시 행정부의 외교정책 결정에 대해 분석을 하나 관료정치 모형이 아닌 사건 열거의 방식으로 분석했다.

테러와의 전쟁에 대한 부시 행정부의 외교정책 결정은 크게 아프가니스탄 전쟁과 이라크 전쟁으로 나뉘며 본 연구에서 다룬 선행연구는 모두 이라크 전쟁에 관한 분석이다. 상대적으로 아프가니스탄 전쟁을 결정하는 데 소요된 시간보다 이라크 전쟁을 설계하는 데 걸린 시간이 더 길고 그 내용 또한 풍부하므로 후자에 대한 분석이 학계에서 주를 이뤘다. 또한 선행연구 모두 엘리슨의 이론적 틀을 적용하지만 이를 있는 그대로 적용한 논문은 없었다.

본 연구는 기존 연구와는 달리 연구 범위와 변수를 설정하여 앨리슨의 관료정치 모형 중 발견, 이슈, 결정의 정치만을 선택적으로 분석한다. 다음 절에서는 관료정치 모형에 관한 이론적 고찰, 비판 연구를 바탕으로 관료정치 모형의 효용성을 논의한다.

III 이론적 고찰: 관료정치 모형의 효용성

앨리슨은 쿠바 미사일 위기에서 외교정책 결정 과정을 합리적 행위자 모형(rational actor model), 조직과정 모형(organizational process model), 관료정치 모형으로 나눠 각 모형에서 요구되는 요인을 정의하고 상황을 설명한다. 합리적 행위자 모형에서의 정책은 합리적 결정의 결과이고, 조직과정 모형에서의 정책은 조직에서 상호 간 발생한 상황의 결과이며, 관료정치 모형에서의 정책은 관료들 간 정치의 결과이다(Allison 1969). 각 모형의 분석수준도 상이하다. 합리적 행위자 모형에서는 정부를 단일 행위자로 분석하고, 조직과정 모형에서는 각 부처의 조직과 계급에 기반을 두고 분석하며, 관료정치 모형은 대통령, 국무장관, 국방장관, 중앙정보국 국장 등 외교정책 결정에 직접적으로 참여하는 사람들 간의 정치를 분석한다. 앨리슨은 각 모형에서 쿠바 미사일 위기에 대한 '해석'(cut)을 도출한다. 본 연구에서는 그 중 관료정치 모형에 의한 '세 번째 해석'(the third cut)을 적용하여 테러와의 전쟁을 분석한다.

관료정치 모형을 적용한 국내외 연구는 대부분 앨리슨의 관료정치 모형을 그대로 사용했거나 약간의 보완을 거쳤다. 본 절에서는 엘리슨의 관료정치 모형에 대한 설명과 선행연구를 소개하여 분석체계로서 관료정치 모형의 효용성을 설명하고자 한다. 배종윤(2006, 113-114)은 『한국 외교정책의 새로운 이해』에서 찰스 린드블럼(Charles Lindblom)의 부분적 상호적응(Partisan Mutual Adjustment) 모델, 알렉산더 조지(Alexander George)의 다원적 참모집단(Multiple Advocacy) 모델, 마이클 코헨(Michael D. Cohen)의 쓰레기통 모델(Garbage Can Model)과 관료정치 모형의 유사한 점을 정리했다. 린드블럼(Lindblom 1965)은 외교정책 결정에서 참가자들 간의 논의를 도출하기 위해서는 중앙집권적 형태보다 부분적 상호적응의 형태가 더욱 효율적이라고 주장했다. 그러나 조지(George 1972)는 "The Case for Multiple Advocacy in Making Foreign Policy" 제하의 논문에서 집단의 결정이 더 많은 대안을 제시한다는 점에서 개인의 결정보다 더 합리적이라는 주장을 한다. 그러나 두 모형과 달리 쓰레기통 모델은 무정부 상태에서의 정책 결정은 정형화된 규칙에 따라 이뤄지는 것이 아니라 문제, 해결책, 선택 기회, 참여자라는 요소가 뒤섞여 형성된다고 주장한다(Cohen, March and Olsen 1972).

엘리슨은 집단 단위 정책 결정의 대표적 사례인 쿠바 미사일 위기를 합리적 행위자 모형, 조직과정 모형, 관료정치 모형으로 설명했다. 1962년 소련은 미국의 앞마당인 쿠바에 미사일 배치를 시도했고 이를 알아챈 미국과 약 열흘간 군사·외교적으로 대치했다. 당시 미국의 케네디(John F. Kennedy) 대통령은 이를 해결하기 위해 국가안전보장회의 비상대책위원회[ExCOMM(The Executive

Committee of the National Security Council)]를 열고 비공개로 회의를 진행했고 결과적으로 미국과 소련은 외교적 방법을 통해 위기를 넘겼다.

쿠바 미사일 위기 7년 후인 1969년 엘리슨(Allison 1969)은 "Conceptual Models and the Cuban Missile Crisis" 논문과 『결정의 엣센스(*Essence of Decision*)』에서 합리적 행위자, 조직과정, 관료정치 세 가지 모형을 통해 쿠바 미사일 위기에서의 미국 외교정책 수립 과정을 분석한다. 합리적 행위자 모형은 외교정책을 결정하는 주체를 합리적 생각에 기반을 둔 단일(혹은 국가) 행위자로 간주하지만, 조직과정 모형과 관료정치 모형은 외교정책 결정에 있어 다양한 행위자의 역할을 고려하여 분석한다(Allison 1969). 당시 미국의 외교정책은 합리적 행위자 모형을 기반으로 분석하는 것이 일반적이었다. 그러나 엘리슨은 조직과정 모형과 관료정치 모형을 개발하여 정책 결정에 관여하는 다양한 행위자의 역할도 관찰하여 쿠바 미사일 위기에서 미국 대통령의 외교정책 결정 과정을 기존보다 더욱 입체적으로 설명했다.

관료정치 모형은 인물과 관계에 대한 분석을 요구한다. 따라서 부시 행정부와 같이 분석대상이 특정 집단으로 이뤄졌던 시기의 외교정책을 분석하기에는 더 적합할 수 있다. 엘리슨과 할퍼린(Allison and Halperin 1972)에 따르면 합리적 행위자 모형은 한 행위자에 대한 분석이지만 관료정치 모형은 이슈와 관련된 여러 행위자에 대한 분석이라며 두 모형의 차이점을 설명한다. 이들은 다양한 배경을 가진 행위자들이 서로 "밀고 당기며"(pulling and hauling) 결정에 다다른다고 한다. 즉 관료정치 모형에서는 결정을 이루는 가장 중요한 요소가 행위자 간의 정치이며(Allison and Halperin 1972) 본 연구에서는 이에 대한 분석이 중점적으로 이뤄진다.

관료정치 모형에는 다음과 같은 특징이 있다. 첫째, 외교정책은 단순한 결정이 아닌 수없이 반복된 "협상 게임"(bargaining game)의 결과이다(Allison 1969, 690). 관료정치 모형에서의 정책은 해법이나 해결책이 아닌 정치의 결과이다. 즉 외교정책의 결정과정을 분석하는 이론으로서 관료정치 모형은 외교정책이 합리적 결정이 아닌 행위자들 간의 정치(politics)에 의해 결정된다고 본다(Allison 1969, 690-708). 따라서 외교정책 결정 참가자들은 수많은 토론, 논쟁, 경쟁, 타협을 통해 결과를 도출해내고 그 정쟁의 결과는 국가정책이 된다. 관료정치 모형에서는 이를 협상 게임이라고 한다. 본 연구도 부시 행정부의 테러와의 전쟁에 관한 외교정책을 '결정'이 아닌 다양한 행위자들의 경쟁과 타협으로 이뤄진 '결과'라는 논리에 중점을 두고 분석을 한다.

둘째, 관료정치 모형은 정부 내 계급(hierarchy) 요인을 협상 게임에 영향을 미치는 요인으로 본다. 모든 정부에는 사회적 계층이 존재하므로 국제사회에서 비친 한 국가의 행태는 계층적 구성(hierarchical organization) 내에서 반복된 협상 게임을 통해 나타난 결과라고 보는 것이다(Allison 1969, 707-708). 사회적 계층, 정치에 대한 이해가 연구자마다 다를 수 있기에 관료정치 모형을 사용한 연구 간의 분석이 전혀 다른 결과를 나타낼 수도 있다. 외교정책 수립에 관여하는 행위자들이 현실적으로 단일 이슈가 아닌 국내 여러 부처의 이슈와도 연관되어 있을 수 있다. 이런 경우 부처 이기주의(parochialism) 등의 문제가 발생할 수 있다.

셋째, 관료정치 모형에서는 외교정책 수립 과정에 있는 모든 행위자의 구성, 역할, 권력에 대한 이해가 선행되어야 한다. 먼저 조직에 대한 분석을 통해 외교정책 수립에 관여하는 기구, 구성, 인물을 파악한다. 그 다음으로는 행위자의 직위와 역할에 대한 분석이 이뤄지며, 미국의 경우 외교정책 결정 과정에 대통령, 국무부 장관, 국방부 장관, CIA 국장, 언론 등이 포함된다. 예를 들어 국무장관의 역할은 다른 국가와의 협상, 의회에 정부 메시지 전달 등으로 설명할 수 있다. 이때 행위자 개인의 특징에 대한 분석은 지양하나 만약 행위자의 성향이 외교정책 결정에 영향을 줬다고 판단되는 경우 행위자 개인의 대한 연구도 필요하다. 다만 행위자의 성향을 파악할 만한 배경에 대한 정확한 정보가 없다면 그의 직위와 역할에 대한 분석을 우선으로 한다.

앨리슨은 관료정치 모형에서의 외교정책을 정책 결정에 관련된 모든 행위자의 "콜라주"(collage)라고 표현했다(Allison 1969, 708). 외교정책이 정치로부터 영향을 받으면 안 된다는 일부 학계 정서에 따라 관료정치 모형은 외교정책 연구 분야에서 환영을 받지 못했다. 그러나 국제정치에서 국가들이 경쟁과 타협을 통해 생존하고 발전하는 것처럼 외교정책 결정도 행위자들의 경쟁과 협상 속에서 수립된다. 따라서 앨리슨이 제시한 정책 결정 모형 중 관료정치 모형이 정책을 가장 가깝게 관찰할 수 있기도 하다. 단, 의미 있는 분석결과를 도출하기 위해서는 각 행위자에 대한 정확한 정보가 필요하고 이러한 정보수집의 어려움이 관료정치 모형을 적용하는 데 있어 가장 어려운 점이라 할 수 있다.

관료정치 모형에 대한 선행연구는 비교적 비판적인 시각이 많다. 크리스텐슨과 레드(Christensen and Redd)는 "Bureaucrats versus the Ballot Box in Foreign Policy Decision Making" 제하의 논문에서 외교정책 결정자가 정책을 자문하는 관료들로부터의 영향에 관해 연구했다. 이들은 관료정치 모형이 정책과 관료들의 인과관계를 설명하는 데 이론적인 근거를 제시했다고 평가했다(Christensen and Redd 2004, 72). 외교정책론을 인지학적인 관점(cognitive analysis)에서 관찰하는 로자티(Jerel A. Rosati)는 엘리슨의 관료정치 모형이 학계에서 정책 결정 과정을 분석하는 데 많은 기여를 한다고 했으나 그 유명세만큼 학계에서 많이 통용되지는 않다고 했다(Rosati 1981, 235-251).

홀리스와 스미스(Martin Hollis and Steven Smith)는 1980년대 주이란 미국 대사관 인질 사건이라는 특정 사례를 통해 관료정치 모형 분석의 범위를 좁혔다는 점과 모형의 적합성에 대한 논의를 했다는 점에서 본 연구와 유사하다(Hollis and Smith 1986). 함성득과 김옥진은 1차, 2차 북핵 위기에 대한 김영삼 정부와 노무현 정부의 대응을 조사하여 각 지도자의 리더십 스타일과 관료정치와의 연관성에 대해 분석했다. 이 연구에서는 김영삼 대통령의 독자적 정책 결정 방식과 노무현 대통령의 권한위임 방식을 비교하여 각 정부의 관료정치 현상에 대한 의미 있는 분석결과를 제시했다(함성득·김옥진 2005). 배종윤은 1990년대 한국의 대북정책을 관료정치 모형으로 분석한 논문에서 대북정책을 이해하는 데 있어 대통령뿐만 아니라 관료의 역할도 분석해야 한다고 주장했다. 이 연구는 노태우, 김영삼, 김대중 정부 내 대북정책에 대한 관료들 간의 갈등과 역할에 대해 통일부와 국가정보원을 중심으로 설명했다. 단, 이 연구는 유형별이 아닌 시기별 분석이 이뤄져 분석의 범위가 각 정부의 특징을 모두 담아내지 못했다는 한계를 나타낸다(배종윤 2003).

웰치(David A. Welch)는 1992년 *International Security*에 게재한 논문에서 관료정치 모형을 포함한 엘리슨의 외교정책 결정 모형이 설명력과 예측능력을 갖추지 못한 "메타이론"(metatheory)이라고 비판했다(Welch 1992, 115). 그러나 웰치는 논문의 결론에서 엘리슨의 책이 20년 후에도 국제정치 연구에 매우 중요한 자료로 사용될 것이라고 밝혔다. 다위샤(Karen Dawisha 1980)는 소련의 외교정책 결정 분석에서 나타난 관료정치 모형의 한계에 대해 논의했다. 프리드맨(Lawrence Freedman 1976, 437)은 "Logic, Politics and Foreign Policy Processes: A Critique of the Bureaucratic Process Model" 제하의 논문에서 엘리슨과 할퍼린이 제시한 세 가지 외교정책 결정 모형을 설명하며 관료정치 모형은 관료들 간의 정치게임이라며 정치에는 늘 협상과 경쟁만이 있는 것이 아니라 연합(coalition)과 로그롤링(log-rolling)도 나타난다고 주장했다(Freedman 1976, 445). 관료정치 모형에 관한 가장 최근의 연구는 쿠퍼, 고스데브, 블랭크쉐인(Cooper, Gvosdev, Blankshain)의 논문이며, 이들은 엘리슨의 관료정치 모형이 현재 미국의 급변하는 외교정책을 분석하기에 무리가 있다고 주장한다. 이들은 1940년대 2000여 명이 되지 않았던 국무부의 규모가 60년이 지나고 15배 이상으로 증가했다고 하며, 더 큰 조직을 포용할 수 있는 외교정책 결정 모형이 필요하다고 주장했다(Cooper et el.

2018).

위 연구들은 주로 엘리슨의 관료정치 모형이 보완되어야 하는 점들을 지적했다. 이들의 공통점은 논문 결론에 본 모형이 외교정책 수립을 분석하는 데 적절한 모형이라고 언급했다는 점이다. 어떠한 이론도 완벽할 수는 없으며 관료정치 모형 역시 이론적 틀이 성립되고 40여 년이 흐른 지금 분석이론으로서 한계점이 나타난다. 이러한 배경에서 본 연구는 관료정치 모형에 대한 위 한계점을 인정하고 분석의 수준과 변수를 제한한다. 본 연구는 테러와의 전쟁의 외교정책 결정을 엘리슨의 세 번째 해석(third cut)인 관료정치 모형의 '발견의 정치'(politics of discovery), '이슈의 정치'(politics of issues), '결정의 정치'(politics of choice)를 바탕으로 분석한다. 다음 절에서는 엘리슨의 쿠바 미사일 위기에 대한 관료정치 모형 적용을 설명한 후 이를 기반으로 5절에서는 테러와의 전쟁에 대해 논의한다.

IV 쿠바 미사일 위기에 대한 관료정치 모형(발견, 이슈, 결정의 정치) 해석

제2차 세계대전 이후 세계를 핵전쟁 위기로 몰고 갔던 쿠바 미사일 사태는 미국과 소련이 각각 터키와 쿠바에 배치한 미사일 기지를 철거하고, 케네디 대통령과 니키타 흐루쇼프(Nikita Khrushchev) 총리 간 '핫라인'(hot line)을 개통하며 종결되었다. 냉전 시기에 확전될 수 있었던 상황을 외교적 방법으로 해결한 사례이기 때문에 쿠바 미사일 위기의 외교정책 결정 과정을 분석하는 것은 사회과학적으로 큰 의미가 있다. 본 절에서는 엘리슨의 관료정치 모형 중 '발견의 정치', '이슈의 정치', '결정의 정치' 부분을 요약하고 그 함의를 설명한다(Allison 1969).

엘리슨은 '발견의 정치'라는 개념으로 소련의 쿠바 미사일 배치가 어떤 방식과 절차를 통해 케네디 대통령에게 보고되었는지를 설명한다. 쿠바 미사일 사태에 대한 대응을 위해 미 정부는 15명으로 이뤄진 국가안전보장회의 비상대책위원회를 구성했다. 비상대책위원회는 사안에 대해 최대한 다양하고 자세한 정책옵션을 대통령에게 제안할 수 있도록 원칙적으로 모든 구성원의 관계를 수평적으로 유지했다. 그러나 관료정치 모형에서는 이와 같은 수평적 관계 속에서도 정치적 상하관계가 자연스럽게 나타남을 보여준다.

1962년 당시 선거를 앞둔 케네디 대통령에게 쿠바는 '정치적 아킬레스건'(Political Achilles' Hill)이었다(Allison 1969, 712-715). 1962년 8월 22일 중앙정보국(CIA) 국장 맥콘(John McCone)은 케네디 대통령에게 쿠바 내 소련의 움직임이 이상하다고 보고한다. 케네디 대통령은 소련이 연관된 국제이슈가 불거지면 당해 11월 중간선거에서 민주당이 부정적 영향을 받을 수 있다는 판단 하에 맥콘 국장의 보고를 무시한다. 대통령은 오히려 맥콘 국장이 과민반응을 보인다며 그를 '공격적 매파'(aggressive hawk)라고 비판한다. 그로부터 3주 후 케네디 대통령은 쿠바에 미사일이 없음을 단언하고, 만약 미사일이 발견된다면 이를 좌시하지 않을 것이라고 한다. 이처럼 상황의 심각성을 무시하던 케네디 대통령은 약 한 달 후인 10월 14일 미국 U-2 항공기가 쿠바에서 촬영한 소련의 미사일 배치 사진을 눈으로 확인하고 나서야 사태의 심각성을 인지한다. 케네디 대통령은 당시 중간선거를 앞두고 쿠바 미사일 위기가 민주당에 악재로 작용할 것을 예상했고 따라서 사태를 조용히 마무리하고 싶었다. 엘리슨은 위와 같은 사건의 발단을 관료정치 모형 내 '발견의 정치'를 통해 재해석했다.

'이슈의 정치'에서는 쿠바 내 소련 미사일 발견 후 국가안전보장회의 비상대책위원회 내 구성원들의 의견과 이에 따른 정치과정을 분석한다. 번디(McGeorge Bundy) 특별보좌관으로부터 소련 미사일에 대한 보고를 받은 후 케네디 대통령은 흐루쇼프가 "나에게 그럴 수 없다(He can't do that to me!)"라는 반응을 보인다. 비상대책위원회는 논의를 통해 6가지 외교정책 옵션인 '아무것도 하지 않는다'(doing nothing), '외교적 압박'(diplomatic pressure), '카스트로 물밑접촉'(a secret approach to Castro), '침공'(invasion), '미사일 공습'(surgical air strike), '봉쇄'(blockade)를 제시한다(Allison 1969, 713).

그러나 비상대책위원회 구성원들 사이에서는 위 선택에 대한 의견이 나뉘었다. 맥나마라(Robert McNamara) 국방부 장관은 미국이 소련을 상대로 전쟁을 일으키면 안 된다고 주장했다. 이와 같은 상황에서는 '전략'(strategy)보다 '위기 관리'(crisis management)가 더 중요하다는 것이다. 이와는 반대로 맥콘 CIA 국장은 미국이 군사적 방법을 택해야 한다고 주장했다. 한편 법무부 장관이자 케네디의 친동생인 로버트 케네디(Robert Kennedy)는 전쟁은 곧 '핵 파멸'(nuclear doom)을 불러올 것이라고 했다(Allison 1969, 714). '이슈의 정치'에서는 비상대책위원회 위원들이 제시한 다양한 분석, 정책옵션, 전망 그리고 각자와 대통령과의 관계 속에서 행위자 간의 대립 또는 연합을 묘사함으로써 외교정책 결정에 있어 비상대책위원회 위원들 간 정치의 중요성을 강조한다.

결과적으로 케네디 대통령은 쿠바에 대해 "해상봉쇄"(naval blockade)라는 결정을 내렸다. '결정의 정치'에서 엘리슨은 이러한 케네디 대통령의 결정이 로버트 케네디와 맥나마라의 연합으로 인해 가능했다고 설명한다. 두 인물은 평소 케네디 대통령의 총애를 받고 있었다. 특히 여섯 가지의 정책옵션 중 해상봉쇄는 미국이 처한 안보 위기 국면에서 미국이 "무엇인가 해야만 한다"(something had to be done)는 초기 메시지를 대외적으로 보여줄 수 있는 결정이었다. 위기 초반에는 비상대책위원회 위원 중 14명이 "공습"(air strike)을 주장했음에도 불구하고 최종적으로 케네디 대통령은 해상봉쇄라는 선택을 했다(Allison 1969, 714). 엘리슨은 케네디 대통령이 해상봉쇄를 선택한 이유가 구바 공습을 홀로코스트에 비유한 맥나마라 장관과 그의 형이 진주만을 습격한 도조(Tojo)가 되기를 원치 않았다는 케네디 장관에서 비롯되었다고 설명한다. 케네디 대통령이 이 두 사람에게서 진정성을 봤다는 것이다(Allison 1969, 715). 엘리슨은 관료정치 모형에서 쿠바 미사일 사태를 발견, 이슈, 결정의 정치로 해석하여 관료들의 역할, 권력, 관계에 대한 입체적인 분석을 이뤄냈다.

그러나 엘리슨의 관료정치 모형에 대해 크라스너(Stephen D. Krasner)는 강도 높은 비판을 했다. 크라스너는 먼저 "외교정책에 대한 관료주의적 해석이 사회적 통념(conventional wisdom)이 되었다"라는 엘리슨의 주장이 잘못되었다고 지적했다. 합리적 행위자 모형의 해석이 더 정확하다는 것이다. 크라스너는 대통령의 권력에 대한 엘리슨의 설명이 "호도"(misleading)되었고, 고위직 공무원들의 책임을 회피할 수 있는 여지를 주기 때문에 "위험"(dangerous)하다고 비판했다(Krasner 1972, 160). 나아가 관료정치 모형이 해당 사례의 "본질"(substance)보다는 "경영 기술"(managerial skill) 분석에 치중되었고 위원회 내 행위자들이 대통령으로부터 임명되기 때문에 각 개인의 특성이 외교정책 결정에 주요 변수라는 엘리슨의 주장도 반박한다(Krasner 1972, 161-162).

크라스너의 연구는 사회과학 분석체계로서 관료정치 모형의 결점을 설명했고, 본 연구도 이러한 크라스너의 비판을 일부 수용했다. 특히 대통령의 권력과 행위자들의 특성에 대한 해석이 너무 자의적이며 객관적이지 못하다는 점에 동의한다. 이러한 배경에서 본 연구는 엘리슨의 관료정치 모형 전체가 아닌 객관적 해석이 가능한 '발견의 정치,' '이슈의 정치,' '결정의 정치'의 단계로 나눠 부시 행정부의 테러와의 전쟁 정책 결정 과정을 재해석한다.

V 테러와의 전쟁: 관료정치 모형의 적용

관료정치 모형은 정책의 최종 결정권자인 대통령의 결정이 관료들의 정보와 정치에 영향을 받는다고 가정한다. 본 절에서는 엘리슨의 '발견의 정치', '이슈의 정치', '결정의 정치' 개념을 토대로 테러와의 전쟁에 대한 부시 행정부의 외교정책 결정에 대한 분석이 이뤄진다. 테러와의 전쟁은 2001년 9·11 테러 이후 9월 20일 부시 대통령이 선언한 테러리즘과의 전쟁을 일컫는다. 미국 의회는 9월 14일 '테러리스트에 대한 군사 이용 허가'(Authorization for Use of Military Force Against Terrorists, AUMF)법을 발의하여 행정부가 9·11 테러의 배후를 찾을 수 있도록 가능한 모든 자원을 사용할 수 있게 허용했다.[1] 이후 부시 행정부는 테러와의 전쟁을 통해 2001년 아프가니스탄과 2003년 이라크에서 테러리스트 그룹과 이들을 도왔던 배후세력을 축출했다.

쿠바 미사일 위기와는 달리 테러와의 전쟁의 시작은 2001년이었지만 2003년 이라크 전쟁과 그 이후에도 전쟁을 수행하기 위한 다수의 외교정책 결정 과정들이 있었다. 그중 본 분석에서는 9·11 테러 직후 테러와의 전쟁의 외교정책 결정 과정을 집중적으로 분석한다. 쿠바 미사일 위기는 정보가 통제된 환경에서 비상대책위원회가 구성되었으나, 테러와의 전쟁은 이미 전 세계에 알려져 있던 사건이었기 때문에 본 절에서는 당시 외교정책 결정에 직접 참여하고 정치력을 발휘했던 행정부 내 인사에 대한 분석이 집중적으로 이뤄진다.

먼저 '발견의 정치'에서는 9·11 테러 발생 직후 정부 내 인사들과 보고를 받은 부시 대통령에 대한 분석이 이뤄진다. '이슈의 정치'에서는 행정부 내 관료들의 역할, 권력, 관계가 테러와의 전

1 Public Law 107-40, 107th Congress. "Joint Resolution" to authorize the use of United States Armed Forces against those responsible for the recent attacks launched against the United States. "Authorization for Use of Military Force" (50 USC 1541 note) states, "the President has authority under the Constitution to take action to deter and prevent acts of international terrorism against the United States"

쟁이라는 정책 결정에 어떠한 영향을 미쳤는지에 대한 분석이 이뤄진다. 마지막으로 '결정의 정치'에서는 관료정치 모형에서 감지된 부시 행정부 외교정책 수립에 대한 특징이 논의된다. 본격적인 분석에 앞서 부시 행정부 내 '매파적'(hawkish) 성향을 띠고 테러와의 전쟁이라는 결정에 핵심적 역할을 한 신보수주의 집단(이수훈 2015, 164)에 대한 소개가 이뤄진다.

1. 신보수주의(Neoconservatism)

테러와의 전쟁에서 부시 행정부의 외교정책 기조는 신보수주의에 가깝다. 신보수주의 이념의 창시자인 레오 스트라우스(Leo Strauss)는 1944년 나치 정권을 피해 미국으로 이주한 후 시카고 대학에서 후학을 양성했다. 이후 신보수주의 운동(movement)을 이어간 이들은 미국 내 반공주의 전면에 섰던 지식인들이었다. 어빙 크리스톨(Irving Kristol), 다니엘 벨(Daniel Bell)로부터 시작되어 윌리엄 크리스톨(William Kristol), 찰스 크라우트해머(Charles Krauthammer) 등과 같은 지식인들에 의해 구현된 신보수주의는 미국 외교정책의 주변에 맴돌다가 부시(Jr.) 행정부가 들어서고 9·11 테러가 발생한 후 미국 외교정책의 중심으로 들어왔다. 그중 신보수주의 성향이 강한 울포위츠 국방부 부장관은 과거 1991년 걸프전 시기 이라크의 사담 후세인을 척결하지 않은 부시(Sr.) 대통령을 비판한 적이 있다(이수훈 2015, 166). 울포위츠는 스승 스트라우스가 강조했던 미국 가치인 강한 국가, 민주주의의 중요성을 부시(Jr.) 행정부에서 실현시키고자 했다.

신보수주의는 '민주평화론'(democratic peace), '패권안정론'(hegemonic stability)에 기반을 두고 '힘을 통한 평화'(peace through strength), '민주주의 확산'(spread of democracy), '선제적 공격'(preemptive strike)의 정책 기조를 갖췄다(Lee and Kim 2015). 신보수주의자들은 미국의 힘이 절대적으로 발현될 수 있는 세계 곳곳에 민주주의를 확산해야 한다고 주장한다. 따라서 9·11 테러 이후 미국 본토에 공격을 가한 테러집단을 찾아 책임을 묻고 그곳에 민주주의를 이룩한다는 이들의 목표는 당연하다고 볼 수 있다.

9·11 테러로 인해 역사 속에 파묻혔던 네오콘이 재등장했고 부시 행정부 안팎에 포진했다. 당시 부시 대통령의 테러와의 전쟁 외교정책 결정 과정에 직접 참여했거나 영향을 미쳤던 이들은 딕 체니 부통령, 콜린 파월 국무부 장관, 도널드 럼즈펠드(Donald Rumsfeld) 국방부 장관, 콘돌리자 라이스 국가안보보좌관, 폴 울포위츠 국방부 부장관, 리처드 펄(Richard Perle) 국방정책 위원장, 조지 테닛(George Tenet) 중앙정보국 국장, 엘리엇 아브람스(Elliott Abrams) 국가안보 부보좌관 등의 관료들이었다. 나아가 정부 밖에서 테러와의 전쟁을 지지했던 윌리엄 크리스톨 위클리스탠더드(*Weekly Standard*) 편집장, 맥스 부트(Max Boot) 월스트리트 저널(*The Wall Street Journal*) 칼럼니스트, 진 커크패트릭(Jeane Kirkpatrick) 미 기업연구소(American Enterprise Institute) 선임연구원, 찰스 크라우트해머 보수 칼럼니스트 등이 있었다(이수훈 2015). 서론에도 밝혔듯 부시 행정부의 신보수주의 집단은 그들만의 뚜렷한 정책 기조를 갖췄고 구성원들 간의 결집력도 강했기 때

문에 관료정치 모형을 적용한 분석이 용이하다. 본 절에서는 네오콘의 정치에 대한 분석을 바탕으로 부시 행정부의 외교정책 결정을 분석한다.

2. 발견의 정치

부시 행정부의 테러와의 전쟁 외교정책 결정 과정은 케네디 행정부의 쿠바 미사일 위기 상황에서 비상대책위원회의 결정 과정과 다른 양상을 띤다. 쿠바 미사일 위기는 물리적인 충돌이 있기 전 '위기'로 종료되었지만, 테러와의 전쟁은 9·11 테러가 발생한 이후 정책 결정 과정이 시작되었기 때문에 두 사례에 대한 정책 결정 과정도 다르다. 케네디 대통령은 쿠바 내 소련 미사일 배치를 확인하기 위해 일정한 시간과 절차를 소요했던 반면, 부시 대통령은 9·11 테러 이후 다양한 채널을 통해 테러의 주범이 알카에다(al Qaeda)인 것과 그 배후에는 사담 후세인이 있다는 것을 바로 확신한다. 따라서 테러와의 전쟁의 '발견의 정치'는 쿠바 미사일 위기에 비해 비교적 간단한 설명이 가능하다.

9·11 테러가 발생한 당시 플로리다의 한 초등학교를 방문 중이던 부시 대통령은 세계무역센터(World Trade Center)에 비행기가 충돌했다는 보고를 받는다. 이를 단순히 사고라고 인식한 부시 대통령은 이내 두 번째 비행기가 무역센터를 충돌했다는 라이스 보좌관으로부터 세 번째 비행기가 펜타곤을 공격했다는 보고를 받고 마침내 테러라는 확신을 한다(Graff 2019). 대통령은 이내 체니 부통령에게 미국 상공에 비행 중인 모든 비행기를 가까운 공항에

착륙시킬 것을 지시한다. 만약 지시를 따르지 않는다면 해당 비행기를 격추해도 좋다는 명령을 한다(Gregg II 2019).

워싱턴으로 돌아온 대통령은 당일 밤 대국민 연설을 통해 테러리스트 또는 테러를 도운 이들을 구분하지 않고 처벌하겠다는 메시지를 발표한다. 부시 대통령은 체니 부통령, 콘돌리자 라이스 국가안보보좌관, 럼즈펠드 국방부 장관, 콜린 파월 국무부 장관, 앤드류 카드(Andrew Card) 대통령 비서실장, 조지 테닛(George Tenet) CIA 국장 등 주요 외교·안보 인사로 이뤄진 '전시 내각'(war cabinet)을 구성한다. 울포위츠 국방부 부장관은 테러의 배후로 알카에다를 지원한 탈레반과 사담 후세인 대통령을 지목했고, 조지 테닛 국장 역시 알카에다와 오사마 빈 라덴을 범인으로 지목했다(이수훈 2015, 166). 내각의 보고를 받은 부시 대통령은 테러의 범인으로 알카에다를 지목하고 이들을 겨냥한 테러와의 전쟁을 선포한다.

3. 이슈의 정치

이슈의 정치에서는 사건에 대한 행위자들의 인식을 분석하고 이들의 대립과 연합을 설명한다. 테러와의 전쟁이라는 외교정책 수립을 위해 부시 대통령의 외교정책 결정을 도왔던 관료들은 테러범과 그 배후를 선별하여 대통령의 정책 결정을 돕는 몇 가지 정책을 제안한다. 이들은 군사적 공격을 택할 것인지, 그렇다면 이라크와 아프가니스탄 중 어디를 먼저 공격할 것인지, 미국이 단독적으로 공격할 것인지, 또는 다른 국가와 연합하여 공격할 것인지, 공격

이후 두 국가를 재건할 것인지, 또는 바로 철군을 감행할 것인지에 대한 사안을 부시 대통령에게 주장했다. 외교정책 결정에 참여했던 참가자 대부분은 군사적 공격에 찬성했으나, 위협에 대한 인식, 군사 공격의 방법, 전쟁 종료 후 각 국가의 재건에 대한 의견은 나뉘었다(Gregg II 2019).

안보위협에 대한 인식은 미국이 전쟁을 시작할 수 있는 합리성을 부여하기 때문에 매우 중요하다. 그러나 전시 내각의 구성원들은 미국이 당면한 위협에 대해 다양한 인식을 가졌다. 9·11 테러 이전에도 빈 라덴과 후세인의 위협에 대해 대통령에게 주기적으로 보고를 해왔던 부통령은 테러가 이라크를 공격할 수 있는 기회를 제공했다고 주장했다. 이와 반대로 국무장관은 미국의 단독 군사행동이 동맹국들을 미국과의 동맹에서 이탈시킬 것이라고 주장했고, 테닛 국장, 카드 비서실장은 이라크보다는 아프가니스탄에 집중하자는 의견을 개진했다. 부시 대통령과 체니 부통령은 다른 구성원들과 이라크 내 대량살상무기에 대한 의견을 달리했다. 대통령과 부통령은 후세인 정권의 대량살상무기가 결국 미국과 그 동맹국들을 공격할 것이라고 주장하였으나, 테닛 국장은 후세인이 대량살상무기를 사용할 만한 기술력이 없다고 판단했다(Woodward 2004, 49-50).

나아가 행위자들 간 가장 명확하게 드러난 차이점은 미국이 테러와의 전쟁을 단독으로 또는 동맹국들과 연합으로 수행하느냐였다. 테러 이후 부통령으로서 침착하게 상황을 주시하던 체니 부통령은 미국이 전쟁을 빨리 시작해야 한다고 주장했다(Mann 2004, 303). 그러나 오히려 군인 출신인 파월 국무장관은 유엔을 통한 접근을 주장했다(Gregg II 2019). 1990년대 초반 걸프 전쟁부터 미국의 단독 행동을 주장해온 '신보수주의적 매파'(neoconservative hawks) 체니 부통령과 울포위츠 국방부 부장관은 세계에서 중심적 역할을 하는 미국이 선제공격을 통해 군사적 헤게모니(hegemony)를 달성해야 한다고 했다(Leffler 2003, 1045).

한편 9·11 테러가 발생하기 전인 2001년 2월 24일 초 파월 장관은 그동안 이라크에 제재가 가해짐으로써 사담 후세인이 주변국을 위협할만한 대량살상무기 기술을 갖추지 못했다고 했다(CBS News 2003). 군인 출신이지만 걸프 전쟁과 사담 후세인 척결에 부정적 견해를 갖고 있던 파월 장관은 미국의 단독적(unilateral)이 아닌 다자적(multilateral approach) 형태로 테러와의 전쟁을 접근해야 한다고 부시 대통령을 설득하여 유엔 안전보장이사회에 전쟁 인건을 상정한다.[2] 물론 파월 국무장관과 라이스 보좌관 모두 '민주평화론'을 신봉하는 관료들이었지만 선제공격에 대해서는 매우 신중했다(Leffler 2003, 1054-1055). 한편 이라크로부터 공격을 먼저 받지 않은 상황에서 미국이 선제공격한다는 것에 대해 부담을 갖고 있던 럼즈펠드 국방부 장관과 울포위츠 부장관은 수천 명을 위협하는 생물학적 무기(biological weapon) 공격을 막기 위해서는 선제공격 외에 다른 방도가 없다고 판단했다(Leffler 2003, 1049). 학자 출신의 라이스 보좌관 역시 궁극적으로는 국제정치에서의 이상주의와 현실주의 간 논쟁이 정책입안자의 현실을 모호하게 한

2 콜린 파월 장관은 유엔 안전보장위원회에서 이라크 사담 후세인 정권이 안보리 결의 1441(대량살상무기 폐기)에 대해 어떠한 노력도 하고 있지 않다고 비판하였다.

다(Stelzer 2004, 83)며 선제공격을 주장했다. 결과적으로 대통령이 전쟁의 제1차 목표로 아프가니스탄을 지명한다고 라이스 보좌관에게 전달함으로써 테러와의 전쟁의 서막이 올랐다(Woodward 2004, 51).

'이슈의 정치'의 마지막 안건은 아프가니스탄과 이라크의 재건 여부이다. 미국은 과거 여러 국가의 재건사업을 진행했던 국가로서 성공과 실패의 사례가 혼재되어 있다. 부시 대통령, 럼스펠드 장관이 재건사업에 대해 처음에는 호의적이지 않았으나(Leffler 2003, 1055) 결국 아프가니스탄과 이라크의 민주주의 정부 수립과 재건을 실행한다. '이슈의 정치'에서는 9·11 테러 이후 부시 행정부의 정책 결정자들이 테러와의 전쟁에 대해 논의한 내용과 그들의 정치를 바탕으로 아프가니스탄 전쟁이라는 외교정책 수립 과정에 있어 몇 가지의 주안점을 살펴보았다.

4. 결정의 정치

부시 대통령은 9·11 테러 닷새 후인 9월 16일 라이스 보좌관에게 1차 목표는 아프가니스탄 전쟁이라고 지시하고, 다시 닷새 후인 9월 20일 의회 연설을 통해 테러와의 전쟁은 알카에다 소탕을 위해 시작되지만 세계의 모든 테러리스트 단체가 소멸될 때까지 멈추지 않을 것이라고 천명했다(CNN 2001). 테러와의 전쟁의 정당성은 9·11 테러와 이라크 후세인 정권의 대량살상무기 보유에 기인하나, 전쟁 시작에 대한 동기 부여와 결정은 행정부 내 관료들에 의해 이뤄졌다. 과거 쿠바 미사일 위기 때와는 달리 테러와의 전쟁을 주동했던 행정부 내 관료는 미국의 민주주의 가치를 전 세계적으로 확산해야 한다는 믿음을 가진 네오콘들이었다.

임기 초반 '강대국 정치'(great power politics)로 외교정책 노선을 설정했던 부시 대통령은 9·11 테러 이후 신보수주의자들과 테러와의 전쟁을 기획한다. 테러와의 전쟁의 구상 단계에서 전쟁에 대한 관료들의 견해차가 다소 드러났으나 전쟁을 시작하는 것에 대한 이견은 없었다. 대통령을 둘러싼 부통령, 국무부 장관, 국방부 장관, 안보보좌관이 모두 테러리스트를 찾아 처벌하겠다는 한목소리를 내는 가운데 테러 전 51%에 머물던 대통령의 국정 운영 지지율이 테러 이후 90%에 육박하며(Moore 2001) 부시 대통령은 테러와의 전쟁이 아닌 다른 정책은 고려하지 않았다.

쿠바 미사일 위기는 언론에 노출되지 않은 채 비상대책위원회 내에서 모든 결정이 이뤄졌지만, 테러와의 전쟁에 대한 대통령의 결정은 실시간으로 중계되었다. 나아가 쿠바 미사일 위기에서의 관료들은 다양한 정책 속에서 큰 견해차를 보였으나, 테러와의 전쟁을 결정하고 기획한 부시 행정부의 관료들은 큰 이견을 나타내지 않았다. 미국 역사상 가장 규모가 크고 본토에 직접적으로 가해진 공격이었던 9·11 테러를 겪은 부시 행정부 관료들 사이에서 부처 이기주의와 같은 현상이 감지되지 않았다.

VI 결론 및 함의

9·11 테러는 미국 역사상 규모가 가장 큰 공격이자, 미국 본토

에 가해진 첫 공격이며, 비정부 행위자(non-state actor) 테러리스트의 공격이었다. 따라서 테러와의 전쟁 역시 기존 전쟁과는 전혀 다른 양상을 띤다. 레플러(Leffler 2003, 1048)는 테러와의 전쟁에 대한 부시 행정부의 외교정책 결정 과정이 "힘에 대한 매력"(fascination with power)이 아닌 "살아남기 위한 두려움"(fear for survival) 속에서 구성되었다고 한다. 한편 울포위츠는 테러와의 전쟁이 발발한 이후 진행된 인터뷰에서 전쟁의 빌미는 사담 후세인의 대량살상무기였다고 밝혔다. 그는 "관료정치적인 이유에서"(for bureaucratic reasons) 후세인의 대량살상무기 보유와 미국에 대한 위협이야말로 정책 결정자들 모두 수긍할 수 있었던 전쟁 발발의 촉진제였다는 것이다(The Washington Post 2019/3/22).

테러와의 전쟁은 당초 계획보다 더 오랜 기간 지속되었고 9·11 테러 때보다 더 많은 미국인의 목숨을 앗아갔다. 그러므로 테러와의 전쟁을 촉발한 외교정책의 결정에 관한 연구는 중요하다. 본 연구는 테러와의 전쟁의 시작에 대해 '왜'라는 질문을 던지고 미국 외교정책 결정 과정을 관료정치 모델로 분석했다. 특히 네오콘이라고 불리는 신보수주의 관료들에 대한 분석을 통해 9·11 테러 이후 부시 행정부의 테러와의 전쟁의 정책 결정 과정을 설명했다. 9·11 테러라는 안보 위기 속에서 미국 국민은 부시 대통령의 외교정책에 대해 '희망적 사고'(wishful thinking)를 가졌고 일종의 '결집효과'(Rally 'Round the Flag)가 나타났다. 이러한 상황에서 부시 행정부의 테러와의 전쟁은 당연한 외교정책이었다.

본 연구는 9·11 테러 당시 신보수주의 집단이 등장하지 않았거나 건재하지 못했다면 부시 행정부의 외교정책은 테러와의 전쟁이 아닌 다른 정책으로 귀결될 수 있었다는 함의를 시사한다. 케네디 대통령은 국내정책은 우리를 패배하게 할 수 있지만, 외교정책은 우리를 죽일 수 있다고 했다. 미국 대통령에게 있어 외교정책은 막대한 권력인 동시에 막중한 책임이다. 테러와의 전쟁에 대한 평가는 앞으로도 계속될 것이고 보다 객관적인 평가는 후세에서 이뤄질 수 있을 것이다. 그러므로 관료정치 모형을 포함한 다양한 외교정책론 연구방법으로 행정부의 외교정책 결정 과정을 분석하고 적절한 함의를 찾아내는 연구가 중요하다.

참고문헌

배종윤. 2003. "1990년대 한국의 대북정책과 관료정치: 통일부와 국가정보원을 중심으로." 『한국정치학회보』 37, 5호. 147-165.

______. 2006. 『한국 외교정책의 새로운 이해』. 파주: 한국학술정보(주).

이수훈. 2015. "Neoconservatism: Its Status and Prospects." 『국제관계연구』 20, 2호. 163-194.

함성득·김옥진. 2005. "한국의 외교·안보정책결정과정에서 대통령의 리더십과 관료정치현상과의 연관성 분석: 1·2차 북핵위기를 중심으로." 『국제관계연구』 10, 2호. 37-71.

Allison, Graham T. 1969. "Conceptual Models and the Cuban Missile Crisis," *American Political Science Review* 63, iss. 3 (November): 689-718.

______. 1971. *Essence of Decision: Explaining the Cuban Missile Crisis*. Boston: Little, Brown.

Allison, Graham T. and Morton H. Halperin. 1972. "Bureaucratic Politics: A Paradigm and Some Policy Implications," *World Politics* 24. iss. S1 (Spring): 40-79.

Ball, Desmond J. 1974. "The blind men and the elephant: A critique of bureaucratic politics theory," *Australian Outlook: The Australian Journal of International Affairs* 28, iss. 1 (April): 71-92.

CBS News. 2003. "Powell '01: WMDs Not 'Significant'." September 28. Accessed December 13, 2019. https://www.cbsnews.com/news/powell-01-wmds-not-significant/

Christensen, Eben J. and Steven B. Redd. 2004. "Bureaucrats versus the Ballot Box in Foreign Policy Decision Making: An Experimental Analysis of the Bureaucratic Politics Model and the Poliheuristic Theory," *Journal of Conflict Resolution* 48, no. 1 (February): 69-90.

CNN. 2001. "Transcript of President Bush's address." September 21. Accessed October 11, 2019. https://edition.cnn.com/2001/US/09/20/gen.bush.transcript/

Cohen, Michael D. James G. March and Johan P. Olsen. 1972. "A Garbage Can Model of Organizational Choice," *Administrative Science Quarterly* 17, no. 1 (March): 1-25.

Congressional Research Service. 2019. "U.S. War Costs, Casualties, and Personnel Levels Since 9/11." April 18. Accessed January 12. 2020. https://fas.org/sgp/crs/natsec/IF11182.pdf

Cooper, David A. Nikolas K. GvosdevJessica and D. Blankshain. 2018.

"Deconstructing the 'Deep State': Subordinate Bureaucratic Politics in U.S. National Security," *Orbis* 62, iss. 4 (January): 518-540.

Dawisha, Karen. 1980. "The limits of the bureaucratic politics model: Observations on the soviet case," *Studies in Comparative Communism* 13, iss. 4 (Winter): 300-326.

Freedman, Lawrence. 1976. "Logic, Politics and Foreign Policy Processes: A Critique of the Bureaucratic Politics Model," *International Affairs* 52, iss. 3: 434-499.

Gallup. 2020. "Terrorism." Accessed January 30, 2020. https://news.gallup.com/poll/4909/terrorism-united-states.aspx

George, Alexander L. 1972. "The Case for Multiple Advocacy in Making Foreign Policy," *American Political Science Review* 66, iss. 3 (September): 751-785.

Graff, Garrett M. 2019. "Behind the 9/11 White House Order to Shoot Down U.S. Airliners: 'It Had to be Done': The harrowing decision was made during the first hour after the attacks—by Vice President Cheney." September 12. Accessed January 30, 2020. https://www.history.com/news/september-11-attacks-shootdown-order-cheney-bush

Gregg II, Gary L. 2019. "George W. Bush: Foreign Affairs." Accessed November 11. https://millercenter.org/president/gwbush/foreign-affairs

History. 2019. A Timeline of the U.S.-Led War on Terror. October 22. Accessed February 28, 2020. https://www.history.com/topics/21st-century/war-on-terror-timeline

Hollis, Martin and Steve Smith. 1986. "Roles and Reasons in Foreign Policy Decision Making," *British Journal of Political Science* 16, iss. 3 (July): 269-286.

Kessler, Glenn. 2019. The Iraq War and WMDs: An intelligence failure or White House spin? *The Washington Post*. March 22.

Krasner, Stephen D. 1972. "Are Bureaucracies Important? (Or Alison Wonderland)," *Foreign Policy* 7 (Summer): 159-179.

Lee, Alex Soohoon and Sung-han Kim. 2015. "The Neoconservative Approach to North Korea: Its Prospects under the next U.S. Administration," *The Korean Journal of Defense Analysis* 27, no. 4 (December): 435-452.

Leffler, Melvyn P. 2003. "9/11 and the Past and Future of American Foreign Policy," *International Affairs* 79, no. 5: 1045-1063.

Lindblom, Charles E. 1965. *Intelligence of Democracy: Decision Making through Mutual Adjustment*. New York: Free Press.

Lindsay, James M. 2004. "From Deference to Activism and Back Again: Congress and the Politics of American Foreign Policy." In *The Domestic Sources of American Foreign Policy: Insights and Evidence*, edited by

Eugene Wittkopf and James McCormick. 183-195. Lanham: Rowman & Littlefield.
Mann, James. 2004. *Rise of the Vulcans: The History of Bush's War Cabinet.* New York: Penguin Books.
Mitchell, David and Tansa Geroge Massoud. 2009. "Anatomy of Failure: Bush's Decision-Making Process and the Iraq War," *Foreign Policy Analysis* 5, no. 3 (July): 265-286.
Moore, David W. 2001. Bush Job Approval Highest in Gallup History: Widespread public support for war on terrorism. Gallup. September 24.
Peterson, Paul E. 1994. "The President's Dominance in Foreign Policy Making," *Political Science Quarterly* 109, no. 2: 215-234.
Pfiffner, James P. 2009. "The Contemporary Presidency: Decision Making in the Bush White House." *Presidential Studies Quarterly* 39, no. 2 (June): 363-384
Rosati, Jerel. 1981. "Developing a Systematic Decision-Making Framework: Bureaucratic Politics in Perspective," *World Politics* 33, iss. 2 (January): 234-252.
Selzer, Irwin. 2004. *The Neocon Reader*. New York: Grove Atlantic Ltd.
Smith, Martin A. 2008. "US Bureaucratic politics and the decision to invade Iraq," *Contemporary Politics* 14, no. 1 (March): 91-105.
United State Senate. "Constitution of the United States." Accessed January 5, 2020. https://www.senate.gov/civics/constitution_item/constitution.htm#a2_sec2
U.S. Department of State Archive. 2003. "Remarks to the United Nations Security Council." February 5 Accessed November 15, 2019. https://2001-2009.state.gov/secretary/former/powell/remarks/2003/17300.htm
Welch, David A. 1992. "The Organizational Process and Bureaucratic Politics Paradigms: Retrospect and Prospect," *International Security* 17, no. 2 (Fall): 112-146.
Wildavsky, Aaron. 1998. "The two presidencies," *Society* 35 (January): 23-31.
Woodward, Bob. 2004. *Plan of Attack*. 김창영 옮김, 『공격 시나리오』 (서울: 따뜻한손, 2004).

필자 소개

이수훈 Lee, Soohoon

한국국방연구원 안보전략연구센터 선임연구원
리하이 대학교 국제관계학과 졸업, 고려대학교 국제관계학 박사

논저 "The Neoconservative Approach to North Korea: Its Prospects under the next U.S. Administration", "The Art of the Deal for North Korea: The Unexplored Parallel between Bush and Trump Foreign Policy", " 2018 미국 중간선거와 트럼프 행정부의 대북정책"

이메일 alexhoonlee@kida.re.kr

제4장

미 의회의 양극화와 정당정치가 미국 군사·안보 정책에 미치는 영향

— 오바마 행정부의 신전략무기감축조약(New START) 비준을 중심으로*

How Congressional Polarization and Party Politics Influence US Military and Security Policy: A Case Study of New START Ratification during the Obama Administration

김주리 | 통일연구원 부연구위원

* 본 장은 『국제·지역연구』 29권 1호(2020), pp. 71-103에 게재된 논문을 수정·보완한 것이다.

미국 정치 전반에 지대한 영향을 미치고 있는 미국 의회의 양극화가 전통적으로 대통령과 행정부의 영역으로 간주되어 온 군사·안보 정책의 국내적 과정에도 영향을 미치고 있는가? 본 연구는 이러한 질문에 답하기 위해 오바마 행정부 시기 주요 핵군축 조약인 신전략무기감축조약(New START 조약)의 비준 과정을 검토하여, 의회 차원의 양극화가 미국의 군사·안보 정책의 결정 과정에 영향을 미친 여부와 방식에 대해 분석해본다. 분석 결과, 상원 의원들의 이념적 양극화로 인한 양당 경쟁 구도와 정당정치의 강화는 New START 조약에 반대하는 소수의 '당파적 여론 엘리트'(partisan opinion elites) 의원들이 공화당의 정책적 입장을 주도하게 만들었으며, 오바마 행정부는 이들의 요구 조건을 수용하는 일종의 '거래'를 통해 공화당의 지지를 이끌어내고자 했다. 본 연구는 중요한 국제정치 이슈인 군축 조약을 미 의회의 양극화 현상을 중심으로 분석함으로써, 기존 연구들이 간과하고 있는 국내적 합의 과정에 주목했다는 점에서 의의를 찾을 수 있다.

Does the polarization of the US Congress, which has a profound effect on American politics, also affect the domestic process of military and security policy that has traditionally been regarded as the territory of the president and the executive? In order to answer this question, this study examines the ratification process of the New Strategic Arms Reduction Treaty, a major nuclear disarmament treaty under the Obama administration to analyze whether and how congressional polarization influenced the decision making process of the policy. The analysis reveals that strengthened party politics, due to ideological polarization of senators, resulted in a circumstance that a small number of 'partisan opinion elites' opposing the New START treaty led the Republican policy position. The Obama administration tried to get their support through a kind of "deal" that would accommodate their requirements. This study is meaningful in that it focuses on the domestic consensus process for one of the important international issues with a focus on polarization, which has been overlooked by previous studies.

KEYWORDS 미국 의회 US Congress, 양극화 polarization, 정당정치 party politics, 미국 군사·안보 정책 US military and security policy, 신전략무기감축조약 New START

I 서론

양극화(polarization)는 현재 미국 정치를 설명하는 핵심 개념 중 하나이다. 유권자 차원에서의 양극화에 대해서는 여전히 논쟁적이지만, 적어도 미국 의회 내에서의 이념적 양극화가 심화되었다는 점에는 학자들 간에 어느 정도 합의가 존재한다(하상응 2018, 169). 의회 차원에서의 양극화는 미국 정치의 양상이 민주당과 공화당 양당을 중심으로 결집되고 그 간극이 더욱 심화되는 것을 의미한다(유성진 2014, 97). 이와 같은 의원들의 이념적 양극화는 민주당과 공화당 중심의 양당 대립 구도를 심화시키고, 정당 엘리트가 중심이 되는 정당정치를 강화시키고 있다. 상하 양원 모두에서 정당투표가 강화되고 교차투표의 비율이 떨어지는 현상을 대표적인 예로 볼 수 있다(임성호 2009, 237). 그렇다면, 이처럼 미국 정치 전반에 지대한 영향을 미치고 있는 미국 의회의 양극화가 전통적으로 대통령과 행정부의 영역으로 간주되어 온 군사·안보 정책의 국내적 과정에도 영향을 미치고 있는가? 본 연구는 이러한 질문에 답하기 위해 오바마 행정부 시기 주요 핵군축 조약인 신전략무기감축조약(New Strategic Arms Reduction Treaty, 이하 New START 조약)의 비준 과정을 검토하여, 의회의 양극화가 미국의 군사·안보 정책의 결정 과정에 영향을 미쳤는지의 여부와 방식에 대해 분석해보고자 한다.

New START 조약은 비준 절차가 본격적으로 시작되기 전부터 상원 본회의 표결을 지연시키고자 하는 공화당 의원들의 저항을 받았다. 조약은 결국 12월 22일 찬성 71표, 반대 26표로 상원의 비준을 받았지만 그 과정은 결코 수월하지 않았다. 출석의원 중 민주당 의원 전원은 찬성표를 던진 반면 공화당 의원의 32%(13명)만이 찬성표를 던졌다. New START 조약 비준에 대한 당파적인 표결 결과는 과거 상원이 대통령의 정당과 관계없이 행정부가 추진한 군축 조약을 거의 초당적으로 비준했던 것과 비교해볼 때 예외적이었다. 이러한 점에서 오바마 대통령이 집권 초기부터 의욕적으로 추진했던 신전략무기감축조약을 둘러싼 비준 과정은 미 의회에서 현저해진 정당정치가 미국의 외교정책의 결정 과정과 수립에 미치는 영향에 대한 흥미로운 사례를 제공한다.[1]

New START 조약의 비준 과정을 분석하는 것은 네 가지 측면에서 유익하다. 첫째, 그동안 제한적이라고 평가받았던 군사·안보 정책 영역에서 의회의 역할에 대해 재고해볼 수 있다. 외교정책 중에서도 전문성과 신속성이 요구되는 특성을 가진 군사·안보 영역은 행정부가 막대한 권한을 행사하는 분야이다. 물론 행정부가 여전히 주도권을 갖고 있는 것은 사실이지만 의회는 헌법에 기반한

1 클린턴 행정부가 추진했던 포괄적핵실험금지조약(Comprehensive Test Ban Treaty, 이하 CTBT) 비준 역시 미 의회의 초당적 지지를 받지 못하고 결국 상원 비준에 실패했다. 상원의 민주당과 공화당 의원들이 당파적 투표를 했다는 점에서 의회 양극화를 보여주는 사례가 될 수 있지만, 상원 본회의에서 비준을 위한 '정상적' 절차를 거치지 못했다는 점에서 본 연구가 보고자 하는 양극화와 정당정치 심화로 인한 영향을 분석하기 위한 사례로는 적절하지 않은 측면이 있다. 구체적으로, 상원 외교위원회는 CTBT에 대한 위원회 리포트를 작성하지 않았을 뿐 아니라, 위원회 청문회를 단지 이틀 동안 개최하는 데 그쳤다. 또한 본회의에서 조약에 대해 논의한 시간은 총 14시간에 불과했다. 외교위원회의 리포트와 청문회 기록, 본회의 기록은 의회 내에서 이루어지는 다양한 논의들과 주요 행위자들을 파악할 수 있는 핵심적인 자료가 된다는 점에서 매우 중요하다. 따라서 본 연구는 이러한 과정이 생략된 CTBT를 주요 연구 사례에서 제외한다.

다양한 기제들을 통해 점차적으로 영향력을 확대하고 있으며 행정부의 일방적인 정책 결정에 제약을 가하고 있다. 군사·안보 정책 중에서도 군축 조약의 비준 과정은 의회가 이 영역에서 입법권과 재정권을 기반으로 영향력을 발휘하는 방식과 실효성에 대해 구체적으로 살펴볼 수 있는 기회를 제공한다. 둘째, 하원에 비해 상대적으로 정당의 영향력이 약하고 의원 개개인의 성향과 정책적 입장이 중시된다고 여겨지던 상원에서도 점차 정당의 영향력이 강화되고 있는 경향을 검증해볼 수 있다. 이러한 분석을 바탕으로 미국 정치의 양극화로 인해 상하원을 막론하고 정당정치가 현저해진 상황과 그로 인한 영향을 종합적으로 검토해볼 수 있다. 셋째, New START 조약은 가장 최근에 의회의 비준을 통과한 핵군축 조약이다. 따라서, 미국 외교정책에 양극화가 미친 영향에 대해 분석해볼 수 있는 가장 적절한 사례가 될 수 있다. 마지막으로, 미국과 러시아 간 남아 있는 유일한 핵군축 조약인 New START 조약의 미래를 가늠하고 미국의 외교정책과 군사·안보의 향방을 예측해볼 수 있다. 구체적으로, 조약 비준 과정에서 공화당 의원들을 중심으로 제기되었던 주요 이슈들을 검토하여 이를 현재 트럼프 행정부의 정책적 입장과 비교함으로써 New START 조약의 연장 가능성과 향후 핵과 미사일 정책에 대해 전망해볼 수 있다.

본 연구는 다음과 같이 구성된다. 우선 외교정책 영역에서 의회의 역할에 대한 기존 연구를 검토한다. 특히 국제 군축 조약의 비준 과정에서 상원이 비준 동의 권한과 국방수권법을 활용하여 행정부의 외교정책 결정 과정에 개입하는 방식에 대해 살펴본다. 다음으로 현재 미국 정치에서 극명해진 정치적 양극화 현상에 대해 검토하고, 양극화와 정당정치의 확산이 미국의 외교정책에 대한 의회의 개입과, 의원들과 대통령 간의 상호 작용에 미친 영향에 대해 살펴본다. 이를 기반으로 오바마 행정부 시기 체결된 New START 조약의 상원 비준 과정을 분석한다. 마지막으로, 국내외적 관점에서 New START 조약의 미래를 전망해본다.

II 의회와 외교정책

'공산주의'라는 국가 안보에 대한 위협이 존재했던 냉전 시기의 특수한 국제 환경은 미국 외교와 안보 정책에서 대통령의 권한을 크게 확대시켰다. '두 대통령제'(Two-presidencies)와 '정치는 국내 경계선에서 멈춰야 한다'(Politics should stop at the water's edge)와 같은 널리 알려진 문구들은 외교정책 영역에서 대통령의 권한과 리더십을 강조하거나, 국가 안보가 위협을 받는 상황에서는 국내 정쟁을 멈추고 행정부에 대한 초당적 지지를 보내야 한다는 당시의 관점을 반영하고 있다(Souva and Rohde 2007, 114; 서정건 2019, 14). 그러나 베트남 전쟁을 계기로 외교정책 영역에서 과도한 권한을 행사하는 행정부에 대한 비판이 제기되면서 대외정책에 대한 의회의 견제가 본격화되기 시작했다.

미국 외교정책에서 의회의 역할에 대한 논의는 의회 행동주의와 적극성(congressional activism and assertiveness)에 대한 다양한 이론과 관점을 양산했다. 초기의 연구들은 의회와 대통령의 관계를 냉전과 베트남 전 등 국제 환경의 변화에 따라 시기별로 설명하거나(Crabb and Holt 1989), '의회'와 '대통령'이라는 제도 간의 '제도적인 경쟁'(institutional competition)으로 설명한다(Jentleson 1990). 또한 많은 연구들이 헌법에 기초한 대통령과 의회의 권한과, 권한 행사 범위를 둘러싼 의회와 대통령의 갈등에 대해 설명하기도 한다(Henkin 1996). 국내정치와 의회의 영향력과 역할의 차이를 이슈의 성격과 대외 정책의 종류별로 나누어 보는 시각도 있다. 이러한 연구들은 군사, 안보 문제와 같은 상위 정치 (high politics)가 상대적으로 국내정치의 영향을 적게 받는 반면, 경제, 환경, 문화 등과 같은 하위 정치(low politics)는 국내정치와 밀접하게 관련이 있다고 설명한다(서정건 2019, 28). 보다 구체적인 연구로서, 대외 정책을 위기 정책, 전략적 정책, 구조적 정책으로 분류하여 설명한 Lindsay(1994)는 대통령과 의회의 영향력이 각각의 정책별로 다르게 나타난다고 주장한다. Lindsay에 따르면, 위기 정책은 국익에 대한 위협에 대응하기 위한 정책으로, 대통령의 리더십에 따른 신속한 정책 결정이 중요하기 때문에 상대적으로 의회의 영향력은 적다. 1970년대 이후 상대적으로 약화되었던 대통령의 권한이 9·11 테러라는 전례 없는 국가적 위기를 겪으면서 급속하게 확대된 것은 위기 정책에서 대통령의 상대적 우위를 보여준다. 반면 전략적 정책은 국방, 외교정책의 목표와 전략을 구체화시키고 다른 국가와의 관계를 규정하는 정책으로서, 상대적으로 위기 정책에 비해 의회의 역할이 크다고 볼 수 있다. 구조적 정책은 자원의 운용에 대한 정책으로 입법권과 재정권을 갖고 있는 의회가 상대적으로 가장 큰 영향력을 발휘할 수 있는 영역이라고 볼 수 있다 (Lindsay 1994, 140-160; 김주리·남궁곤 2008, 216에서 재인용).

전략적 정책에 가까운 군축 조약은 미국의 외교 및 안보 정책에서 상원의 역할이 가장 두드러지는 영역이라고 볼 수 있다. 대통령이 체결한 국제 조약에 대한 비준 동의권은 상원만의 고유한 권한이기 때문이다. 미 헌법 제2조 2항은 "대통령은 상원의 조언과 동의(Advice and Consent)를 얻어 조약을 체결하는 권한을 보유한다. 조언과 동의는 상원 출석 의원 3분의 2의 찬성을 얻어야 한다"고 밝힘으로써 상원이 대통령의 일방적인 조약 추진을 제약하고 조약 체결 절차에 개입할 수 있는 권한을 부여하고 있다. 군축 조약에서 의회의 영향력에 대해 연구한 Auerswald(2012)는 상원이 헌법에 명시된 조언과 동의 과정을 통해 군사·안보 정책에 대한 권한을 점차 확대해왔다고 주장한다(Auerswald 2012, 189). 특히 상원이 작성하는 '비준에 대한 조언과 동의를 위한 결의안(Ratification of Advice and Consent to Ratification, 이하 비준 결의안)은 조약 비준을 원하는 대통령이 거절하기 매우 어려울 뿐 아니라, 결의안의 조항들은 조약이 비준됨과 동시에 법적 효력을 갖게 되기 때문에 상원이 행정부의 정책 결정 과정에 실질적인 영향을 행사할 수 있는 유용한 기제로 활용하게 된다고 설명한다(Auerswald 2012, 191).

상원의 조언과 동의 과정은 대통령이 상원에 조약을 제출하면서 공식적으로 시작된다. 상원 외교위원회는 청문회와 전문가 간담회 등을 통해 대통령이 제출한 조약을 검토하고 조약에 대한 리포트(Executive Report)와 비준 결의안을 작성하여 이를 본회의에 상정할지에 대해 결정한다. 이 과정에서 외교위원회와 관련 위원회 소속 의원들은 청문회를 통해 이슈를 공론화하고 행정부가 추진하는 정책에 대한 반대 혹은 지지의 입장을 표명하며, 구체적인 정책 방안을 제안하게 된다. 만약 상원 외교위원회 소속 의원의 다수가 찬성할 경우 비준 결의안은 본회의에 상정된다. 이후, 최종 표결을 거치기 전까지 상원 의원들은 수정안(Amendment) 제출을 통해 비준 결의안에 포함될 조항과 문구를 수정하고 추가할 수 있다. 수정안은 상원 출석 의원의 과반수 이상이 찬성해야 받아들여진다. 이와 같은 조약 비준 절차는 의회 고유의 권한인 입법권에 기반하고 있으며, 상원은 비준 과정을 통해 행정부의 조약 체결 절차에 개입한다(김용훈 2018, 33).

또한, 의회는 국방수권법(National Defense Authorization Act)을 통해 국가 안보 정책과 국방 예산을 총괄적으로 관리하고 감독한다. 군축 조약이 군사·안보 정책의 일환이라는 점에서 국방수권법의 직접적인 영향을 받을 수밖에 없다. 현재의 국방수권법의 모태는 "러셀 수정안"(Russell Amendment)이라고 불리는 1960 회계연도 군 건설수권법(Military Construction Authorization Act)의 412(b)항으로, 항공모함, 미사일, 해군 군함과 같은 주요 무기 체계의 조달에 관한 의회의 승인을 의무화한 법안이다. 이후 의회는 점차적으로 의회의 승인을 받아야 하는 영역과 범위를 확장시켜 왔으며, 현재의 국방수권법은 국방부 예산의 거의 모든 항목에 대한 의회의 승인을 의무화하고 있다(Towell 2012, 77-78; Shogan 2012, 197). Dawson(1962)이 러셀 수정안을 총사령관으로서의 대통령에 대하여 국방과 국가 안보 정책에서 의회의 권한을 확대하고자 했던 의회의 전략적 시도라고 평가한 것에서 알 수 있듯이, 러셀 수정안과 이후의 국방수권법을 통해 상하원의 군사위원회는 매년 국가 안보 문제와 국방부 예산의 세부 항목에 대해 면밀히 검토하고 정책에 개입할 수 있는 기회와 권한을 갖는다(Shogan 2012, 197에서 재인용; Towell 2012, 82). 의회는 때론 국방수권법을 통해 예산뿐만 아니라 행정부가 국방, 안보 정책에 대한 특별 보고서를 제출하도록 의무화시키기도 한다. 1997 회계연도 국방수권법에서 의무화시킨 4개년 국방검토보고서(Quadrennial Defense Review, QDR)가 대표적인 예이다. 이처럼, 의회는 매년 국방수권법을 통해 국방부 예산과 프로그램을 감독하고 행정부의 국방 정책과 안보 정책에 관여하고 있다.

III 양극화와 정당정치의 확대의 영향

현재 미국 외교정책 영역에서 이루어지고 있는 의회의 역할을 보다 잘 이해하기 위해서는 근래에 국제정치와 미국 정치 전반에서 나타나고 있는 두 가지 현상에 주목해야 한다. 첫째, 전 세계적으로 국내 문제와 국제 문제의 경계선이 모호해지고 있다는 점이다. 즉, 국내적 측면과 대외적 측면 모두를 모두 갖고 있는 "intermestic" 이슈가 증가하면서 국내 정책과 국제 이슈를 분리하는 것이 점차 어려워지고 있다(DeLaet 2006, 178). 특히 미국과 같이 여러 국제 문제에 깊숙하게 관여하고 있는 국가들에서 이러한 현상은 두드러지게 나타난다. 미국 국내적으로는, "Intermestic" 이슈의 증가로 자신들의 지역구 주민들이 행정부가 주도하는 외교정책의 영향을 직·간접적으로 받을 수 있는 가능성이 높아지면서 의원들이 미국의 외교정책에 갖는 관심이 더욱 증가했다고 볼 수 있다.

두 번째 주목해야 할 현상은 2000년대부터 미국 정치에서 현저해진 양극화(polarization) 현상이다. 앞서 설명했듯이, 적어도 의회 차원에서의 양극화 경향은 뚜렷해진 지 오래이며, 민주당과 공화당 의원 간의 이념적 간극은 점차 심화되고 있다. 양극화로 인해 민주당과 공화당의 당파성(partisanship)이 증가하면서 중도적 성향의 의원은 감소하고 민주당 의원들의 진보적 성향과 공화당 의원들의 보수적 성향은 갈수록 심화되고 있다(Cohen 2011, 504). 〈그림 4-1〉의 상하원 이념분포도에서 확인할 수 있듯이 시간이 지날수록 상하원 모두에서 양극화 현상이 심화되고 있다. 제93대 의회 의원들의 이념 분포도에서는 민주당과 공화당 의원들 중 0에서 중첩되는 의원들이 상당수 보이는 반면, 제112대 의회 의원들의 이념 분포도에서는 민주당 의원들은 -1쪽으로, 공화당 의원들은 +1쪽으로 분포되어 있는 점을 확인할 수 있다.

이와 같은 양극화 현상은 미국 정치 전반에 막대한 영향을 미치고 있다. 우선, 정당의 이념적 결속력이 강화되면서 민주당과 공화당이 다양한 이슈와 정책 영역에서 대립각을 세우는 경우가 빈번해졌다(서정건 2019, 210). 정당의 이념적 동질성이 증가할수록 공화당과 민주당 간의 이념적, 정책적 차이는 극명해질 수밖에 없기 때문이다. 더욱 중요한 점은, 정당의 일체성과 결속력이 높아지고 경쟁적 구도가 고착화되면서 정책 결정 과정에 정당이 미치는 영향력이 확대되고 있다는 점이다. 이러한 변화 속에서 총기 문제와 같이 전통적으로 양당 간 이견이 높았던 이슈 영역에서뿐만

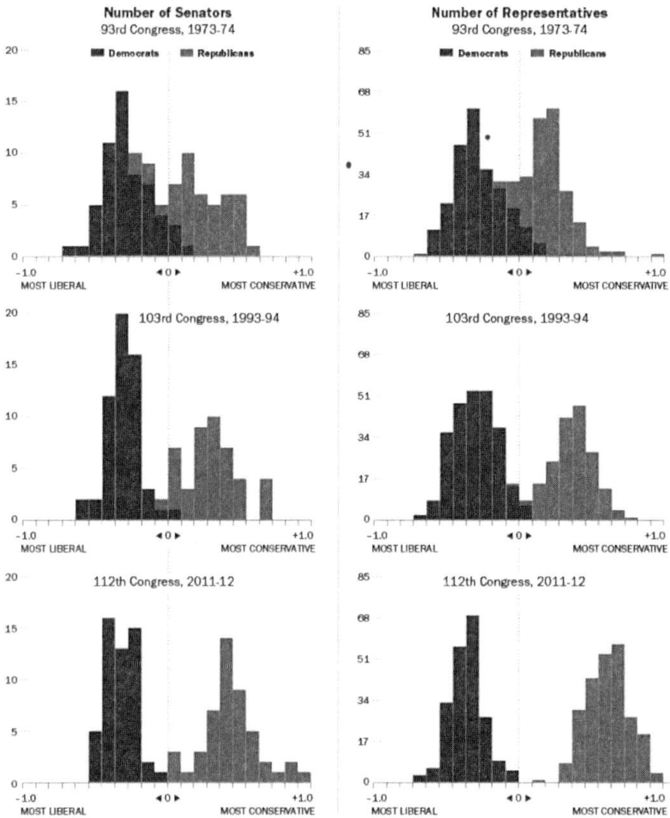

그림 4-1. 상하원 이념분포도

자료: Voteview.com. Desilver(2014)에서 재인용.

아니라 대외 정책 영역에서도 양당 사이의 갈등과 경쟁이 심화되고 있으며, 이는 구체적인 외교정책 수립에도 영향을 미치고 있다(Souva 2007, 116). 특히, 하원에 비해 의원들의 개인주의적 성향이 강한 상원에서도 점차 정당 엘리트 중심의 정당정치가 증가하는 양상을 보이고 있다(Theriault 2008; Theriault and Rohde 2011).

정당 양극화와 정당정치의 확대는 외교정책에서 대통령과 의회, 대통령과 정당, 민주당과 공화당, 정당 엘리트와 의원 개개인 등 여러 정치 집단과 행위자들 간의 관계와 상호작용에도 큰 영향을 미치고 있다. 입법 과정에서 의원들의 활동을 설명하는 이론들에는 개별 의원들이 자기 이익을 극대화시키는 쪽으로 입법 활동을 한다고 설명하는 '이익분배'(distributive) 이론과 공익 추구를 우선시한다는 '정보처리'(informational) 이론, 그리고 정당 이익에 따라 활동한다는 '정당경쟁'(partisan) 이론 등이 있다. 그 중에서 양극화로 인한 정당 간 경쟁과 대립 구도의 심화로 인해 현재 미국 정치의 현실은 정당경쟁 이론의 적실성을 높이고 있다(임성호 2009, 234-237).

양극적 대립 구도 속에서 여당 의원들은 대통령을 중심으로 결집(rally around the flag)하는 경향을 보이기 때문에 대통령과 행정부는 정책 수립과 추진에 있어 여당의 지지를 받기는 수월해진다. 반면, 야당의 반대에 부딪히는 경우가 빈번해진다. 또한 정당 간 경쟁이 심화될수록 개별 의원의 영향력은 감소하고 정당을 이끌어가는 정당 지도부와 이념 분포도의 양 극단에 있는 정당의 '활동가들'(activists) 혹은 '당파적 여론 엘리트들'(partisan opinion elites)의 영향력이 증가한다. 이들은 법안의 어젠다 설정부터 표결에 이르기까지 입법의 전 과정에서 적극적으로 활동하며 정책의 향방에 영향력을 행사한다. 이처럼, 양극화가 진행될수록 정당의 여론을 주도하는 정당 엘리트들의 영향력이 커지기 때문에 대통령과 행정부는 정책 결정을 위해 야당의 정당 엘리트들을 설득하기 위한 방안 마련에 힘쓰게 된다. 대통령은 종종 자신이 원하는 정책을 추진하기 위해 야당의 정당 엘리트들이 원하는 바를 일부 수용하는 일종의 '거래'를 하게 되는데, 이를 이론화시킨 논의로서 '표 매수'(vote buying) 이론이 있다. '표 매수' 이론은 입법 과정을 연합 구성 활동으로 간주한다. 즉, 특정 법안을 통과시키기를 원하는 대통령은 그가 선호하는 정책을 지지하는 의원들과 연합체를 구성해야 하는데, 많은 경우 반대당의 의원 중 일부를 설득하여 정책을 지지하도록 유도해야 한다. 이때 대통령은 그들의 표를 얻는 조건으로 일종의 '보상'을 하게 되며, 보상은 사안에 따라 다양한 형태를 취할 수 있다 (Alexander 2015, 215).

기존의 '표 매수' 이론에서는 대통령의 주요 타깃이 의원들의 이념 분포도에서 중앙에 위치하는 중도적 성향의 의원들이라고 설명한다. '표 매수'에 대한 공간모형을 발전시킨 Snyder(1991)은 표를 '매수'하고자 하는 로비스트(주로 대통령)가 새로운 법안을 제안할 때 법안 통과를 위해 중도 성향의 '소극적 반대자들'(marginal opponent)에게 가장 큰 보상을 하게 된다고 설명한다. 비슷한 연구로서, 분배 정치와 입법적 표 매수에 대한 Alexander, Berry, Howell(2015)의 연구 역시 이념적 중도파가 '표 매수' 활동에서 주요 타깃이 된다고 설명한다. 표를 '매수'하고자 하는 대통령과 여당의 입장에서는 이념 분포에서 자신들과 가장 가깝게 위치한 반대당의 중도 성향 의원들이 최소한의 보상으로 설득할 수 있는 '가장 저렴한' 의원이기 때문이다. 따라서 대통령에게 이들이 정책의 향방을 바꿀 수 있는 중추적 투표자(pivotal voter)가 된다.

그러나 정치 양극화로 인해 의회 내에서 중도적 성향의 의원이 크게 줄어들고 정당 엘리트 중심의 정당정치가 확대되면서 기존의 '표 매수' 이론의 논리도 변화가 불가피해졌다. 앞서 언급했듯이, 양극화와 정당정치는 개별 의원들이 정당 엘리트를 중심으로 결집하게 되고 의제 설정부터 표결에 이르기까지의 전 과정에 정당 엘리트의 영향력을 확대시켰다. 이러한 상황 속에서 개별 의원들은 자신들 정당의 정책적 입장에 맞춰 투표하는 경향을 보이게 된다. 따라서 대통령의 주요 타깃은 중도 성향 의원들이 아닌, 정당의 정책적 입장 수립에 직접적으로 관여하는 정당 엘리트로 바뀌게 된다(Beckmann 2008; Sinclair 2012; Binder and Lee 2013).

결론적으로 대외 정책 영역에서 의회의 영향력이 증가하면서 정책의 특성상 행정부가 주도해왔던 군사·안보 영역에도 의회의 역할과 영향력이 점차 확대되고 있다. 동시에, 현재 미국 정치의 가장 큰 특징인 정치의 양극화와 그로 인한 정당정치의 확산으로 다른 영역에서와 마찬가지로 의회의 개입이 소수의 정당 엘리트를 중심으로 이루어지는 경향을 보이고 있다. 다음 절에서는 양극화와 정당정치의 확산이 미국의 외교정책, 그 중에서 군사·안보 정책에 미친 영향에 대해 오바마 행정부 시기 체결된 New START 조약의 상원 비준 과정을 중심으로 분석한다. 구체적으로, 민주당이 다수당을 차지했던 상원에서 조약에 반대하던 공화당 의원들과 그들이 제기한 문제점 및 비준을 위한 요구 조건을 파악하여 그들이 조약뿐만 아니라 조약과 관련된 미국의 국방·안보 정책에 어떻게 영향을 미쳤는지에 대해 분석한다.

IV New START 조약 비준 과정과 정당정치

1. 배경

오바마 대통령이 2009년 4월 5일 프라하 연설에서 핵무기 없는 세계를 위한 미국의 헌신을 공언한 지 약 1년 뒤인 2010년 4월 8일, 프라하에서 다시 만난 오바마 대통령과 러시아 메드베데프 대통령은 신전략무기감축조약에 서명했다. 양 정상이 서명한 New START 조약은 2009년 종료된 전략무기감축조약(START Treaty)을 대체하기 위해 미국과 러시아 간 체결한 양자 군축 조약으로, 두 국가의 핵탄두와 핵탄두를 장비할 수 있는 전략적 공세 무기(strategic offensive arms, SOA)를 감축하기 위해 맺어졌다. New START 조약은 양국이 배치할 수 있는 전략적 공격무기—대륙간탄도미사일(ICBMs), 잠수함발사탄도미사일(SLBMs), 중폭격기(heavy bombers)—를 각각 최대 700기로 제한했다. 또한 전략적 공세 무기의 발사대를 배치되지 않은 발사대를 포함하여 800기 수준으로 제한하고, 배치된 전략 공세 무기에 장착할 수 있는 핵탄두를 1550기로 제한했다.

오바마 대통령은 2010년 5월 13일, 신전략무기감축조약을 상원에 제출하며 상원이 "신속하고 호의적으로" 조약 비준을 고려해 줄 것을 촉구했다.[2] 이후 조약이 상원 외교위원회를 통과한 뒤 오바마 대통령은 2010년 9월 16일 발표한 성명서에서 같은 바람을

2 오바마 대통령의 Letter of Transmittal 원문은 Treaty Doc. 111-5, III-IV쪽에 실려 있다.

보다 강력한 어조로 나타냈다.

> 오늘, 저는 상원이 이 조약의 승인을 위한 표결을 신속하게 진행하기를 촉구합니다. 저는 양당 의원들이 비슷한 종류의 과거 다른 조약들이 받았던 공정한 심리와 초당적인 지지를 이 조약에도 보내주기를 바랍니다. 이 조약은 그럴 가치가 있습니다. 그러한 노력으로, 이 조약은 전 세계에서 미국의 리더십을 신장시키는 동시에 21세기에 우리의 국가 안보를 강화시킬 것입니다. (The White House 2010)

그러나 이러한 오바마 대통령의 희망과는 달리 New START 조약은 비준이 진행되는 동안 공화당 의원들의 거센 저항을 받았다. New START 조약 비준을 위한 절차는 2010년 5월 13일 오바마 대통령이 상원에 조약(Treaty Doc. 111-5)을 제출하면서 시작되었다. 제출된 문건은 16개 조항으로 구성된 본문과 부속문서를 포함하고 있는 프로토콜과 더불어, 미사일 방어체계가 조약 이행에 미치는 영향에 대한 러시아와 미국의 관점, 트라이던트 I 잠수함발사탄도미사일이 조약의 적용을 받지 않는다는 것에 대한 미국의 입장을 담은 3개의 성명서가 첨부되어 있다. 조약을 전달 받은 상원 외교위원회와 군사위원회, 정보특별위원회와 같은 관련 위원회는 수 차례의 청문회를 통해 조약과 관련된 여러 이슈들을 논의하고 공론화하는 과정을 거쳤다.[3] 이후, 상원 외교위원회에서 작성한

3 그 중에서 상원 외교위원회는 총 10차례의 공개 청문회와 2차례의 비공개 청문회를 개최했다.상원 외교위원회의 주관하에 열린 청문회의 개최 날짜, 주제 및 주요 내용과 증인은 부록 1을 참고할 것.

비준 결의안의 초안과 위원회 리포트(Ex. Rept. 111-6)는 2010년 10월 1일 표결에 부쳐졌으며 찬성 14표, 반대 4표로 위원회를 통과했다.[4] 본회의에서 의원들이 제출한 수정안을 통해 몇 차례의 수정을 거친 비준 결의안은 오바마 대통령이 원했던 바와 같이 2010년 12월 22일 레임 덕 의회에서 표결에 부쳐졌고, 찬성 71, 반대 26으로 통과되었다.[5]

오바마 대통령이 집권 초기부터 의욕적으로 추진했던 New START 조약은 탈냉전 시기 미국과 러시아 간 체결된 다른 군축 조약들과는 달리 의회 내에서 많은 논란을 일으켰다. New START 조약의 전신이라고 할 수 있는 START I 조약이 '냉전을 종식시키고 핵무기 확산을 통제하는 새로운 시대의 개막'이라는 찬사와 함께 양당 모두로부터 지지를 받았던 것과 비교해볼 때 New START 조약을 둘러싼 논란은 이례적이었다고 볼 수 있다(Linden 2010). 〈표 4-1〉에서 확인할 수 있듯이, 탈냉전 시기 미러 간 군축 조약이 비교적 초당적 지지를 받았던 것에 반해 New START 조약은 다수의 공화당 의원으로부터 지지를 받지 못했다.[6]

4 Risch(R-ID), Barrasso(R-WY), Wicker(R-MS), Inhofe(R-OK) 의원이 반대표를 던졌다. DeMint(R-SC) 의원은 표결에 참석하지 않았으나 추후 위원장에게 비준 결의안 통과에 대한 반대 의사를 밝혔다.

5 구체적인 New START 조약 비준 결의안의 표결 결과는 부록 2를 참고할 것.

6 CTBT 역시 당파적 투표의 영향을 받았다고 볼 수 있지만 각주 1에서 설명한 이유로 본 연구의 분석 대상에서 제외한다.

표 4-1. 1945년 이후 미국의 군축 조약

조약	서명 연도	대통령 정당	표결 연도	표결 결과	지지비율 (민주당 의원)	지지비율 (공화당 의원)
Limited Test Ban Treaty	1963	민주당	1963	80-19	83	76
Space Treaty	1967	민주당	1967	88-0	100	100
Non-Proliferation Treaty	1968	민주당*	1970	83-15	88	80
Anti-Ballistic Missile Treaty	1972	공화당	1972	88-2	98	98
Interim Agreement (SALT I)	1972	공화당	1972	88-2 (상원)	96	100
				329-7 (하원)	99	96
Threshold Test Ban Treaty	1974	공화당	1990	98-0	100	100
Peaceful Nuclear Test Treaty	1976	공화당	1990	98-0	100	100
SALT II	1979	민주당	n/a	탈퇴 (1980)		
INF Treaty	1987	공화당	1988	93-5	98	91
Conventional Forces Agreement	1990	공화당	1992	90-4	100	90
START I	1991	공화당*	1994	93-6	98	98
START II	1993	공화당*	1996	87-4	100	91
Comprehensive Test Ban Treaty	1996	민주당	1999	48-51	100	7
SORT (Moscow Treaty)	2002	공화당	2002	94-0	100	100
New START	2009	민주당	2010	71-26	90	32

*는 비준 표결 당시 다른 당의 대통령이 집권했던 경우임; 지지비율은 투표한 의원들의 비율임.
출처: Kreps, Saunders, and Schultz(2018, 495).

2. New START 조약 비준 과정에 나타난 정당 양극화의 영향과 '표 매수'

New START 조약 비준 과정이 정당의 양극화의 영향을 받았는지 분석하기 위해서는 비준에 반대했던 의원들이 중도적 성향을 가진 의원들이 아니었는지, 이들이 공화당의 조약에 대한 정책적 입장 수립에 적극적으로 관여했는지, 그리고 이들이 표 매수의 대상이 되었으며 행정부로부터 적절한 '보상'을 받았는지의 여부에 대해 살펴봐야 한다. 우선, 〈그림 4-2〉의 제111대 상원의원들의 이념 분포도는 당시 상원 의원들이 이념적으로 상당히 양분화되어 있었다는 점을 보여준다. 조약 비준 절차가 진행되는 동안 민주당 의원들은 조약에 대한 지속적인 지지를 보냈을 뿐 아니라 표결에 참석했던 민주당 의원 전원이 찬성표를 던졌다. 반면, 대다수의 공화당 의원들이 반대표를 행사한 가운데 상대적으로 덜 보수적인 일부

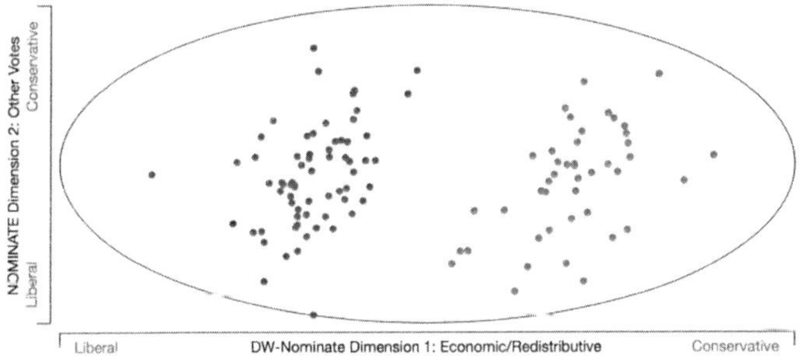

그림 4-2. 제111대 상원 이념분포도

출처: voteview.com

의원들만이 찬성표를 던졌다. 이는 정당 양극화가 의원들의 투표 행태에 영향을 미쳤다는 점을 짐작하게 해준다.

〈표 4-2〉는 표결에 참여한 공화당 의원들의 표결 결과와 이념 성향을 나타낸다. DW-Nominate 지수는 0을 기준으로 음의 수치는 진보적인 성향을, 양의 수치는 보수적인 성향을 나타내며, 양의 수치가 커질수록 보다 보수적인 성향을 갖는 것을 의미한다(유성진 2012, 197). 〈표 4-2〉를 보면, 비준 결의안에 찬성한 공화당 의원들의 DW-Nominate 지수는 반대한 의원들의 지수에 비해 낮은 것을 확인할 수 있다. 또한 찬성한 의원들의 DW-Nominate 지수의 평균이 약 0.28인 반면, 반대한 의원들의 지수 평균은 0.471로 매우 높다는 것을 알 수 있다.

당시 New START 조약에 대한 공화당의 입장은 소수당 원내대표(Minority Leader)였던 McConnell(R-KY) 의원이 오바마 대통령이 New START 조약에 서명한 직후 발표한 성명서를 통해 확인할 수 있다. McConnell(R-KY) 의원은 성명서를 통해 조약에 대한 부정적인 입장을 표명하면서 "상원은 이 조약이 검증 가능한지, 우리와 우리의 동맹국들을 핵 미사일의 위협으로부터 방어하는 우리의 능력을 저하시키지는 않는지, 우리의 핵 삼위일체를 보존·유지하는 데 정부가 힘을 쏟는지에 대해 평가할 것"이며 이 세 가지 조건을 만족시킬 때에만 조약 비준에 대해 고려해볼 수 있다고 밝혔다(Hornick 2010). 공화당이 내세운 위의 세 가지 조건은 New START 조약에 대해 적극적으로 의견을 개진하던 소수의 의원들에 의해 점차 구체화되었다. 대표적인 의원들에는 Risch(R-ID), DeMint(R-SC), Barrasso(R-WY), Wicker(R-MS), Inhofe(R-OK),

표 4-2. New START 조약 비준 결의안 표결에 참여한 공화당 의원들의 이념 성향

찬성		반대	
이름(출신 주)	DW-Nominate 지수	이름(출신 주)	DW-Nominate 지수
Alexander (R-TN)	.323	Barrasso (R-WY)	.54
Bennett (R-UT)	.331	Burr (R-NC)	.45
Brown (R-MA)	.128	Chambliss (R-GA)	.423
Cochran (R-MS)	.287	Coburn (R-OK)	.782
Collins (R-ME)	.112	Cornyn (R-TX)	.495
Corker (R-TN)	.395	Crapo (R-ID)	.51
Gregg (R-NH)	.429	DeMint (R-SC)	.7
Isakson (R-GA)	.402	Ensign (R-NV)	.508
Johanson (R-NE)	.391	Enzi (R-WY)	.544
Lugar (R-IN)	.304	Graham (R-SC)	.406
Murkowski (R-AK)	.21	Grassley (R-IA)	.346
Snowe (R-ME)	.091	Hatch (R-UT)	.382
Voinovich (R-OH)	.239	Hutchison (R-TX)	.356
		Inhofe (R-OK)	.555
		Kirk (R-IL)	.274
		Kyl (R-AZ)	.548
		LeMieux (R-FL)	.34
		McCain (R-AZ)	.381
		McConnell (R-KY)	.403
		Risch (R-ID)	.632
		Roberts (R-KS)	.413
		Sessions (R-AL)	.549
		Shelby (R-AL)	.428
		Thune (R-SD)	.41
		Vitter (R-LA)	.495
		Wicker (R-MS)	.376
평균	.280154		.471

출처: U.S. Congress. Treaty Doc. 111-5; voteview.com

Kyl(R-AZ) 의원이 포함된다.

이들은 다양한 기제와 경로를 통해 조약 비준을 위한 여러 가지 조건들을 설정했다. 우선, 의원 홈페이지에 New START 조약을 핵심 이슈로 언급하거나 각종 언론 인터뷰를 통해 조약에 대한 비판적 의견을 개진했다. 또한, 수정안 제출을 통해 상원 외교위원회에서 작성하는 비준 결의안 초안과 본회의에서 결정되는 최종 비준 결의안의 문구를 수정하거나 새로운 조항을 삽입함으로써 자신들의 요구 사항을 관철시켰다. 먼저, 상원 외교위원회에서 작성한 비준 결의안 초안은 위의 공화당 의원들이 제출한 수정안에 의해 몇 차례의 수정을 거쳐 완성되었다. 첫 번째 수정안은 Risch(R-ID)의원이 제의한 것으로, 비준 결의안에 전략수송수단(strategic delivery vehicle)의 현대화와 교체에 대한 선언을 포함할 것을 요구했다. 두 번째 수정안은 DeMint(R-SC)의원이 제출한 것으로, 결의안에 미국과 미 동맹국들에 대한 전략적 공격에 대한 우려를 표명하는 문구를 삽입할 것을 요구했다.[7] 또한, 이들은 조약에 대한 상원외교위원회의 리포트(Ex. Rept. 111-6)에 담긴 '소수 의견서'(minority views)를 통해 행정부의 조약 체결을 구체적인 근거를 들어 비판했다(Ex. Rept. 111-6: 110-121). 이 의견서에

7 이 외에 미국의 미사일 방어와 전술핵무기와 관련하여, 공화당 의원들을 중심으로 미사일 방어 활동에 대한 문구, 전술핵무기에 대한 문구 수정 및 교체, 2015년까지 미 동쪽과 서쪽 해안 모두에서 발사 가능한 미사일방어 능력 개발에 대한 문구, 대통령이 450기보다 적은 수의 ICBM을 배치하지 않을 것임을 보장하는 문구, 미사일 현대화에 대한 우려를 표명하는 문구 등을 상원의 결의안에 포함시킬 것을 요구하는 수정안들이 제출되었으나 민주당 의원들의 반대표에 밀려 채택되지 못했다. https://www.congress.gov/congressional-report/111th-congress/executive-report/6(accessed 13 August 2019)

는 청문회 기간 동안 제기되었던 문제점들과 비판적 시각이 종합적으로 정리되어 있다. Risch(R-ID), DeMint(R-SC), Barrasso(R-WY), Wicker(R-MS), Inhofe(R-OK) 의원 5명은 의견서에서 New START 조약이 변화하고 있는 21세기의 새로운 위협을 간과하고 러시아와의 관계를 재설정하는 문제에만 집착하고 있다고 비난했다. 구체적으로, 미국의 미사일 방어체계에 대한 미국과 러시아 사이 간 합의가 부재하다는 점, 미국의 New START 조약 체결이 미국 전략적 방어 무기(strategic defensive arms)의 약화를 야기할 수 있다는 점, 조약이 미국의 미사일 방어 능력은 제약하면서도 러시아의 전술 핵무기에 대해서는 아무런 조치를 취하지 않았다는 점, 조약이 미국의 재래식 즉각적 글로벌 타격(conventional prompt global strike, CPGS) 기술 발전에 제약으로 작용할 수 있다는 점, 조약 하에서 러시아의 핵시설에 대한 사찰과 검증(inspections and verification) 절차가 충분하고 정확하게 이루어지기 어렵다는 점, 러시아가 그동안 국제 조약을 충실하게 이행하지 않았다는 점, 오바마 행정부의 핵무기 현대화를 위한 노력이 미진하다는 점, 조약 체결과 비준 절차 전반에서 헌법이 보장하는 상원의 권한과 역할에 대한 존중이 부족했다는 점 등을 문제점으로 지적했다.

그러나 이들 중에서 상원에서 New START 조약에 대한 공화당의 회의적 시각을 가장 적극적으로 주도했던 이는 당시 공화당 상원의원 서열 2위였던 Jon Kyl(R-AZ) 의원이다. 그는 상원에서 핵문제에 전문성을 갖고 있는 몇 안 되는 의원들 중 한 명으로 당시 공화당 의원들은 New START 조약과 관련하여 그에게 '일임'했다고까지 알려졌다(Baker 2010; Sheridan and Pincus 2010).

그는 New START 조약이 전략적 공세무기의 감축과 미국의 핵무기 제반시설의 현대화 프로그램의 축소를 동시에 야기할 것이라는 의견을 강력하게 표출해왔으며, 조약에 대한 비준의 조건으로 행정부가 핵무기 시설과 연구소 등의 현대화를 추진할 것을 요구했다(Auerswald 2012, 201). 예를 들어, Kyl 의원은 상원에서 New START 조약에 대한 청문회가 진행 중이던 2010년 8월 4일, 로이터와 가진 인터뷰에서 "의회를 통과한 2011 회계연도 예산 지출 법안과 2012년 회계연도 예산안이 핵무기 현대화 계획을 반드시 포함하기를 원한다"고 밝혔다. 또한 Kyl 의원은 민주당이 장악하고 있던 상원이 2010년 11월 선거 결과 공화당으로 넘어가게 되면서 오바마 행정부가 레임 덕 의회에서 New START 조약 비준 결의안 표결할 것을 촉구하자 "조약과 핵 현대화와 관련된 복잡하고 해결되지 않은 문제들"이 있다며 반대 의사를 분명히 했다(Sheridan and Pincus 2010). 당시 상원에서는 "레임 덕 의회에서 비준 결의안이 통과될 확률이 반반이지만, 만약 Kyl 의원이 반대할 경우 그럴 가능성은 낮다"는 관점이 제기되기도 했다. 따라서 오바마 대통령의 입장에서는 Kyl 의원을 설득하는 것이 급선무였다고 볼 수 있다 (Grossman 2010).

이에 오바마 대통령은 당시 미국 핵부대 수장이었던 Chilton 장군과 Gates 국방장관 등 군 고위층 인사들과 Biden 부통령, Clinton 국무장관 등 행정부 고위 인사들을 통해 Kyl 의원 설득에 나섰다. 이들은 직접 Kyl 의원을 방문하거나 전화 통화를 통해 조약에 대한 Kyl 의원의 지지를 이끌어내고자 했다(Sheridan and Pincus 2010). 오바마 행정부는 조약을 지지하는 대가로 Kyl 의원과 조약에 반대하는 다른 공화당 의원들이 요구했던 핵 시설 현대화를 위한 예산을 대폭 증가시켰다. 오바마 행정부는 11월 17일, 향후 10년간 핵무기 복합체를 위한 예산안을 수정하여 발표했는데, 이는 테네시와 뉴 멕시코에 새로운 핵시설을 건설하기 위해 2012-2016 회계연도에 예산에 41억 달러를 추가한다는 내용을 담고 있었다. 이로써 핵무기 현대화 계획의 총 예산은 850억 달러로 크게 증가되었다(Kimball 2010).

또다른 '보상'의 일환으로, 오바마 행정부는 2010 회계연도 국방수권법의 제1251항에 핵무기와 미사일 방어 체계에 대한 의회의 요구 사항과 New START 조약에 대한 의회의 입장을 삽입했다(P.L. 111-84, Section 1251). 소위 '1251 보고서'(the "1251 Report"), 혹은 1251 계획(the "1251 plan")이라고 불리는 이 조항은 대통령이 핵무기 및 핵시설 유지와 현대화에 대한 행정부의 향후 계획과 예산안을 의회에 제출하고 New START 조약이 미국의 핵 능력과 미사일 방어를 포함하는 재래식 무기 체계에 어떠한 제약도 두지 않는다는 점을 분명히 하도록 했다. 구체적으로, 1251항은 2010 회계연도 국방수권법이 제정된 지 30일 이내 혹은 전략무기감축조약의 후속 조약(i.e., New START 조약)이 상원의 조언과 동의를 얻기 위해 상원에 제출되었을 때, 대통령이 양원의 국방위원회와 외교위원회에 핵무기 비축의 안정성, 보장성, 신뢰성의 강화, 핵무기 복합시설의 현대화, 핵무기 수송 플랫폼의 유지에 대한 향후 계획을 담은 보고서를 제출할 것을 의무화했다. 또한 보고서 제출 시 10년 동안 위의 계획 수행을 위한 예산안도 첨부할 것을 요구했다. 또한 대통령은 New START 조약이 미국의 탄도미사일 방어체계, 우주 능력(space capabilities), 선진 재래식 무기 체계에 대한 제약을 포함하지 않는다는 미국의 입장을 고수해야 한다는 점, 추가적인 미국의 핵무기 감축에 있어 향상된 안정성, 보장성, 신뢰성에 기반한 핵무기의 비축, 핵무기 복합시설의 현대화, 핵무기 수송 체계의 유지가 핵심이라는 점, 대통령이 2011 회계연도 이후에도 지속적으로 핵 비축의 장기적인 유지를 위한 에너지부의 국가핵안보부(the National Nuclear Security Administration of the Department of Energy) 프로그램을 지원하는 예산을 요청해야 한다고 명시했다.

오바마 행정부의 이와 같은 '보상'에 더해, Kyl 의원은 상원 본회의에 상정된 비준 결의안에 대한 수정안을 제출하여 자신의 요구 사항을 관철시켰다. 본회의에 제출된 수정안 15개 중 4개의 수정안이 채택되었는데 그 중 2개는 Kyl 의원이 제출한 것이었다. 먼저, SA 4864는 Kyl(R-AZ) 의원이 2010년 12월 19일 제출한 수정안으로, 조약의 효력이 발생하기 전 대통령은 전략핵무기 수송수단과 관련하여 전략 핵무기 전달 체계의 삼위일체인 중폭격기와 공중발사순항미사일, ICBM, SSBN, SLBM의 현대화 혹은 교체와, 미국의 로켓 모터 산업 기반을 유지할 것임을 상원에 증명해야 한다는 점을 명시했다. 이 수정안은 오바마 행정부가 약속했던 향후 핵시설의 건설과 더불어 기존의 핵무기 수송수단의 유지와 보수, 현대화까지도 보장받을 수 있는 법적 기반을 제공했다.

Kyl 의원이 2010년 12월 20일 제출한 SA 4892는 대통령이 2010 회계연도 국방수권법 1251항에 명시된 보고서를 매년 제출할 것(PL 111-84); 1251항에서 요구한 사항 외에 핵무기 수송 플랫폼을 현대화하고 유기하기 위한 계획과 전년도에 제출했던 계획의 이행에 대한 자세한 설명을 포함할 것; 보고서 작성 시 대통령은 국방 장관과, 핵무기 산업 시설과 연구소들의 장들과 협력하고 있는 에너지부 장관과 상의할 것; 국립 핵무기 산업 시설과 연구소 장들로부터 받은 서면 평가서를 내용 변경 없이 보고서에 첨부할 것을 요구했다. 또한, 특정 시설을 위한 예산 및 계획과 관련하여, 화학 및 금속공학연구소 교체(Chemistry and Metallurgy Research Replacement, CMRR)를 위한 시설과 우라늄 처리 시설에 대한 디자인과 엔지니어링 단계를 가속화하고 이를 위한 최대한의 자금을 책정할 것을 대통령에게 요구했다.[8] 또한 수정안은 핵무기 현대화를 강력하게 촉구하는 차원에서, 핵무기 현대화에 자금을 지원하지 않는 것은 미국이 New START 조약에서 탈퇴하는 근거가 된다는 점; 탄두의 현대화는 미군과 국가 핵무기 연구소의 기술 자문에 기반하여 생명 연장 옵션의 전 영역을 활용하여 개별 사례별로 착수되어야 한다는 문구의 삽입을 요구했다. 이 수정안을 통해 Kyl 의원은 행정부가 제출하는 1251 보고서에 담길 구체적인 영역과 내용을 명시하고 이에 대한 의회의 감시, 감독을 강화시켰다고 볼 수 있다.

결론적으로, New START 조약의 상원 비준 과정은 정당의 양극화와 정당정치의 강화가 미국 외교정책과 안보정책의 결정 과정

8 로스 알라모스 국립연구소(Los Alamos National Laboratory) 산하의 화학 및 금속공학연구소는 핵 물질의 생산, 개발 및 실험과 핵비축 생명연장 프로그램 및 해체와 관련된 연구를 수행하고 있다. CMRR 프로그램은 이 연구소의 낙후된 시설을 교체하거나 새로운 시설을 건설하는 프로젝트이다(U.S. Governemnt Accountability Office 2020, 6).

에 대한 상원의 개입과 영향력 확대에 어떻게 작용했는지를 잘 보여주는 사례이다. 앞서 이론적 검토를 통해 정당 엘리트가 정당의 정책적 입장을 주도하고, 대통령과 반대당의 정당 엘리트 간의 '거래'가 일어날 것이라고 예상했던 것처럼, New START 조약에 대한 공화당의 비판적인 입장은 소수의 의원들에 의해 주도되었고 오바마 대통령은 조약 지지에 대한 대가로 핵무기 현대화와 미사일 체계 유지를 위한 예산을 대폭 증액했다. 비록 추후 공화당은 오바마 행정부가 비준 결의안이 통과된 뒤 핵과 미사일 현대화에 대한 약속을 지키지 않았다고 비난했지만, New START 조약은 당시 대통령, 대통령을 정책에 동조하는 민주당, 공화당의 정책 입장을 주도하던 소수 정당 엘리트 사이의 '거래'와 합의 속에서 통과될 수 있었다.[9] 이러한 일련의 과정들은 미국 정치의 양극화와 이로 인한 의회 내 정당정치의 강화가 미국의 국방안보 영역에까지 확산되고 있다는 점을 보여준다고 할 수 있다.

V 결론

본 연구는 주요 핵군축 조약인 New START 조약의 미국 내 비준 과정을 통해 미국 정치의 양극화 현상이 군사·안보 정책 결정의 과

9 상원 공화 정책 위원회(the Senate Republican Policy Committee, RPC)는 2012년 3월 12일 발간한 정책 페이퍼에서, 오바마 대통령이 조약이 비준되자 핵무기 복합 단지를 위한 예산을 삭감하는 등 약속을 지키지 않았다고 비난했다. https://www.rpc.senate.gov/policy-papers/obama-fails-america-on-nuclear-arms (Accessed September 16, 2019)

정에 미친 영향에 대한 분석을 시도했다. 분석 결과, 상원에서도 심화된 양당 간의 이념적 양극화는 New START 조약 비준의 전 과정에 지대한 영향을 미쳤다는 점을 밝혔다. 그러나 본 연구는 몇 가지 한계점을 갖고 있는 것이 사실이다. 우선, 자료의 한계로 인해 '표 매수'의 대상과 방식에 대한 분석이 충분하지 않은 측면이 있다. 구체적으로, 본 연구에서는 조약에 대한 공화당의 반대 여론을 이끌었던 Kyl 의원의 지지를 얻기 위한 오바마 행정부의 여러 가지 노력과 이에 대한 Kyl 의원의 대응을 근거로 '표 매수' 현상을 설명했으나, Kyl 의원과 함께 공화당의 여론을 이끌었던 다른 의원들과 행정부의 관계성에 대해서는 명확히 밝히기 어려웠다. 보다 정확한 분석을 위해서 대통령의 모든 일정과 활동을 분 단위로 정리한 Presidential Daily Diary를 활용할 수 있으나, 현재 시점에서 오바마 대통령 시기의 자료는 공개되지 않았다(Bechmann 2016, 274). 추후 관련 자료가 공개되면 보다 체계적인 분석이 가능할 것으로 보인다. 또한 보다 체계적인 분석을 위해 다른 군축 조약의 국내 비준 과정과 비교가 수반되어야 할 필요성이 있다. 특히 후속 연구로서 의회 차원의 양극화가 본격화되기 이전의 군축 조약과의 비교 연구가 필요할 것으로 보인다. 그러나 이러한 한계점에도 불구하고, 본 연구는 중요한 국제 정치 이슈인 군축 조약을 양극화 현상을 중심으로 분석함으로써, 기존 연구들이 간과하고 있는 국내적 합의 과정에 주목했다는 점에서 의의를 찾을 수 있다.

2019년 INF 조약이 파기되면서 전 세계 핵무기의 약 95%를 차지하고 있는 미국과 러시아 간 남아 있는 유일한 핵 감축 협정인 New START 조약은 만약 양국이 연장에 동의하면 2026년까지 유지되지만, 만약 양국의 합의가 불발된다면 2021년 2월 종료된다. 현 시점에서, New START 조약의 미래는 트럼프 행정부 집권 이후 갈수록 심화되고 있는 미국과 주요 관련국 간의 군사적 갈등과 신무기 경쟁으로 밝지 않다. 트럼프 행정부가 INF 조약이 공식적으로 종료된 직후 2019년 8월과 12월에 지상발사형 중거리 탄도미사일 시험을 시행한 것에서 알 수 있듯이 미국은 그동안 금지되었던 지상발사형 중단거리 미사일을 전력화할 것임을 분명히 했다. 또한 미국, 러시아, 중국 등 여러 군사 강대국들은 방어적 미사일 방어 체계를 무력화시킬 수 있는 극초음속 미사일을 개발하고 있거나 이미 실전배치하고 있다(양낙규 2020). 군비경쟁이 다시 본격화되고 있는 현 국제사회의 현실 속에서 미국과 러시아만을 제약하는 양자 간 조약인 New START 조약 연장에 미러가 합의하기란 쉽지 않아 보인다. 특히 트럼프 대통령이 New START 조약에 대해 부정적인 입장을 보여왔다는 점에서 조약이 연장될 것이라고 기대하기는 어렵다. 당선 전부터 New START 조약에 비판적 입장을 견지했던 트럼프 대통령은 당선 직후 2017년 1월 러시아 푸틴 대통령과 가진 전화 통화에서 이 조약이 오바마 행정부의 '나쁜 딜' 중 하나라고 비난했다고 전해졌다. 이후 2019년 12월, 트럼프 대통령은 New START 조약의 연장보다는 러시아의 전술 핵무기와 새로운 조약 참가국으로서 중국을 포함시키는 새로운 조약을 원한다고 언급하며 군축 조약의 체결 가능성을 언급했다. 그러나 러시아가 양적 우위를 갖고 있는 전술 핵무기를 감축 대상으로 포함시키는 데 동의할 가능성은 적으며 중국 역시 핵군축 조약에 가입하지 않을 것이라는 점을 분명히 하고 있다는 점에서 새로운 핵

군축 조약의 등장을 기대하기는 어려워보인다(Kimball 2019).

국내정치적 측면에서도 New START 조약의 미래는 불투명하다. New START 조약 비준에 찬성했던 13명의 공화당 의원들 중 현직에 남아 있는 의원은 Collins(R-ME), Murkowski(R-AK) 2명뿐이다. 조약에 대해 초당적 입장을 보였던 공화당 의원들 대부분이 은퇴했거나 사망했다. 물론 New START 조약에 대한 의회의 입장은 2020년 치러지는 대통령 선거와 의회 선거의 결과에 영향을 받겠지만, 정치와 정당의 양극화가 갈수록 심화되고 있는 상황 속에서 초당적 입장을 가진 의원의 등장을 기대하기는 어렵다. 만약 조약 연장을 지지하는 새로운 대통령이 당선되더라도 대통령 취임일(Inauguration Day)인 2021년 1월 20일은 New START 조약 만료일인 2021년 2월 5일과 며칠 차이가 나지 않기 때문에 조약의 연장 여부는 사실상 트럼프 행정부의 결정에 달려 있다고 볼 수 있다. 공화당 의원들은 트럼프 대통령의 당선 초기에는 행정부의 정책에 종종 비판적 입장을 보이기도 했으나, 현재는 대통령을 중심으로 결집하는 양상을 보이고 있다. 2020년 2월 5일 공화당이 다수당을 차지하고 있는 상원에서 트럼프 대통령의 탄핵안이 부결된 것은 이를 잘 반영한다.[10]

100대 의회의 하원 외교위원회 의장이었던 Dante B. Fascell (D-FL) 의원 1987년 *Foreign Affairs*에 기고한 글에서 아래와 같

10 트럼프 대통령의 권력 남용과 의회 방해 혐의에 대한 두 가지 탄핵안은 2020년 2월 5일 상원에서 최종 부결되었다. 권력 남용 혐의에 대한 탄핵안에 찬성한 Romney(R-UT) 의원을 제외하고, 모든 공화당 의원들은 트럼프 대통령의 탄핵안에 반대했다.

이 말했다.

> 핵무기가 출현한 이래 그 어느 때보다도, 군비 통제의 미래는 대통령과 의회가 국가 안보의 요건들에 대한 합의에 도달할 수 있는지의 여부에 달려 있다. 둘 중 어느 하나도 혼자서는 이룰 수 없다. (More than at any time since the advent of nuclear weapons, the future of arms control will depend to a large extent on whether the President and Congress can reach consensus on the requirements of national security. Neither can go it alone). (Fascell 1987)

약 30여 년이 지난 지금도 위의 발언은 유효하며, 오히려 국내정치와 외교정책 간의 연관성이 증가하고 군사적 경쟁이 확산되고 있는 현 시점에서 시사하는 바가 더 크다고 생각한다. New START 조약의 비준 과정에서 보여졌듯이 조약의 연장과 파기는 군축과 국가 안보에 대한 대통령, 의회, 정당의 관점과 정책적 입장이 어떻게 조율되는지에 따라 결정될 것이다. 따라서 군축을 비롯한 미국의 군사·안보 정책을 이해하고 전망하기 위해서는 미국 국내정치의 영향과 작동 원리에 대한 이해가 선행되어야 한다. 특히 현재 미국 정치의 양극화와 정당정치의 확대가 미국 국내정책뿐만 아니라 외교정책에까지 큰 영향을 미치고 있고, 앞으로 더욱 심화될 가능성이 높은 만큼 다양한 관점에서 이 현상을 분석하고 연구해보는 작업이 필요하다. 본 연구는 그러한 노력의 일환이다.

참고문헌

김용훈. 2018. "대통령의 조약체결권한에 대한 국회의 바람직한 권한 행사를 위한 법제 전략: 미국의 경험을 참고하여." 『법학연구』 26 (3): 23-48.

김주리·남궁곤. 2008. "미국 중동정책에서 의회의 역할: 중동평화촉진법(1993) 제정과정을 중심으로." 『한국정치외교사논총』 29 (2): 211-241.

서정건. 2019. 『미국 정치가 국제 이슈를 만날 때: 정쟁은 외교 앞에서 사라지는가, 시작하는가? 』. 서울: 서강대학교출판부.

양낙규. 2020. "요격 피해라··각국의 엄청난 극초음속 미사일." 『아시아경제』, 1월 25일. https://view.asiae.co.kr/article/2020012409291252789 (검색일: 2020년 2월 4일).

유성진. 2014. "미국 보수주의의 재편과 정당정치: 골드워터 보수주의와 공화당의 보수화." 『미국학논집』 46 (1): 97-117.

임성호. 2009. "변형적 입법과정의 확대와 미국 정당정치." 『미국학논집』 41(2): 231-268.

하상응. 2018. "미국 의회 내의 이념 양극화 재검토: 법안 발의를 중심으로." 『의정연구』 24 (3): 169-175.

Alexander, Dan, Christopher R. Berry and William G. Howell. 2015. "Distributive Politics and legislator Ideology," *The Journal of Politics* 78(1): 214-231.

Auerswald, David P. 2012. "Arms Control," In *Congress and the Politics of National Security,* edited by David P. Auerswald and Colton C. Campbell, 189-212. New York, NY: Cambridge University Press.

Baker, Peter. 2010. "On Arms Treaty, White House Seeks a Republican's Ear," *New York Times,* November 25. Accessed January 11, 2020. https://www.nytimes.com/2010/11/26/world/26kyl.html

Beckmann, Mattew N. 2008. "The President's Playbook: White House Strategies for Lobbying Congress," *The Journal of Politics* 70(2): 407-419.

_____. 2016. "Up the Hill and Across the Aisle: Discovering the Path to Bipartisanship in Washington," *Legislative Studies Quarterly* 41(2): 269-295.

Binder, Sarah A. and Frances E. Lee. 2013. "Making Deals in Congress," In *Negotiating Agreement in Politics: Report of the Task Force on Negotiating Agreement in Politics,* edited by Jane Mansbridge and Cathie Jo Martin, 54-72. Washington, D.C.: American Political Science Association.

Cohen, Jeffrey E. 2011. "Presidents, Polarization, and Divided Government," *Presidential Studies Quarterly* 41(3): 504-520.

Crabb, Cecil Van Meter and Pat M. Holt. 1989. *Invitation to Struggle: Congress, the President, and Foreign Policy*. 3rd ed. Washington D.C.: CQ Press.

Dawson, Raymond H. 1962. "Congressional Innovation and Intervention in Defense Policy: Legislative Authorization of Weapons Systems," *American Political Science Review* 56(1): 42-57.

DeLaet, C. James. 2006. "Treaty-Making and Partisan Politics: Arms Control and the US Senate, 1960-2001," *Foreign Policy Analysis* 2: 177-200.

Desilver, Drew. 2014. "The Polarized Congress of Today Has Its Roots in the 1970s," *Pew Research Center*, June 12. Accessed September 16, 2019. https://www.pewresearch.org/fact-tank/2014/06/12/polarized-politics-in-congress-began-in-the-1970s-and-has-been-getting-worse-ever-since/

Fascell, Dante B. 1987. "Congress and Arms control," *Foreign Affairs*, Spring. Accessed September 16, 2019. Accessed September 16, 2019. https://www.foreignaffairs.com/articles/united-states/1987-03-01/congress-and-arms-control

Grossman, Elaine M. 2010. "Offering Nuclear Plus-ups, White House Awaits Kyl's Word on "New START," *Nuclear Threat Initiative*, November 15. Accessed January 11, 2020. https://www.nti.org/gsn/article/offering-nuclear-plus-ups-white-house-awaits-kyls-word-on-new-start/

Henkin, Louis. 1996. *Foreign Affairs and the US Constitution*. 2nd ed. New York: Oxford Univ. Press Inc.

Hornick, Ed. 2010. "US-Russia Arms Treaty to Face GOP Scrutiny in Senate," *CNN Politics*, April 9. Accessed January 11, 2020. http://edition.cnn.com/2010/POLITICS/04/08/start.treaty.senate/index.html

Jentleson, Bruce W. 1990. "American Diplomacy: Around the World and along Pennsylvania Avenue," In *A Question of Balance: The President, the Congress, and Foreign Poilicy*, edited by Thomas E. Mann, 146-200. Washington D.C.: The Brookings Institution.

Kimball, Daryl G. 2010. "Sen. Kyl Attempts to Kill New START with More Quibbles About Obama's $85b Nuclear Weapons Complex Plan," *Arms Control Association*, November 25. Accessed August 2019. https://www.armscontrol.org/blog/2010-11-25/sen-kyl-attempts-kill-new-start-more-quibbles-about-obamas-85b-nuclear-weapons

______. 2019. "Trump's Aim to Go Big on Nuclear Arms Control Should Begin by Extending New START," *Just Security*, December 9. Accessed February 6, 2020. https://www.justsecurity.org/67666/trumps-aim-to-go-big-on-nuclear-arms-control-should-begin-by-extending-new-start/

Kreps, Sarah, Elizabeth N. Saunders, and Kenneth Schultz. 2018. "The Ratification Premium: Hawks, Doves, and Arms Control," *World Politics* 70(4), pp. 479-514.

Linden, Page Van Der. 2010. "What's Next with New START?" *Daily Kos,* April 5. Accessed January 4, 2020. https://www.dailykos.com/stories/2010/4/4/854079/

Lindsay, James M. 1994. *Congress and the Politics of US.Foreign Policy.* Maryland: The Johns Hopkins University Press.

President of Russia. 2010. "Statement by the Russian Federation on Missile Defense." April 8. Accessed January 5, 2020. http://en.kremlin.ru/supplement/4821

Senate Republican Policy Committee. 2012. "Policy Papers: Obama Fails America on Nuclear Arms." March 12. Accessed September 16, 2019. https://www.rpc.senate.gov/policy-papers/obama-fails-america-on-nuclear-arms (accessed 16 September 2019).

Sheridan, Mary Beth and Walter Pincus. 2010. "Sen. Kyl Dampens Administration Hopes for Ratification of Arms Treaty," *The Washington Post,* November 16. Accessed Januray 11, 2020. https://www.washingtonpost.com/wp-dyn/content/article/2010/11/15/AR2010111506994_2.html

Shogan, Colleen J. 2012. "Defense Authorization: The Senate's Last Best Hope," In *Party and Procedure in the United States Congress,* edited by Jacob R. Straus, 195-216. Lanham, MD: Rowman & Littlefield Publications, Inc.

Sinclair, Barbara. 2012. *Unorthodox Lawmaking:New Legislative Processes in the US.Congress.* 4th ed. Washington, DC: CQ Press.

Snyder, James M., Jr. 1991. "On Buying Legislatures," *Economics & Politics* 3(2): 93-109.

Souva, Mark and David Rohde. 2007. "Elite Opinion Differences and Partisanship in Congressional Foreign Policy, 19775-1996," *Political Research Quarterly* 60(1): 113-123.

The White House. President Barak Obama. 2009. "Remarks by President Barack Obama in Prague as Delivered." April 5, 2009. Accessed January 4, 2020. https://obamawhitehouse.archives.gov/the-press-office/remarks-president-barack-obama-prague-delivered

______. 2010. "Statement by the President on the New START Treaty." September 16. Accessed September 16, 2019. https://obamawhitehouse.archives.gov/the-press-office/2010/09/16/statement-president-new-start-treaty

Theriault, Sean M. 2008. *Party Polarization in Congress.* New York, NY: Cambridge University Press.

Theriault, Sean M, David W. Rohde. 2011. "The Gingrich Senators and Party Polarization in the U.S. Senate," *The Journal of Politics* 73(4): 1011-1024.

Towell, Pat. 2012. "Congress and Defense," In *Congress and the Politics of National Security,* edited by David P. Auerswald and Colton C. Campbell,

71-99. New York: Cambridge University Press.

U.S. Congress. Executive Report 111-6. Accesed August 13, 2019. https://www.congress.gov/treaty-document/111th-congress/5

U.S. Congress. Public Law 111-84. Accesed August 13, 2019. https://www.congress.gov/bill/111th-congress/house-bill/2647?q=%7B%22search%22%3A%5B%22Public+Law+111-84%22%5D%7D&s=7&r=1

U.S. Congress. Senate Amendment 4864. Accesed August 13, 2019. https://www.congress.gov/amendment/111th-congress/senate-amendment/4864?q=%7B%22status%22%3A%22Senate+amendment+agreed+to%22%7D

U.S. Congress. Senate Amendment 4892. Accesed August 13, 2019. https://www.congress.gov/amendment/111th-congress/senate-amendment/4892?q=%7B%22status%22%3A%22Senate+amendment+agreed+to%22%7D

U.S. Congress. Senate Amendment 4904. Accesed August 13, 2019. https://www.congress.gov/amendment/111th-congress/senate-amendment/4904?q=%7B%22status%22%3A%22Senate+amendment+agreed+to%22%7D

U.S. Congress. Senate Amendment 4908. Accesed August 13, 2019. https://www.congress.gov/amendment/111th-congress/senate-amendment/4908?q=%7B%22status%22%3A%22Senate+amendment+agreed+to%22%7D

U.S. Congress. Senate Armed Services Hearings on the New START and the Implications for National Security. Accesed August 13, 2019. https://www.govinfo.gov/app/details/CHRG-111shrg65071/CHRG-111shrg65071

U.S. Congress. Senate Foreign Relations Committee Hearings on the New START Treaty (Treaty DOC. 111-5). Accesed August 13, 2019. https://www.govinfo.gov/app/details/CHRG-111shrg62467/CHRG-111shrg62467/summary

U.S. Congress. Treaty Doc. 111-5. Accesed August 13, 2019. https://www.congress.gov/treaty-document/111th-congress/5

U.S. Government Accountability Office. Testimony before the Subcommittee on Strategic Forces, Committee on Armed Services, House of Reprentatives. Nuclear Weapons: NNSA's Modernization Efforts Would Benefit from a Portpolio Management Approach. Accessed March 12, 2020. https://www.gao.gov/assets/710/705058.pdf

부록 1. 상원 외교위원회 New START 관련 청문회

날짜	주제 및 주요 내용	증인
2010. 4. 29.	미-러 간 군축의 역사·근대적 맥락(The Historical and Modern Context for U.S.-Russian Arms Control)	James R. Schlesinger(전 국방장관, 전 에너지 장관, 전 중앙정보부 원장), William J. Perry(전 국방장관, 스탠포드 대학 국제안보와 협력 센터 교수)
2010. 5. 18.	신전략무기감축조약(The New START Treaty)	Hilary R. Clinton(국무장관), Robert M. Gates(국방장관), Admiral Michael G. Mullen(합참의장)
2010. 5. 19.	전략무기감축조약의 역사와 교훈(The History and Lessons of START)	James A. Baker III(전 국무장관, 전 재무장관)
2010. 5. 25.	탈냉전 세계에서 전략 무기 감축의 역할(The Role of Strategic Arms Control in a Post-Cold War World)	Henry Kissinger(전 국무장관, 전 국가안보보좌관)
2010. 6. 8. (비공개)	New START 조약 협상(the negotiation of the New START Treaty)	Rose Gottemoeller(국무부 차관보, Post-START 협상위원장), Edward L. Warner III(국방부 대표 Post-START 협상위원)
2010. 6. 10.	전략 무기 감축과 국가 안보(Strategic Arms Control and National Security)	Brent Scowcroft 공군 준장, Stephen J. Hadley(전 국가안보보좌관)
2010. 6. 15.	New START 조약 협상(the Nnegotiation of the New START Treaty)	Rose Gottemoeller(국무부 차관보, Post-START 협상위원장), Edward L. Warner III(국방부 대표 Post-START 협상위원)
2010. 6. 16.	New START 조약: 펜타곤의 관점(The New START Treaty: Views from the Pentagon)	James N. Miller, Jr.(국방부 부차관), Kevin P. Chilton(전략사령관), Patrick J. O'Reilly(미사일방어국장)
2010. 6. 24.	New START 조약: 이행 - 사찰과 지원(The New START Treaty: Implementation - Inspections and Assistance)	James N. Miller, Jr.(국방부 부차관), Kenneth A. Myers III(Director of the Defense Threat Reduction Agency, the US Strategic Command Center for Combating Weapons of Mass Destruction)

2010. 6. 24.	조약과 연관된 이득과 위협요인(benefits and risks related to the treaty)	Robert G. Joseph(전 국무부 군축과 국제안보 차관), Eric S. Edelman(전 국방부 정책 차관), Morton H. Halperin(전 국무부 정책기획국장)
2010. 7. 14. (비공개)	조약 준수에 대한 감독과 검증(monitoring and verification of treaty compliance)	정보기관 관료들 및 Rose Gottemoeller(국무부 차관보, Post-START 협상위원장)
2010. 7. 15.	안전하고 견고하며 효과적인 핵무기의 유지(Maintaining a Safe, Secure and Effective Nuclear Arsenal)	Michael R. Anastasio(Los Alamos National Laboratory 원장), George H. Miller(Lawrence Livermore National Laboratory 원장), Paul J. Hommert(Sandia National Laboratories 원장)

자료: 상원 외교위원회 리포트(Ex. Rept. 111-6)를 참고하여 저자가 작성.

부록 2. New START 조약 비준 결의안 표결 결과

표결 요약		
조약 번호: Treaty Doc. 111-5 총 투표 수: 298 표결 결과: Resolution of Ratification Agreed to 표결 날짜: 2010년 12월 22일 조약명: Treaty between the United States of America and the Russian Federation on Measures for the Further Reduction and Limitation of Strategic Offensive Arms, signed in Prague on April 8, 2010, with Protocol 표결 수: 찬성 71 / 반대 26 / 기권 3		
찬성		
Akaka (D-HI)	Feinstein (D-CA)	Mikulski (D-MD)
Alexander (R-TN)	Franken (D-MN)	Murkowski (R-AK)
Baucus (D-MT)	Gillibrand (D-NY)	Murray (D-WA)
Bayh (D-IN)	Gregg (R-NH)	Nelson (D-FL)
Begich (D-AK)	Hagan (D-NC)	Nelson (D-NE)
Bennet (D-CO)	Harkin (D-IA)	Pryor (D-AR)
Bennett (R-UT)	Inouye (D-HI)	Reed (D-RI)
Bingaman (D-NM)	Isakson (R-GA)	Reid (D-NV)
Boxer (D-CA)	Johanns (R-NE)	Rockefeller (D-WV)
Brown (D-OH)	Johnson (D-SD)	Sanders (I-VT)
Brown (R-MA)	Kerry (D-MA)	Schumer (D-NY)
Cantwell (D-WA)	Klobuchar (D-MN)	Shaheen (D-NH)
Cardin (D-MD)	Kohl (D-WI)	Snowe (R-ME)
Carper (D-DE)	Landrieu (D-LA)	Specter (D-PA)
Casey (D-PA)	Lautenberg (D-NJ)	Stabenow (D-MI)
Cochran (R-MS)	Leahy (D-VT)	Tester (D-MT)
Collins (R-ME)	Levin (D-MI)	Udall (D-CO)
Conrad (D-ND)	Lieberman (ID-CT)	Udall (D-NM)
Coons (D-DE)	Lincoln (D-AR)	Voinovich (R-OH)
Corker (R-TN)	Lugar (R-IN)	Warner (D-VA)
Dodd (D-CT)	Manchin (D-WV)	Webb (D-VA)
Dorgan (D-ND)	McCaskill (D-MO)	Whitehouse (D-RI)
Durbin (D-IL)	Menendez (D-NJ)	Wyden (D-OR)
Feingold (D-WI)	Merkley (D-OR)	
반대		
Barrasso (R-WY)	Graham (R-SC)	McConnell (R-KY)
Burr (R-NC)	Grassley (R-IA)	Risch (R-ID)
Chambliss (R-GA)	Hatch (R-UT)	Roberts (R-KS)
Coburn (R-OK)	Hutchison (R-TX)	Sessions (R-AL)

Cornyn (R-TX) Crapo (R-ID) DeMint (R-SC) Ensign (R-NV) Enzi (R-WY)	Inhofe (R-OK) Kirk (R-IL) Kyl (R-AZ) LeMieux (R-FL) McCain (R-AZ)	Shelby (R-AL) Thune (R-SD) Vitter (R-LA) Wicker (R-MS)
기권		
Bond (R-MO)	Brownback (R-KS)	Bunning (R-KY)

출처: U.S. Congress. Treaty Doc. 111-5; voteview.com

필자 소개

김주리 Kim, Juri

통일연구원 (Korea Institute for National Unification) 부연구위원
이화여자대학교 정치외교학과 정치외교학전공 졸업, 사우스캐롤라이나 대학교 정치학 박사

논저 “트럼프 행정부의 인도-태평양 전략과 한국에 대한 함의”, “미국의 INF 조약 탈퇴의 의미와 트럼프 행정부의 군사·안보 전략에 대한 함의”, 『한반도 평화체제 구축을 위한 국제협력』

이메일 jkim@kinu.or.kr

제5장

공화당 분파 간 세력 균형 변화가 트럼프 행정부의 대북 정책에 미치는 영향

How Change in the Balance of Power within the Republican Party Can Influence the Trump Administration's North Korea Policy

권보람 | 한국국방연구원 선임연구원

공화당이 트럼프 대통령의 정당으로 전락했다는 비판이 제기되고 있다. 만약 공화당 내 분파 간 세력변화가 발생한다면, 트럼프 행정부의 대북 정책에 어떤 영향을 줄 수 있을까? 이 글은 미국의 외교정책 결정 과정과 의회와 대통령의 관계를 조명해 "트럼프" 공화당원보다 "정당" 공화당원이 우세해지는 조건을 탐색한다. 전반부에서는 트럼프 대통령 탄핵 심판을 앞두고 공화당 내 세력 균형 변화를 기대하게 된 배경과 실제를 분석한다. 그 다음 트럼프 대통령이 주도한 외교정책에 대해 제116대 의회 공화당 의원들이 민주당과 함께 반대 의사를 표명한 사례를 살펴보고 그 의미를 고찰한다. 후반부에서는 트럼프 행정부의 대북 정책 분기점을 식별하고 의회와 주요 공화당 의원들이 어떤 입장을 취했는지 평가한다. 요약하자면, 대통령의 북핵협상을 지지하는 "트럼프" 공화당원이 우세하지만 북한 이슈에 대해서는 "정당" 공화당원이 정책을 주도하기 때문에, 의회는 대북 정책에 대해서 초당적으로 행정부를 지속 견제할 전망이다.

The Republican Party has been criticized for becoming the Party of Trump. To what extent is this true and how should this influence the Trump administration's North Korea policy? With a focus on foreign policy decision making in the Trump era and the relationship between the president and the congress, this paper seeks to identify the conditions under which the power balance shifts from "Trump" Republicans to "Party" Republicans. Tracking congressional documents and voting behavior in the 116th congress, the paper finds preliminary evidence that Republicans determine their position according to upcoming elections and foreign policy commitment. Thus, when a congressman is up for election, he/she is less likely to exhibit behavior that signals a rebuke to the president, thus acting as a Trump Republican. In dealing with a bipartisan foreign policy issue such as North Korea, however, congressmen continue to take policy positions that disagree with or redirect the administration's. That is, behaving as a Party Republican. This suggests that should the Trump administration offer concessions to North Korea before it fulfills bipartisan demands for concrete moves towards denuclearization, Party Republicans may well vote with Democrats to check the executive branch.

KEY WORDS 공화당 Republican party, 분파 factions, 의회 the Congress, 외교정책 foreign policy, 탄핵 impeachment, 선거 elections, 여론 public opinion, 대북 정책 North Korea policy

I 들어가며

2020년 2월 현재, 미 연방의회에서 대통령 탄핵이 부결된 후 트럼프 대통령의 지지율은 안정적으로 유지되고 있고, 그의 대선 공약대로 미국은 탈레반과 조건부 평화협정에 서명해 19년 차에 접어든 아프가니스탄 전쟁의 종식과 단계적 미군 철수를 준비하고 있다. 2018년 중간선거에서 민주당이 하원의 다수 의석을 확보한 이후 이 글을 계획하기 시작할 때 예상했던 상황과 달리, 트럼프 대통령은 안정적으로 국정을 운영하고 있는 모습이다.

트럼프 시대 정치 양극화가 정당, 언론과 여론에 확산되면서 공화당 의원들은 대통령 중심으로 결집한다는 이유로 대부분 "트럼프 공화당원"(Trump Republican)으로 분류된다.[1] 그러나 대통령의 비관행적인 리더십과 정책 결정 방식에 대해 당 내부에서 불만이 많기 때문에 트럼프 대통령의 탄핵 재판이 본격화되는 2019년에는 공화당 내 균열이 확대, 노출될 가능성이 있었다. 대통령에게 불리한 진술과 증거가 국민들에게 제시되어 그의 지지율이 요동치면, 대통령을 정치적 이유로 지지하는 Trump Republican 외에도 공화당의 보수주의적 전통과 정책 기조를 지키고자 하는 "정당 공화당원"(Party Republican)이 모습을 드러내는 시나리오였다. Trump Republican이 비록 언론의 편 가르기 논리에서 비롯된 개념이지만, 공화당 내 정치적 균열과 분파 간 세력 균형 변화가 대통령이 막강한 권한을 행사하는 외교정책 부문에서 유의미한 영향

1 Jonathan Martin and Maggie Haberman, "Fear and Loyalty: How Donald Trump Took Over the Republican Party," *New York Times*, 2019.12.21.

을 주는지, 특히 의회가 행정부를 견제하는 데에 어떻게 기여하는지는 중요한 문제이다.

이 글은 공화당 내 정치적 분파 간 세력 균형 변화가 트럼프 대통령이 주도하고 있는 대북 정책에 어떤 영향을 주는지 분석한다. 그동안 대북 정책에 대한 상하원 의원들의 투표 행태를 보면, 초당적 합의에 의해 법안이나 결의안이 채택되는 경우가 대부분이며, 북한 이슈를 두고 좀처럼 정쟁을 벌이지 않는다.[2] 그러나 집권 초기부터 트럼프 대통령이 직접 대북 정책에 관여하고, 특히 2018년 정상외교를 통해 정책을 주도하는 것에 대해 공화당, 민주당 모두 다소 불편한 지지를 보냈다. 민주당은 북한과의 대화와 관여를 강조해 온 이력이 있기 때문에 대통령의 정책을 비판하기 어려웠고, 공화당은 집권 여당으로서 대통령의 유화 정책을 비판하기 어려웠다. 공통적으로 대통령의 협의 없는 하향식 정책 결정 방식에 불만이 있었지만 민주당 측에서 그것을 강하게 비판하는 반면, 공화당 측에서는 수위 조절을 했다. 이런 상황에서 "정치적 이유에서의 지지"(political alignment)와 "정책에 대한 지지"(policy alignment) 중 어느 쪽을 택할지 고민하는 공화당원들이 있기 마련이고, 그 결정에 따라 Trump Republican과 Party Republican의 세력 균형이 변할 것이다. 결국, 어떤 조건에서 Party Republican이 세력화되

2 2018년 9월 27일, 상원에서 대북 정책에 대한 의회의 감독을 강화한다는 내용의 아시아 안심법안(Asia Reassurance Initiative Act, S.2736, Public Law 115-409)은 만장일치로 가결되었다. 북한인권법 재승인법(H.R.2061, Public Law 115-198)도 2018년에 상원에서 만장일치로 채택되었다. 2016년 대북제재강화법(NKSPEA, H.R.757, Public Law 114-122)과 2017년 통합제재법(CAATSA, H.R.3364, Public Law 115-44) 또한 상원에서 압도적인 지지를 받고 채택되었다.

는지를 밝히는 것이 이 글의 목적이다.

북한 이슈에 대해 제한적으로나마 있었던 의회 내 당파적 논쟁은 이에 대한 단서를 제공한다. Hathaway and Tama(2004)는 1994년 제네바 합의를 체결하고 이행하는 과정에서 공화, 민주당 간 당파적 경쟁이 벌어졌는데 단순히 반대를 위한 반대가 아닌 북한을 다루는 실질적인 방법에 대한 이견에서 비롯되었다고 평가했다. 세부적으로 의회의 KEDO 지원 사례를 연구한 서정건(2015)에 따르면 대통령과 같은 민주당 소속, 외교위원회나 군사위원회 소속 의원들이 KEDO 지원 법안에 유의미하게 찬성한 반면 극단적 이념을 가진 의원일수록 반대할 가능성이 높았다. 동일한 사례를 연구한 Deibel(2005)은 공화당 내 분파를 국제주의 분파와 일방주의 분파(예산감축과 작은 정부를 실현하고자 했던 분파)로 구분하고, 1996년 상원에서 국제주의 분파 의원들이 민주당과 함께 KEDO 지원 수정법안에 찬성표를 던졌다고 분석했다. 그는 안보 이외 무역 이슈에서도 이념 성향에 따라 공화당 분파가 민주당과 협조하는 입법 사례를 식별했다. 종합해보면, 당파성보다는 북한 이슈에 대한 의원들의 정책적 소신과 주요 위원회 역할, 이념 성향이 그들의 투표 행태에 유의미한 영향을 준다.

이 글은 다음과 같이 구성되었다. 전반부에서는 2019년 트럼프 대통령 탄핵 재판을 앞두고 공화당 내 정치적 분파 간 세력 균형 변화를 기대하게 된 배경과 실제 모습을 분석한다. 그 다음 트럼프 대통령이 주도한 외교정책에 대해 공화당 의원들이 민주당과 함께 반대 의사를 표명한 사례를 분석하고 그 의미를 고찰한다. 후반부에서는 트럼프 행정부 시기 대북 정책 분기점을 식별하고 의회와 주요 공화당 의원들이 어떤 입장을 취했는지 분석한다. 결론에서는 향후 트럼프 행정부의 대북 정책에 대한 공화당과 의회의 견제 가능성을 전망한다.

II 트럼프 대통령 탄핵 심판과 공화당 정치적 분파

1. 배경

대외적으로 트럼프 대통령이 명망 있어 보여도, 그의 능력을 "설득하는 힘"(the power to persuade)으로 정의한 Neustadt(1980)에 따르면 트럼프는 트위터(twitter)를 통해 일방적으로 정책을 통보하는 약한 대통령이다. 강한 대통령은 비공식적으로 주어진 권한 때문에 정책 결정에 대해 견고한 레버리지를 갖지만, 약한 대통령은 상대방을 설득하는 힘이 부족하기 때문에 경쟁자들로 하여금 자신의 목표를 거부하고 도전하게 만드는 특징이 있다. 따라서 대통령 탄핵 심판을 앞둔 2019년에는 트럼프 대통령을 정치적 이유로 지지하는 Trump Republican 분파가 유지되는 한편, 공화당의 보수주의적 전통과 정책 기조를 중시하는, 나아가 미국 민주주의의 품격과 미국의 국제적 위신을 회복시키고자 하는 Party Republican 분파가 우세해져 당내 세력 균형 변화가 나타날 것을 기대했다.

이처럼 분파 간 세력 균형 변화에 주목하는 이유는 트럼프 대통령의 남은 임기 동안 그의 외교정책 결정 과정, 그리고 그의 재선에 유의미한 영향을 줄 수 있기 때문이다. 전자의 경우, Trump Republican이 우세한 지위를 유지한다면, 외교정책 분야 대통령의 고유 권한이 더욱 강화되어 그의 독단적 성향에 따라 협의 없는 정책 결정이 계속될 것이다. 그러나 Party Republican 세력이 강화된다면, 외교정책 분야 대통령에 대한 의회, 특히 상원의 견제가 강화되어 중요 의제가 공론화되고 충분한 논의를 거쳐 정책 결정이 이루어질 수 있다. 따라서 중간선거를 앞두고 Trump Republican이 우세할 수밖에 없었던 2018년과 달리 2019년에 Party Republican이 우세한 상황이 도래한다면, 트럼프 시대 외교정책 결정의 중대한 변곡점이 될 수 있다. 후자의 경우, Party Republican이 우세해지면 공화당 내에서 영향력 있는 후보가 대통령직에 도전해 당선되는 사례가 생길 수도 있는 일이었다.

2. 2019년 Trump Republican의 압도적 우세

결과부터 이야기하자면, 2019년에 Party Republican의 소극적 저항 혹 부진으로 인해 공화당 내 정치적 분파 간 세력 균형 변화가 일어나지 않았다. 원인 중 하나는 잠재적 세력화 대상자들이 퇴직을 선언했기 때문이다. 〈표 5-1〉에 나타나듯이, 2018년을 끝으로 정년퇴직을 결심하고 불출마를 선언한 공화당 의원이 이례적으로 많았다. 트럼프 행정부 초기에 소신 발언을 통해 두각을 나타냈던 밥 코커(Bob Corker, R-TN), 제프 플레이크(Jeff Flake, R-AZ) 의원은 2018년 중간선거 전후 재선 출마를 포기한다고 선언했다. 제114대, 제115대 의회에서 하원의장을 역임한 폴 라이언(Paul

표 5-1. 2018년 이후 "순수" 공화당 은퇴자 명단

의원	지역구	트럼프 지수	DW-Nominate	의석의 당파성
Jeff Flake	Arizona	83.1%	0.855	R+7
Bob Corker	Tennessee	83.6%	0.395	R+27
Orrin Hatch	Utah	96.0	0.382	R+28
Ed Royce	CA-39	97.6	0.649	D+3
Darrell Issa	CA-49	92.7	0.506	D+1
Dennis Ross	FL-15	97.6	0.529	R+11
Tom Rooney	FL-17	97.5	0.458	R+27
Ileana Ros-Lehtinen	FL-27	69.2	0.245	D+14
Lynn Jenkins	KS-02	96.4	0.523	R+20
Dave Trott	MI-11	98.8	0.372	R+7
Gregg Harper	MS-03	98.8	0.384	R+26
Frank LoBiondo	NJ-02	81.2	0.211	R+4
Rodney Frelinghuysen	NJ-11	90.4	0.291	R+5
Ryan Costello	PA-06*	95.1	0.216	D+5
Bill Shuster	PA-13*	98.5	0.374	R+45
Trey Gowdy	SC-04	97.6	0.659	R+28
John J. Duncan Jr.	TN-02	78.6	0.601	R+38
Ted Poe	TX-02	91.3	0.595	R+16
Sam Johnson	TX-03	93.5	0.610	R+21
Jeb Hensarling	TX-05	95.3	0.703	R+31
Joe Barton	TX-06	91.6	0.528	R+16
Lamar Smith	TX-21	96.4	0.425	R+16
Tom Garrett	VA-05	78.8	0.974	R+13
Bob Goodlatte	VA-06	95.3	0.495	R+26

Dave Reichert	WA-08	91.5	0.223	D+0.1
Paul Ryan	WI-01	95.0	0.556	R+11
평균(순수 하원 은퇴자)		92.1	0.484	R+15
기타 하원 공화당 평균		93.1	0.490	R+24

* 의석의 당파성은 개별 의원의 투표 결과와 지난 두 대선에서의 투표 결과의 차이를 평균 낸 값임. 2016년 대선은 75%, 2012년 대선은 25% 비중으로 계산함.
* 출처: Nathaniel Rakich, "Here Are All The Republicans Retiring From Congress In 2018," FiveThirtyEight. 2018.7.26.

Ryan) 의원도 2018년 12월 은퇴 의사를 밝혀 "악마와의 계약"(pact with the devil)을 했다고 비판받았다.

일찍부터 공화당 지도부가 대통령을 중심으로 결집한 것도 Party Republican 양산에 부정적 영향을 주었다. 2019년 1월, 공화당 전국위원회(Republican National Committee)는 트럼프 대통령이 공화당의 공식 대선 후보가 될 때까지 한결같이 지지하겠다고 발표했다.[3] 다만 이를 명문화하는 결의안은 별도로 채택하지 않았고, 다른 후보들의 도전 가능성은 열어두었다. 트럼프 대통령은 2019년 6월 18일 플로리다주 올랜도 암웨이 센터에서 재선 도전 출정식을 가졌다. 4년 전 "미국을 다시 위대하게"(Make America Great Again)라는 구호로 대선에 도전했던 그는 "미국을 계속 위대하게"(Keep America Great) 구호 실현을 위해 4년이 더 필요하다며 대중의 지지를 호소했다.

밋 롬니(Mitt Romney, R-Utah) 상원의원, 존 케이식(John Kasich) 오하이오주 주지사, 래리 호건(Larry Hogan) 메릴랜드주

3 Rachel Scott, "RNC pledges undivided support for Trump re-election; state leaders consider canceling caucuses." *ABC News*. 2019.1.29.

표 5-2. 탄핵 정국 주요 정치 일정

날짜	일정
2019년 2월	마이클 코헨 증언
2019년 3월	뮬러 특검 보고서 일부 공개
2019년 8월	우크라이나 스캔들 공론화
2019년 9-12월	9월 24일, 하원 탄핵 재판 착수 12월 18일, 하원에서 대통령 탄핵 소추 확정 ■ 권력 남용에 대한 탄핵소추안 찬성:반대 = 230:197 ■ 의회 방해에 대한 탄핵소추안 찬성:반대 = 229:198
2020년 1월	1월 15일, 상원 심리 이관 1월 31일, 상원에서 새로운 증인 소환 동의안 찬성:반대 = 49:51
2020년 2월	2020년 2월 5일, 상원에서 두 탄핵안 모두 부결 ■ 권력 남용에 대한 탄핵소추안 무죄:유죄 = 52:48 ■ 의회 방해에 대한 탄핵소추안 무죄:유죄 = 53:47

주지사처럼 언론에서 공화당 대선 주자로 지목했던 사람들은 있었으나, 이들은 끝내 출마하지 않았다. 결국 세 명의 공화당 경선 후보가 공식 등장했는데, 윌리엄 웰드(William Weld)는 이상주의자이고 조 월슈(Joe Walsh)는 티파티(tea party) 출신이며, 마크 샌포드(Mark Sanford)는 재정 건전성을 중시하는 보수주의자였다. 각기 다른 성격의 후보였으나 지지기반이 약했고 공화당 예비경선을 치르지 않아 전국적으로 주목받지 못했다는 공통점이 있다.

2019년 대통령 탄핵 과정에서 트럼프 대통령을 옹호하는 당내 지형을 바꿀 수 있는 기회는 있었다. 2019년 2월 마이클 코언의 청문회 증언이 생방송으로 전파되었고 3월에 러시아 대선 개입 의혹을 조사한 뮬러 특검 결과가 발표되었다. 그리고 8월에 트럼프 대통령이 우크라이나 정부의 협력을 얻어 재선을 시도했다는 스캔들이 공론화되면서 트럼프 대통령의 도덕성 부족과 사익 추구를 위한 권한 남용 우려가 확산되었다. 그러나 대통령의 행동을 부정적으로 의식하는 사람들이 상당수 있었음에도 트럼프 대통령의 지지율은 40% 대로 안정적으로 유지되었다(그림 5-1). 갤럽 여론조사에 따르면, 오히려 2019년 7월에는 지지율이 상승해 역대 최고점(44%)을 기록했고, 12월 하원 탄핵 재판 중에도 지지율이 재차 최고점(45%)을 기록했다. 2019년 7월 4일, 공화당 의원 중 공개적으로 유일하게 트럼프 대통령 탄핵을 지지했던 강경 보수 성향의 저스틴 아마시(Justin Amash) 하원의원은 탈당을 선언하고 무소속으로 전환했다. 공화당에서 민주당으로 전환하겠다는 주 의원들도 여럿 등장했다.[4] 그리고 민주당 의원 중 대통령 탄핵에 반대한 제프 밴 드류(Jeff Van Drew, R-NJ) 하원의원이 12월에 공화당으로

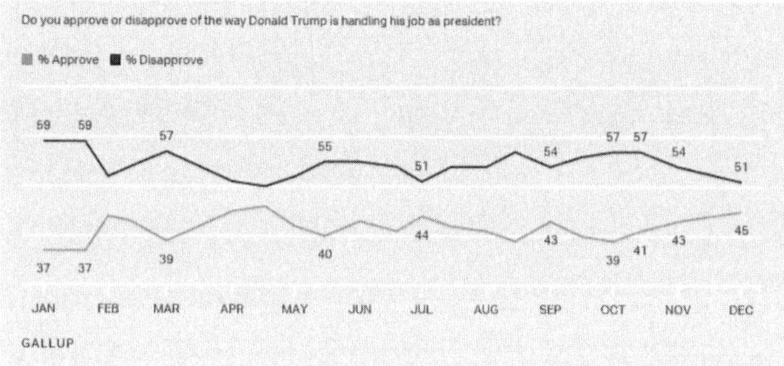

그림 5-1. 2019년 트럼프 대통령 지지율 변화

4 Andy McKean, Steve Schmidt, Brian Maienschein, Barbara Bollier 등이다. Meagan Flynn. "'If this is the new normal, I want no part of it': Citing Trump, Iowa's longest-serving Republican leaves party." *The Washington Post* 2019.4.24.

이적하는 이변도 있었다.

2019년 12월 18일, 하원에서 대통령의 권력남용 및 의회 방해 혐의에 대한 탄핵 소추안 2개를 통과시켰다. 고든 손들런드(Gordon Sondland) 유럽연합(EU) 주재 미 대사, 알렉산더 빈드먼(Alexander Vindman) 중령, 마리 요바노비치(Marie Yovanovitch) 전 우크라이나 주재 미 대사, 윌리엄 테일러(William Taylor) 전 우크라이나 주재 미 대사 직무대행은 하원 탄핵 조사·청문회 증인으로 나서 대통령에게 불리하게 진술했다. 그러나 투표에 참석한 195명의 공화당 의원 가운데 단 한 명도 탄핵을 지지하지 않았다. 오히려 권력남용 혐의 탄핵안에 대해 2명, 의회방해 혐의에 대해 3명, 총 5명의 민주당 이탈표가 발생했다. 이후 민주당은 상원 탄핵심판 증인으로 존 볼턴(John Bolton) 전 백악관 국가안보보좌관과 믹 멀베이니(Mick Mulvaney) 백악관 비서실장 대행을 세우려고 했다. 볼턴 전 보좌관은 2020년 1월 6일, 상원에서 소환할 경우 증언하겠다고 선언했고 3월 출간할 회고록을 통해 트럼프 대통령이 우크라이나 군사원조와 민주당 유력 대선주자인 조 바이든 전 부통령 부자에 대한 수사를 연계하기를 원한다고 뉴욕타임즈는 전했다.[5] 공화당 내에서 볼턴 보좌관과 오래도록 친분이 있었던 의원들은 불편을 감추지 못했다.[6] 이에 미치 맥코넬(Mitch McConnell) 공화당 상원 원내대표와 백악관은 "증인 없는 탄핵 심판"의 당위성

5 Maggie Haberman and Michael S. Schmidt, "Trump Tied Ukraine Aid to Inquiries He Sought, Bolton Book Says." *New York Times*. 2020.1.26.

6 Rebecca Kheel, "Bolton, GOP senators see the ties challenged." *The Hill*. 2020.1.29.

을 주장하며 설득 작업에 나섰다.[7] 그 결과 상원에서 1월 31일 새로운 증인 소환 동의안을 놓고 표결을 실시했지만 공화당의 반대 다수로 부결되었다. 공화당 상원의원 53명 가운데 51명이 반대표를 던졌고 밋 롬니(Mitt Romney)와 수전 콜린스(Susan Collins) 두 의원만 찬성표를 던졌다. 증인소환 부동표(swing vote)로 주목받았던 리사 머카우스키(Lisa Murkowski) 의원은 결국 반대표를 행사했다.

상원에서 최소 20명의 공화당 의원이 민주당 의원 전원과 함께 탄핵에 찬성한다고 투표할 가능성은 명백히 낮았다. 그래도 전문가들은 최소한 4명의 공화당 의원이 이탈해 민주당과 함께 탄핵을 지지한다면, 초당적으로 대통령을 비난하는 모습을 보여 재선에 향하는 그의 발걸음을 무겁게 만들 수 있다고 전망했다. 〈표 5-3〉은 표결 직전 폴리티코 기사에서 상원 공화당 의원들의 유형을 이탈 가능성에 따라 분류해놓은 것이다. 가끔 이견을 표출하지만 본질적으로 충성도가 높은 의원과 초선 의원들, 그리고 조용히 지내는 의원들은 탄핵에 반대할 가능성이 높다. 반면, 대통령을 가시적으로 비판해온 의원들은 찬성할 가능성이 가장 높게 점쳐졌고, 2020년을 끝으로 은퇴를 선언한 의원들은 예측하기 어려운 와일드 카드로 분류되었다.

마침내 2020년 2월 5일, 상원에서 두 탄핵안 모두 부결됨으로써 4개월에 걸친 탄핵 절차는 막을 내렸다. 권력남용 혐의 탄핵안은 무죄 52표, 유죄 48표로 부결되었고, 의회방해 혐의 탄핵안도

7 Joe Scarborough, "Mitch McConnell has failed the Republican Party." *Washington Post*. 2020.1.23.

표 5-3. 상원 탄핵 표결 시 Trump Republican에서 이탈 가능한 공화당 의원

The Senate: Trump Republicans				
The Loyalists	The Vulnerables (초선 공화당 의원)	The Retirees (와일드 카드)	The Quiet Ones	The Critics
① Lindsey Graham (SC) ② Rand Paul (KY) ③ Ted Cruz (TX) ④ Mike Lee (UT*) ⑤ Josh Hawley (MO)	① Joni Ernst (LA) ② Martha McSally (AZ) ③ Thom Tillis (NC) ④ Cory Gardner (CO) ⑤ Dan Sullivan (AK)	① Lamar Alexander (TN) ② Pat Roberts (KS) ③ Mike Enzi (WY)	① Jim Risch (ID) ② Richard Burr (NC)	① Mitt Romney (UT) ② Ben Sasse (NE) ③ Lisa Murkowski (AK) ④ Susan Collins (ME)

* 출처: Russell Berman, "The Senate Republicans Who Could Still Turn Against Trump." *Politico*. 2020.1.7.

무죄 53표, 유죄 47표로 부결되었다. 민주당과 무소속 의원들이 전원 유죄에 투표했지만 공화당에서는 의회방해 혐의에 대해 밋 롬니 상원의원만 유일하게 유죄표를 던졌다. 롬니는 유타주 초선 상원의원으로 2019년 1월, 워싱턴 포스트 사설을 통해 트럼프 대통령이 국가 지도자로서 품격에 문제가 있다고 지적한 사람이다.[8] 2016년 대선을 앞두고 트럼프 후보 선정에 반대한 공화당 의원 중 하나지만, 트럼프 당선 후에는 국무장관 제의를 검토했다는 점이 논란이 되었다. 게다가 제116대 의회에서 롬니 의원의 투표 기록을 보면 트럼프 대통령과 79.4% 일치해 높은 편이다.[9] 그럼에도

8 Mitt Romney, "Mitt Romney: The president shapes the public character of the nation. Trump's character falls short." *The Washington Post*. 2019.1.2.

9 https://projects.fivethirtyeight.com/congress-trump-score/

오직 롬니 의원만이 탄핵이 찬성했다는 점, 그리고 2020년 2월 현재 및 롬니 의원이 자신의 지역구에서 지지율을 유지하고 있는 모습은 참고할 만하다.[10] 증인소환에는 찬성했던 수전 콜린스 의원은 결국 탄핵에는 반대표를 던졌다. 그는 2018년 캐버너 청문회 때 대법관의 무죄를 지지하는 발언을 함으로써 중도 공화당원이라는 평판에 타격을 입었다.[11] 결국 대통령 탄핵 앞에서 Party Republican은 한 명뿐이었다.

3. 공화당 분파 간 세력 균형 변화가 일어나지 않은 이유

그렇다면 왜 공화당 정치적 분파 간 세력 균형 변화가 일어나지 않았을까? 트럼피즘(Trumpism)의 영향력이 지속되는 가운데 2020년 대통령 선거와 중간선거를 앞두고 정당 내 균열보다 결집을 촉진하는 미국 국내정치적 환경이 주된 요인일 것이다. 의원들 개인 수준에서는 민주주의 및 시대적 정의 구현에 대한 인식이 낙선과 보복에 대한 공포라는 감정적 요인에 의해 억제되었을 것이다. 공화당 자체의 힘이 많이 약화된 상태에서 당내 의원들은 서로 의존하기보다 각자도생을 선택했을 것이다. 제도적 수준에서 보면 양극화된 정치적 환경에서 생존하기 위한 당의 결집은 불가피한 선

10 Dennis Romboy, "New poll shows most Utahns pleased with Mitt Romney's vote," KSL.com, 2020.2.11.; Griff Witte and Ashley Parker, "Can a Republican take on Trump and survive? Mitt Romney is proving it's possible." *The Washington Post*. 2020.2.18.

11 Griff Witt, "Republican Sen. Susan Collins finds it's lonely in the middle," *The Washington Post*. 2020.2.3.

택이다.

조금 더 구체적으로 살펴보면 첫째, 아웃사이더인 트럼프 대통령의 실질적 공화당 장악력은 약해도 그의 직설적이고 충동적인 성미는 당 내부의 결집을 유지시키기 때문에 형식적인 당 장악력은 높다.[12] 트위터를 통해 공개적으로 면박 주거나 사전 공지 없이 직위 해제하고 선거 도전자의 편을 들겠다고 위협하는 일은 자주 있는 일이다. 실제로 트럼프 대통령은 탄핵 재판 직후 고든 손들랜드(Gordon Sondland) 전 EU 대사, 알렉산더 빈드먼(Alexander Vindman) 중령을 해고했고, 심지어 빈드먼 중령의 쌍둥이 동생마저 이유없이 해고했다. 시간이 걸려도 집요한 방식으로 반드시 보복한다는 평판(Woodward 2018)이 있고 본인 의견에 반하는 정책을 권유하는 사람을 거부하고 정부를 본인 소유 기업처럼 충성심을 강조하면서 운영한다고 비판받는다.[13] 이런 대통령의 기질은 공화당 내 지지 세력의 결집은 극대화하고 모험적 이탈을 효과적으로 억지했을 것이다.

둘째, 트럼프 행정부 집권기에 의회와 유권자들의 양극화된 성향이 심화되어 공화당 지지자들이 정당일체감보다 당파적 정체성에 대한 위협을 더 중시하는 경향이 있다(정구연 2018). 어느 때보다 정치 생명이 민감하기 때문에 의원들은 당 지도부와의 관

12 "Great cohesion inside the Republican Party, the best I have ever seen. Despite all of the Fake News, my Poll Numbers are great. New internal polls show them to be the strongest we've had so far! Think what they'd be if I got fair media coverage!" @realDonaldTrump. 2019.8.19.

13 https://www.washingtonpost.com/opinions/2019/09/13/trump-is-most-aggressive-micromanager-history-oval-office/

계, 선거 일정과 대통령의 지지(endorsement)에 민감할 수밖에 없다. 정도의 차이는 있지만, 트럼프 대통령의 임기 동안 현실에 맞추어 버티고 있는 Trump Republican이 대부분이다(Boot 2018, ch.6). 정당의 본 목적이 정권 획득을 위해 "변화를 선도하는 것이 아니라 단순히 여론을 반영하는 것"이라고 했을 때(Alberta 2019), 공화당 의원들은 합리적으로 본업에 충실하고 있을 뿐이다. 주류 언론은 공화당이 "트럼프의 이미지대로 변질되었다"고 비판하지만 트럼프 대통령은 미국 정치의 고질적 질병의 증상이지 원인이 아니라는 것이 중론이다.

셋째, 트럼프 대통령은 물밑에서 공화당 내 돌발 세력을 잘 관리해왔다. 의회와 특별한 관계를 맺는 데 신경 쓰지 않는 트럼프 대통령도 2016년 러시아 대선개입 스캔들 조사에 대한 우군 역할을 해준 하원 프리덤 코커스(Freedom Caucus)와 돈독한 관계를 유지하고 있다. 공화당 내에는 사회·경제적 이슈와 이념적 성향에 따라 세부적인 분파가 복잡하게 얽혀 있는데, 트럼프는 의료보험 개혁, 재정지출 등 우선순위가 낮은 이슈에 대해서는 이들에게 양보하며 뮬러 특검 등 본인의 거취에 결정적인 사안에 대한 협조를 확보했다.[14]

14 Jake Sherman and Anna Palmer. "How Trump Conspired with the Freedom Caucus to Shut Down the Government." *Politico*. 2019.4.5.

III 제116대 의회가 대통령에게 반기를 들다

대통령 탄핵 이슈의 역사적 무게감이 너무 컸다면, 평소 Trump Republican처럼 행동하는 공화당 의원들이 구체적인 정책 앞에서는 어떤 태도를 보일까? 여전히 트럼프 대통령에 대한 정치적 지지(political alignment)가 정책적 지지(policy alignment)를 압도할까? 외교정책 분야에서 의회가 정책결정을 주도하지 않거나 못한다는 연구결과가 대부분이지만, 최근 의회 내 초당적 연합세력이 트럼프 대통령의 예산안을 거부한 사례가 있고 의회가 강력한 경제제재 법안을 가결시켜 대통령의 서명을 유도한 이력도 있다(Tama 2019a, 2019b). 제116대 의회(2019-2020)에서 공화당 의원들이 민주당과 함께 대통령이 주도하는 외교정책에 반기를 든 네 가지 사례를 살펴보자.

1. 사례

첫째, 미국의 아프가니스탄과 시리아 철군에 대한 반대이다. 2018년 12월 19일, 트럼프 대통령은 트윗을 통해 ISIS 격퇴 계기 시리아 철군을 암시했고,[15] 이는 당시 매티스 국방장관의 사직으로 이어졌다. 그 무렵 미국과 탈레반 간 평화협상이 진전을 보이면서 아프가니스탄에서의 미군 철군도 논의되고 있었다. 2019년 1월 31일, 상원에서는 대통령의 철군 논리를 반박하는 법안(S.Amdt.65

15 "We have defeated ISIS in Syria, my only reason for being there during the Trump presidency." @realDonaldTrump. 2018.12.19.

to S.1 Strengthening America's Security in the Middle East: 중동에서 미국의 안보를 강화하는 법의 수정안)이 찬성 68표, 반대 23표, 기권 9표로 가결되었다. 미치 맥코넬 공화당 상원 원내대표가 주도한 이 법안은 공화당 내 반대 세력이 충분히 결집되었기 때문에 표결에 부쳐진 것인데, 10명을 제외한 43명의 공화당 의원이 찬성표를 던졌다. 표결 직전, 맥코넬 의원은 ISIS와 알카에다의 위협은 여전히 지속되고 있고, 미국의 국가안보 이익을 수호하기 위해 미군의 주둔이 지속되어야 한다고 말했다.[16] 그동안 트럼프 대통령을 강력하게 지지해온 대표적 Trump Republican인 린지 그레이

표 5-4. 미국의 아프가니스탄과 시리아 철군에 대한 상원 투표 결과

상원: 공화당 반대표	
1. Barrasso (R-WY)	23. Isakson (R-GA)
2. Blackburn (R-TN)	24. Johnson (R-WI)
3. Boozman (R-AR)	25. Lankford (R-OK)
4. Braun (R-IN)	26. McConnell (R-KY)
5. Burr (R-NC)	27. McSally (R-AZ)
6. Capito (R-WV)	28. Moran (R-KS)
7. Cassidy (R-LA)	29. Portman (R-OH)
8. Collins (R-ME)	30. Risch (R-ID)
9. Cornyn (R-TX)	31. Roberts (R-KS)
10. Cotton (R-AR)	32. Romney (R-UT)
11. Cramer (R-ND)	33. Rounds (R-SD)
12. Crapo (R-ID)	34. Rubio (R-FL)
13. Daines (R-MT)	35. Sasse (R-NE)
14. Enzi (R-WY)	36. Scott (R-FL)
15. Ernst (R-IA)	37. Scott (R-SC)
16. Fischer (R-NE)	38. Shelby (R-AL)
17. Graham (R-SC)	39. Thune (R-SD)
18. Grassley (R-IA)	40. Tillis (R-NC)
19. Hawley (R-MO)	41. Toomey (R-PA)
20. Hoeven (R-ND)	42. Wicker (R-MS)
21. Hyde-Smith (R-MS)	43. Young (R-IN)
22. Inhofe (R-OK)	

엄(Lindsey Graham), 제임스 인호프(James Inhofe), 제임스 리시(James Risch), 탐 코튼(Tom Cotton), 팻 투미(Pat Toomey), 탐 틸리스(Thom Tillis), 존 콘인(John Cornyn) 의원 등이 다수였다. 이들은 모두 2020년 중간선거 대상임에도 불구 대통령의 정책에 반기를 든 것이기 때문에 아프가니스탄과 시리아 철군에 대한 공화당 내 반대 결의가 강하다는 것을 알 수 있다.

둘째, 멕시코 국경 장벽 설치와 관련된 국가비상사태 선포에 대한 반대이다. 2018년 말, 트럼프 대통령은 국경 장벽 설치를 위해 57억 달러에 이르는 예산을 의회에 요구했고, 의회에서 합의에 실패해 2018년 12월 12일부터 2020년 1월 25일까지 부분적 연방정부 셧다운이 있었다. 2019년 2월 15일, 의회에서 국방부 예산

표 5-5. 멕시코 국경 장벽 설치에 필요한 예산 지원에 대한 투표 결과

상원: 공화당 반대표	하원: 공화당 반대표
1. Mitt Romney (R-UT)	1. Amash
2. Mike Lee (R-UT)	2. Herrera Buetler
3. Marco Rubio (R-FL)	3. Hurd (TX)
4. Roy Blunt (R-MO)	4. Johnson (SD)
5. Lamar Alexander (R-TN)	5. Rodgers (WA)
6. Pat Toomey (R-PA)	6. Rooney (FL)
7. Rob Portman (R-OH)	7. Fitzpatrick
8. Jerry Moran (R-KS)	8. Gallagher
9. Susan Collins (R-ME)	9. Massie
10. Lisa Murkowski (R-AK)	10. Sesenbrenner
11. Rand Paul (R-KY)	11. Stefanik
12. Roger Wicker (R-MS)	12. Upton
	13. Walden

16 "I believe the threats remain. ISIS and al-Qaeda have yet to be defeated, and American national security interests require continued commitment to our mission there."

표 5-6. 예맨 내전 참전 중단에 대한 하원 투표 결과

하원: 공화당 찬성표	
1. Biggs	10. Davidson (OH)
2. Brooks (AL)	11. Gaetz
3. Buck	12. Gohmert
4. Griffith	13. Massie
5. Hollingsworth	14. Meadows
6. Jordan	15. Mooney (WV)
7. Posey	16. Schweikert
8. Roy	17. Tipton
9. Cloud	18. Webster (FL)

중 일부를 전용하는 수정 예산안 승인을 거부하자 트럼프 대통령은 국가비상사태를 선포했다. 2019년 3월 14일, 12명의 상원 공화당 의원이 민주당과 함께 대통령의 국가비상사태 선포에 반대하는 표를 행사했다. 트럼프 대통령은 취임 후 처음으로 거부권을 행사했고, 3월 26일 하원에서 공화당 의원 14명만이 반대표를 행사함으로써 거부권 부결에 실패했다.

셋째, 예맨 내전 참전 중단에 대한 요구이다. 2018년 12월, 상원에서 예멘 내전에 참전하는 사우디아라비아에 대한 군사적 지원을 중단하자는 내용의 법안이 발의되었으나 제115대 의회 임기 종

표 5-7. 예맨 내전 참전 중단에 대한 상원 투표 결과

상원: 공화당 찬성표
1. Collins (R-ME)
2. Daines (R-MT)
3. Lee (R-UT)
4. Moran (R-KS)
5. Murkowski (R-AK)
6. Paul (R-KY)
7. Young (R-IN)

료와 함께 입법 추진이 중단되었다. 이는 최초로 상원이 전쟁권한법(War Powers Resolution of 1973) 에하 권한을 발동한 사례로 기록되었다. 2019년 2월 13일, 하원에서 미국의 사우디아라비아 지원을 중단하는 결의안이 찬성 248표, 반대 177표로 가결되었다. 공화당 의원 중 18명이 찬성했다. 이어서 2019년 3월 13일, 상원에서 이 법안이 찬성표 54, 반대표 46으로 가결되었다. 이는 두 번째로 전쟁권한법에 의해 발동되었고 찬성표를 행사한 공화당 의원은 총 7명이었다. 2019년 4월 16일, 트럼프 대통령은 거부권 행사를 발표했고 5월 2일, 상원에서 찬성 53, 반대 45, 기권 2의 투표 결과 대통령 거부권 부결에 실패했다.

넷째, 의회가 승인하지 않은 대이란 군사 작전 수행에 대한 반대이다. 2020년 1월 3일, 트럼프 대통령은 미군이 카셈 솔레이마니(Qassem Soleimani) 이란혁명수비대 쿠드스군 사령관을 제거하는 작전을 전격 승인했고, 그 결과 미-이란 관계가 전례없이 악화되었다. 이란 사태에 대한 미국 내 반응은 대체로 당파적으로 나뉘어 민주당은 강하게 비판하고, 공화당 강경파는 지지하는 입장이었다. 그러나 공화당 의원 중 랜드 폴(Rand Paul), 마이크 리(Mike Lee)는 참수 작전에 대한 트럼프 행정부의 성의 없는 정보 브리핑, 특히 선제공격을 정당화하는 "임박한 위협"(imminent threat)에 대한 증거 제시가 부족했다고 강하게 반발했다.[17] 하원 외교위 청문회에서 엘리엇 엥겔(Eliott Engel) 위원장은 백악관이 제시한 솔레이마니 제거 작전 자료가 "거짓되고 사후 분석적"이라며 폼페이

17 Zachary Basu, "GOP Sen. Mike Lee calls Soleimani briefing the "worst" he's ever seen." *Axios*. 2020.1.8.

표 5-8. 대이란 군사 작전 수행 반대에 대한 상하원 투표 결과

상원: 공화당 찬성표	하원: 공화당 찬성표
1. Alexander (R-TN)	1. Buck
2. Cassidy (R-LA)	2. Massie
3. Collins (R-ME)	3. Griffith
4. Lee (R-UT)	4. Reed
5. Moran (R-KS)	5. Schweikert
6. Murkowski (R-AK)	6. Upton
7. Paul (R-KY)	
8. Young (R-IN)	

오 국무장관의 청문회 증언을 요구했다.[18] 2020년 2월 13일, 상원에서 이란 전쟁 반대에 대한 공동 결의안이 찬성표 55, 반대표 45로 가결되었다. 의회의 이런 조치는 세 번째로 전쟁권한법에 의해 발동되었고 8명의 공화당 의원이 찬성표를 행사했다. 2020년 3월 11일, 하원에서 이 결의안이 찬성표 227, 반대표 186로 가결되었다. 공화당 의원 6명이 민주당과 함께 찬성표를 던졌다. 표결 직전, 백악관은 이 결의안이 "현재의 상황을 반영하지 않는다"(fails to account for present reality)는 이유로 대통령의 거부권 행사 의사를 전달했고, 트럼프 대통령도 미국의 입지를 약화시킨다는 이유로 반대했다.[19]

18 Rebecca Kheel, "Trump administration outlines legal justification for Soleimani strike," *The Hill*, 2020.2.14.

19 Paul Kane, "House passes resolution requiring Trump to get congressional authorization for further miltiary action against Iran," *The Washington Post*, 2020.3.12.

표 5-9. 트럼프 대통령의 정책에 대해 반대로 투표한 공화당 의원(사례 1~4)

4회 중 4번	4회 중 3번	4회 중 2번	4회 중 1번	4회 중 0번
① Susan Collins (ME)	① Lisa Murkowski (AK) ② Rand Paul (KY) ③ Mike Lee (UT) ④ Jerry Moran (KS) ⑤ Lamar Alexander (TN) ⑥ Todd Young (IN)	① Pat Toomey (PA) ② Rob Portman (OH) ③ Thom Tillis (NC) ④ Mitt Romney (UT)	① Lindsey Graham (SC) ② James Inhofe (OK) ③ James Risch (ID) ④ Marco Rubio (FL) ⑤ Martha McSally (AZ)	① Ted Cruz (TX) ② Cory Gardner (CO)

2. 평가

〈표 5-9〉는 위 사례에서 대통령의 정책과 반대로 투표한 공화당 의원들을 빈도수에 따라 분류한 것이다. 의미 부여를 하기에 앞서, 몇 가지 제한점(caveat)을 인성해야 한다. 첫째, 2020년 중간선거 해당 여부와 당선 가능성, 당 지도부와 대통령과의 관계, 평판 등 정치적 입지를 고려해 투표의 "순도"를 평가해야 한다. 은퇴를 결심했거나 당장 선거에 출마해야 한다는 부담이 없는 의원들은 더 독립적으로 투표를 할 수 있기 때문이다. 예를 들어, 상원 외교위원장인 제임스 리시(James Risch), 군사위원장인 제임스 인호프(Janes Inhofe), 린지 그레이엄(Lindsey Graham) 의원은 한 번씩 반기를 들었는데, 이들은 모두 이번 중간선거에서 안정적으로 재선될 전망이다. 랜드 폴(Rand Paul) 의원은 자유의지 성향(Libertarian)이라는 인식 때문에 이견을 표출해도 위험부담이 적다. 특이하게 수전 콜린스(Susan Collins) 의원의 경우, 이번 중간

선거에서 낙마할 가능성이 높다고 평가되고 있는데도 가장 빈번하게 대통령에 대해 반대표를 행사했다.

둘째, 개별 의원의 전문성, 주요 활동분야, 지역구 특성과 투표 이력을 종합적으로 파악해야 "정책"이 주도하는 투표와 "정치"가 주도하는 투표를 구별할 수 있다. 전체 문맥을 고려하지 않은 채 개별적인 투표 결과만 보고 트럼프 대통령에게 "반기"를 들었다고 해석하면 오류를 범할 수 있다.

셋째, 사례가 적고 이슈가 상이하기 때문에 위 투표 결과를 보고 대북 정책에 대한 공화당 의원들의 반응을 예측할 수 없다.[20] 특히 4개 사례 중 3개는 중동지역 관련 이슈로 의회 전문가 구성이 다르고 관점도 다를 것이다. 미국의 대외개입 여부나 방식, 군사력 사용 정도로 테마를 분류해 볼 수 있지만, 그 역시 북한 관련 정책의 층위와 맞추기 어렵다.

한편, 위 사례에서 나타난 공화당의 대통령에 대한 반대표는 그 자체로 긍정적으로 바라볼 필요가 있다.[21] 첫째, 의회가 전쟁권한법(War Powers Resolution of 1973)으로 대통령의 권한에 도전하는 것은 트럼프 대통령 시기 처음 발생한 일이고 현재까지 3번을 기록하고 있다.

둘째, 공화당 의원들의 이탈표는 상징적인 의미가 있다. 우선,

20 의회 표결을 통한 공화당 내 "반기"가 트럼프 대통령의 탄핵 심판에 어떤 영향을 줄지 예상하는 분석도 투표 사안의 성격과 무게가 다르기 때문에 유사한 제한점을 가지고 있다. John Hudak(2019).

21 이 내용은 Sarah Binder, "The Republican Senate just rebuked Trump using the War Powers Act-for the third time. That's remarkable." *The Washington Post*. 2020.2.14의 분석을 보완한 것임.

공화당 내에서 발생하는 이런 불협화음은 피로감이 높은 미국 국민들의 관심을 끌 수 있다. 주류 언론과 전문가들의 트럼프 대통령 비판이 난무하는 가운데, 표결은 엘리트 집단 내 합의가 깨지고 있다는 명백한 근거로 대중에게 설득력이 있다. 한편, 정치 양극화가 극대화되어 외교정책 분야에서도 이견이 좁혀지지 않는 상황에서 (Jeong and Quirk 2019) 일부 공화당 의원이 민주당과 투표를 같이 했다는 것 자체가 유의미하다. 특히 대통령의 공화당 장악력이 높고, 직접적으로 이탈자들을 비난하고 복수하는 상황에서 그의 정책에 반하는 의견을 제시하는 것은 신념과 소신의 문제이자 의회가 제대로 작동한다는 근거로 받아들여야 한다.

셋째, 2019년 탄핵 정국에서 여당 의원들의 충성심이 시험받는 상황에서 공화당 내부에서 이견이 표출되었다는 것은 늘 "정치"가 "정책"을 압도하는 것이 아니며 트럼프 대통령이 취약하다는 것을 방증한다. 물론 공화당 내 소수의 이견 표출은 실효성 측면에서 제한적이다. 공화당 내 이견이 대통령의 거부권을 막을 수 있을 만큼 결집되지 않는 이상(상원 의석의 2/3 이상), 그 내용이 법으로 제정될 가능성은 낮기 때문이다. 대통령의 탄핵 재판이 무죄 판결로 막을 내렸듯, 트럼프 대통령의 제왕적 통치는 지속되고 있고 의회는 분열된 상태로 약하다(Binder et al. 2020). 그러나 대선과 중간선거 전에는 불가피하게 Trump Republican으로 있지만 그 부담이 없어지면 정책을 바탕으로 투표할 잠재적 이탈자들이 존재한다는 뜻이기도 하다. 당장은 실효성이 떨어져도, 대통령이 당론을 따르지 않고 지속적으로 논란을 가중시키는 정책을 추진할 경우 Party Republican으로 세력화되어 대통령을 견제할 수 있는 것이다.

IV 트럼프 행정부의 대북 정책 분기점과 공화당

1. 대북 정책 분기점

2017년 1월 트럼프 행정부 집권 이후 미국의 대북 정책은 크게 세 번의 분기점을 맞이했다. 〈표 5-10〉에서 정리한 것처럼, 첫 번째는 2017년 북한의 핵·미사일 도발과 북미 정상의 상호 비방이 한반도에서의 긴장을 최고로 고조시켰을 때, 미국이 세컨더리 보이콧 조항을 포함한 대북제재를 강하게 집행하고 군사적 공격까지 검토했던 "대결"의 분기점이다. 두 번째는 2018년 초 평창 동계올림픽 개최와 대북특사 파견을 계기로 4월 남북정상회담에 이어 6월 북미정상회담이 개최되면서 조성된 "협상"의 분기점이다. 세 번째는 2019년 2월 하노이 북미정상회담이 새로운 합의 없이 끝나고 6월 판문점에서 남북미 정상이 회동한 후 10월 스톡홀름 실무협상이 결렬되는 한편, 북한의 중단거리 미사일 도발이 재개된 "현상유지" 분기점이다.

2. 의회 및 공화당의 반응

트럼프 대통령이 주도하는 대북 정책의 분기점에서 의회, 특히 공화당 의원들은 어떻게 반응했을까? 전례 없는 북미 정상외교와 북핵 협상을 바라보는 입장을 중심으로 북한 핵, 미사일, 인권 관련 정책에 대한 반응을 살펴봐야 할 것이다. 주요 대상은 상원 외교위원회(Foreign Relations Committee), 동아시아 및 국제 사이버 정책

표 5-10. 대북 정책 분기점(2017~2019)

시기	주요 외교 일정	의회/의원 주요 활동	북한 도발
2017	• 2017.1. 트럼프 행정부 출범 • 2017.5. 문재인 정부 출범 • 2017.6.29-30. 한미정상회담(워싱턴) • 2017.11.7-8. 한미정상회담(서울)	• 2017.1.11. 2차 북한인권제재법 승인(2016.7.6. 1차) • 2017.2.15. 코리 가드너, 테드 크루즈 의원, 재무부 장관에게 서한을 보내 금융제재 집행을 강화하는 10가지 방안 제시 • 2017.3.31. 코리 가드너와 에드 마키 의원, 국무부와 재무부 장관에게 서한을 보내 강력한 대북제재 집행을 요구. 4가지 질문에 대한 답변 요구 • 2017.6.22. 코리 가드너 의원, 국제사회가 북한의 핵·미사일 위협을 인정하고 강력하게 대응할 때가 왔다고 성명 발표 • 2017.8.2. 통합제재법(북한, 이란, 러시아 패키지법) 발효. 2차 제재 이행을 행정부 "재량"에 맡김 • 2017.9.3. 코리 가드너 의원, 미국 주도로 유엔에서 북한을 퇴출시키자는 성명 발표 • 2017.9.18. 코리 가드너 의원, 북한과 외교관계를 맺고 있는 20여 개국 대사들에게 서한을 보내 외교, 경제 관계를 단절하라고 요구 • 2017.9.22. 행정명령 13810호 발표, 2차 제재 이행을 행정부의 "재량"에 맡김(단, 북한과의 거래량이 상당할 경우 의무적으로 제재할 것을 명시) • 2017.10.26. 3차 북한인권제재법 승인 • 2017.11. 오토 웜비어 대북제재법 상원 통과. 2차 제재 이행을 행정부의 "의무"로 규정 • 2017.11.21. 북한 테러지원국으로 재지정 • 2017.11.22. 불법자금유입을 금지하기 위해 개인 1명, 기관 13명, 선박 20척 제재. 중국 무역회사 4곳 포함(트럼프 행정부는 2017년 1월부터 6차례에 걸쳐 46개 기관, 개인 49명, 선박 20척을 대북제재 대상으로 지정)	① 5.14. 화성-12형(KN-17) ② 5.21. 북극성 2형(KN-15) ③ 5.27. 지대공 유도미사일(KN-06) ④ 5.29. 지대함 탐도미사일 ⑤ 6.8. 지대함 순항미사일 ⑥ 7.4. 화성-14형(KN-14) ⑦ 7.28. 화성-14형(KN-14) 추가 발사 ⑧ 8.26. 단거리 탄도미사일 ⑨ 8.29. 화성-12형(KN-17) ⑩ 9.3. 6차 핵실험 ⑪ 9.15. 화성-12형(KN-17) ⑫ 11.29. 화성-15형
2018	• 2018.1.1. 북한 신년사 • 2018.2.9-25. 평창 동계올림픽 개최	• 2018.3.8. 코리 가드너 의원, 트럼프 대통령에게 서한을 보내 대북 최대 압박 정책을 지속하라고 요구	

2018	• 2018.3.5. 대북특사 평양 방문 • 2018.3.8. 대북특사 워싱턴 방문, 트럼프 대통령 북미정상회담 개최 결심 • 2018.3.26. 1차 북중정상회담 • 2018.4.20. 북한 핵·경제병진 노선 완성 선언 및 경제 집중 노선 발표 • 2018.4.21. 북한의 핵·미사일 실험 중단 및 핵실험장 폐기 선언 • 2018.4.27. 남북정상회담, 판문점 선언 • 2018.5.7.-8. 2차 북중정상회담 • 2018.5.22. 한미정상회담 • 2018.5.24. 트럼프 대통령, 북미정상회담 전격 취소 발표 • 2018.6.12. 싱가포르 북미정상회담 및 공동선언 발표. 회담 직후, 트럼프 대통령 한미연합군사훈련 중단 결정 발표 • 2018.6.19.-20. 3차 북중정상회담 • 2018.8.23. 폼페이오 국무장관, 방북 계획 발표 • 2018.8.24. 트럼프 대통령, 폼페이오 방북 취소 통보 • 2018.9.19. 남북정상회담, 평양공동선언 및 판문점 선언 이행을 위한 군사분야 합의서 발표 • 2018.11.7. 미 중간선거	• 2018.6.4. 척 슈머 외 6명의 민주당 의원, 트럼프 대통령에게 서한을 보내 북한의 CVID 외 제안은 수용 불가하다고 표명. 핵무기와 핵물질, 탄도미사일 제거는 물론 생화학무기 폐기도 요구 • 2018.7.20. 북한인권법 재승인법 통과, 2022년까지 연장 • 2018.8.3. 코리 가드너, 린지 그레이엄, 마르코 루비오, 댄 설리번 의원, 대통령에게 서한을 보내 대북 최대 압박 정책을 충실히 이행할 것을 촉구 • 2018.8.18. 코리 가드너 외 5명, 트럼프 대통령에게 서한을 보내 "검증 후 신뢰(we must verify before we trust)" 강조 • 2018.9.27. 상원 외교위에서 아시아 안심법안(ARIA) 만장일치로 채택 • 2018.12.20. 코리 가드너, 차기 북미회담 개최 취소를 요구하는 성명 발표	
2019	• 2019.1.7-10. 4차 북중정상회담, • 2019.2.27-28. 하노이 북미정상회담	• 2019.2.11. 테드 크루즈, 밥 메넨데즈 의원, 국무장관에게 서한을 보내 대북제재 이행 관련 한미 공조에 대한 우려 표시	① 5.4. 단거리 탄도미사일 ② 5.9. 단거리 미사일

2019	• 2019.3.23. 재무부가 대북제재 강화조치를 발표했으나, 트럼프 대통령이 취소함 • 2019.4.11. 한미정상회담 • 2019.4.25. 북러정상회담 • 2019.6.20-21. 5차 북중정상회담, 시진핑 주석 방북 • 2019.6.30. 판문점 남북미 회동 • 2019.7. 북한, 한국의 식량지원 거부 • 2019.10. 스톡홀름 실무회의 • 2019.12.7. 김성 유엔주재 북한 대사, 비핵화 이슈는 협상 테이블에서 내려졌다고 입장 표명	• 2019.2.12. 상하원에서 초당적으로 한미동맹, 미일동맹의 중요성을 재확인하고 한미일 3자 안보협력 지원을 약속하는 결의안 발의 • 2019.2.21. 엘리엇 엥겔 외 하원 의원 3명, 대통령에게 서한을 보내 북미협상에 대한 브리핑 요구 • 2019.2.24. 밥 메넨데즈, 척 슈머 등 상원의원 8명, 대통령에게 서한을 보내 북한 비핵화를 실질적으로 달성할 수 있는 외교 촉구 • 2019.2.26. 하원에서 로 칸나 민주당 의원 주도 종전선언 체결을 지지하는 법안 발의. 20여 명 참여 • 2019.3.8. 코리 가드너, 밥 메넨데즈 의원, 국무부와 재무부 장관에게 서한을 보내 북한 사이버 공격에 대한 정보 요구 • 2019.3.14. 코리 가드너, 에드 마키 의원, 국무부와 재무부 장관에게 서한을 보내 대북 제재 철저한 이행 촉구 • 2019.4.10. 상원에서 코리 가드너 의원 주도 "한미동맹이 인도·태평양 지역 평화와 안보 증진에 차지하는 필수적인 역할을 인식, 한미 간 외교·경제·안보 관계 강화 및 확내를 촉구한다"는 결의안 발의 • 2019.4.11. 로 칸나, 앤디 김 민주당 하원 의원, 트럼프 대통령에게 서한을 보내 한국 정부의 남북경협 노력을 지지하도록 촉구 • 2019.6.27. 상원에서 웜비어법(BRINK)을 포함하는 FY2020 국방예산 통과 • 2019.6.28. 코리 가드너, 에드 마키 의원, LEED 법안 재발의 • 2019.9.13. 코리 가드너 의원, 북한 노동자 수용소를 비난하는 결의안 발의 • 2019.12.18. 척 슈머 외 8명의 민주당 의원, 대통령에게 서한을 보내 북한의 비핵화 구현을 위한 "진지한 외교적 계획" 이행 촉구 • 2019.12.19. 상원 공화당 의원 6명, 켈리 크래프트 유엔주재 미 대사에게 서한을 보내 최대 압박 정책 이행을 촉구	③ 7.25. 단거리 탄도미사일 ④ 7.31. 단거리 탄도미사일 ⑤ 8.2. 단거리 탄도미사일 ⑥ 8.6. 단거리 탄도미사일 ⑦ 8.10. 단거리 탄도미사일 ⑧ 8.16. 단거리 미사일 ⑨ 8.24. 단거리 탄도미사일 ⑩ 9.10. 미상 발사체 ⑪ 10.2. SLBM 북극성-3형 ⑫ 10.31. 방사포 ⑬ 11.28. 초대형 방사포

소위원회(Subcommittee on East Asia, the Pacific and International Cybersecurity Policy), 군사위원회(Armed Services Committee) 위원장이나 간사를 중심으로 한다.

2017년 중반 이후 북한의 6차 핵실험과 ICBM급 미사일 도발이 가속화되자 트럼프 행정부와 군부에서 대북 군사적 공격 가능성을 검토했을 만큼 미국의 대북 위협 인식이 최고조에 달했다. 트럼프 대통령은 2017년 8월 트윗을 통해 미국은 "군사적 공격을 할 준비가 있다"고 알렸고, 북한에 대해 "화염과 분노"를 전개할 준비가 완료되었다고 위협했다.[22] 당시 여론조사를 보면, 미국 국민들은 트럼프 대통령의 무력 사용 가능성을 상당 부분 믿었다. 퓨 리서치센터(Pew Research Center)에서 2017년 10월 25-30일에 실시한 설문조사에 따르면, 트럼프 대통령이 북한에 대해 군사적 공격을 감행할 것이라고 응답한 사람은 전체 84%였다. 같은 설문조사에서 미국이 북한의 핵위협을 심각하게 받아들여야 한다고 응답한 사람은 71%, 그 중 74%는 공화당 지지자, 68%는 민주당 지지자로 2013년에 비해 20%가량 증대한 결과였다.[23]

미국 국민들이 대북 군사적 공격을 가능성 있는 일로 받아들인 데에는 트럼프 대통령이 대내외적으로 "미치광이" 전략을 쓰고 있었기 때문인 것도 있지만, 신중하게나마 군사적 공격 가능성을

22 "Military solutions are now fully in place, locked and loaded, should North Korea act unwisely. Hopefully Kim Jong Un will find another path! (2017.8.11.) We are prepared to launch fire and fury on North Korea!" @realDonaldTrump. 2017.8.8.

23 "From what you've read and heard, do you think Donald Trump is really willing to use military force against North Korea, or not?" Pew Research Center. 2017.10.

인정한 상원 군사위 소속 린지 그레이엄(Lindsey Graham, R-SC), 테드 크루즈(Ted Cruz, R-TX) 같은 공화당 의원들이 있었기 때문이다. 그레이엄 의원은 북한이 핵무기와 운반 수단을 결합해 대륙간탄도미사일(ICBM) 기술을 완성해감에 따라 미국의 대북 선제공격 가능성이 커지고 있다고 말했다. 크루즈 의원은 미국과 동맹국에 대한 북한의 핵 공격을 억제하기 위해서 반드시 군사력을 써야 한다면, 군사력을 사용하되 최후의 옵션으로 해야 한다고 말했다.[24] 제115대 의회 상원 외교위원장인 밥 코커(Bob Corker, R-TN) 의원은 정권교체나 "그 외 극단적인 방법을" 쓰지 않고서는 세컨더리 보이콧(secondary boycott)이 효과를 제대로 발휘하지 못할 것이라며 우회적으로 말했다.[25]

2018년 3월, 트럼프 대통령이 백악관에서 문재인 정부의 대북특사를 만나 북한과 정상회담을 하기로 결정한 후, 상원 외교위 소속 마르코 루비오(Marco Rubio, R-FL) 의원은 트윗을 통해 북한에게 절대 양보할 수 없는 세 가지—한국의 안보, 북한의 핵보유국 인정, 핵·미사일 위협—를 나열하며 이것이 분명하게 제시되지 않는 이상 북한과의 대화는 위험하다고 평가했다.[26] 동아태소위

24 If that were the only way necessary to prevent North Korea from carrying out nuclear strike on the United States and its allies, if the only way to prevent that is military power? Then we should use that military power but it should always be the last option. 2017.1.3.

25 "I personally don't think secondary sanctions are going to have an effect here. I just personally don't. I think it's either regime change or some other activity..." 2017.1.3.

26 "North Korea Talks would actually be harmful unless it is clear beforehand to them & world that 3 items are non-negotiable. We will not abandon South Korea, we will never accept North Korea as legitimate nuke weapon

원장인 코리 가드너(Cory Gardner, R-CO) 의원은 북한의 대화 수용은 긍정적이지만 과거 이력을 고려 비핵화에 대한 의지는 크게 의심해봐야 한다며, 트럼프 행정부는 북미정상회담을 추진하기 전 북한 비핵화를 위한 구체적이고 검증 가능한 조치가 무엇인지 설명하고, 북한으로부터 이런 조치를 이행하겠다는 약속을 먼저 받아야 한다고 강조했다.[27] 그리고 2018년 3월 8일, 대통령에게 서한을 보내 대북 최대 압박 정책을 지속할 것을 촉구했다. 이처럼 대북 강경파 공화당원들은 미국 대통령이 북한 정상과 직접 만나는 것에 대한 거부감과 그 결정을 대통령이 의회와 협의 없이 전격적으로 했다는 점에 불만이 있었다. 그러나 2017년 최악의 긴장 국면으로 회귀하는 것보다 외교적 기회를 모색하는 것이 바람직하다며 대통령의 대화 의지를 전면 반박하지 않는 모습이었다. 밥 코커 의원은 트럼프 행정부에서 북미정상회담의 중요한 디테일을 조율하면서 최대 압박을 유지하는 것이 중요하다면서 신중한 접근을 주문했다.[28]

2018년 6월 12일 싱가포르 북미정상회담 직후, 미치 맥코넬(Mitch McConnell) 공화당 상원대표는 북한에 대한 최대 압박 정

power & missiles that can strike U.S. will not go unchallenged."@marcorubio. 2019.3.9.

27 Emily Tillett. "Sen. Cory Gardner says to take North Korea talks with "an entire salt block"." *CBS News*. 2018.3.7.

28 "As the administration begins to work through the important details of such a meeting, we must continue to apply maximum pressure to the regime in Pyongyang. Skepticism and caution are critical as these discussions continue."Amber Philips, "Why Congress is cautiously optimistic on Trump's talks with North Korea," *The Washington Post*. 2018.3.10.

책은 지속해야 하지만 트럼프 대통령이 "중요한 협상의 첫 발걸음을 뗐다"고 평가했다. 폴 라이언(Paul Ryan) 공화당 하원의장은 대통령의 현상변경 시도를 환영하고, "북한 정권이 얼마나 비핵화에 대해 진지한지는 시간을 두고 보면 알겠지만 한반도가 영구적 평화의 길로 들어서길 희망한다"고 말했다. 제프 포텐베리(Jeff Fortenberry, R-NE) 하원의원은 6·12 회담 분석 내용을 발표하면서 트럼프 대통령의 결단력과 투명성을 높이 평가했고, 하드파워가 외교의 장을 마련했다고 말했다. 평창 동계올림픽의 성공적인 개최에 대해 한국 정부의 역할을 긍정적으로 평가하며 중국의 대북 공조도 고무적이라고 말했다. 한편, 마르코 루비오 의원은 "김정은과의 합의는 상식선에서 회의적으로 받아들여야 한다"며 6·12 싱가포르 선언을 평가절하했다. 보다 원론적인 비판은 민주당 측에서 제기되었는데, 6·12 선언이 역대 최고로 구체성이 결여되어 있고, "세계에서 가장 탄압적인 북한 정권에 면죄부와 정당성을 주었다"는 내용이었다.[29] 회담 직후 기자회견에서 트럼프 대통령이 한미 간 "워게임"을 시행하지 않겠다고 발표한 것에 대해, 코리 가드너 의원은 6월 13일 트윗을 통해 워게임은 실시하지 않더라도 한미 군사훈련과 교류는 지속될 것이라고 말했다. 린지 그레이엄 의원은 북한 김정은 위원장이 트럼프 대통령을 과소평가해서는 안 된다고 경고했다.

2018년 7-8월에는 북핵 협상의 동력이 다소 약화되면서 의회 내 중국의 비협조에 대한 불만이 증폭되었고 대북 압박 강화 요구

29 로버스 메넨데스 민주당 외교위 간사, 척 슈머 민주당 상원 원내대표, 낸시 펠로시 민주당 하원 원내대표 발언 인용.

가 가시화되었다. 2018년 8월 3일, 코리 가드너, 린지 그레이엄, 마르코 루비오, 댄 설리번 의원은 트럼프 대통령에게 서한을 보내 대북 최대 압박 정책을 충실히 이행할 것을 촉구했다. 당시 미국은 유엔 안보리에 대북 정제유 판매금지를 요구했으나 중국과 러시아가 이를 거부하자 불법행위라고 비판했다. 마이크 폼페이오(Mike Pompeo) 국무장관은 "북한이 불법 환적을 통해 1-5월 동안 최소 89회의 정제유를 밀수했다는 증거를 포착했고, 중러에 현 상황을 해결하고 비핵화 추진에 협조하도록 압박할 것"이라고 경고했다. 니키 헤일리(Nikki Haley) 주유엔 대사는 "미북 대화를 지지하는 최선의 방법은 대북제재를 견고하게 유지하는 것이다… 중러 등 일부 국가가 대북 유류 반입 금지 규정을 위반하고 있다"고 말했다. 상원 금융위 간사 크리스 밴 홀런(Chris Van Hollen, D-MD) 의원은 "시간이 갈수록 의회 내에서 추가 대북제재 법안을 통과시켜야 한다는 공감대가 확산되고 있다"고 말했고, 상원 군사위 소속 댄 설리번(Dan Sullivan, R-AK) 의원은, "중국의 대북 에너지 교역에 대해 세밀하게 살펴봐야 한다"고 강조했다. 코리 가드너 의원은, "북한뿐 아니라 여전히 북한과 거래하는 중국 기업을 비롯한 조력자에 대한 제재를 강화해야 한다"고 주장했다.

2018년 9월 19일, 남북정상회담 개최 결과 평양공동선언문이 발표되었다. 제1조는 한반도 전역에서 군사적 적대관계를 종식시키겠다는 내용이고 제2조는 남북경제협력을 가속화하겠다는 내용이었다. 비핵화 관련, 북한은 평양공동선언 제6조를 통해 "동창리 엔진시험장과 미사일 발사대를 유관국의 참관 하에 우선 영구 폐기하겠다"고 공표했다. 트럼프 대통령은 트윗을 통해 "김 위원장이 핵사찰을 허용하는 데 동의하고 핵 시험장과 발사대의 영구적 해체를 약속했다"며 성과를 강조했다. 한편, 린지 그레이엄 의원은 트윗을 통해 "북한이 핵·미사일 실험을 중단한 것은 맞지만 비핵화를 진전시키지 않았다"고 말했다.[30] 한반도에서 적대관계를 종식시키는 과정에서 한미연합군사훈련을 축소하고 주한미군 태세를 조정하는 문제가 불가피해질 기세였다. 따라서 전문가들은 비핵화 속도가 미국과 유엔의 대북제재를 우회하는 남북경제 협력 속도에 미치지 못하면 향후 한미 간 분쟁 요인으로 작용할 수 있다고 우려했다.[31]

이 무렵, 종전선언에 대한 남북-미 인식 차이가 드러나기 시작했다. 한국 정부는 평양공동선언문과 함께 "판문점 선언 이행을 위한 군사 분야 합의서"를 발표해 사실상의 종전을 선언했다. 문재인 대통령은 9월 25일 폭스 뉴스(*Fox News*)와의 인터뷰에서 북한이 요구하는 상응조치가 대북제재 완화만 의미하는 것이 아니라 종전선언, 인도적 조치와 비정치적 교류, 평양 연락사무소 및 경제 시찰단 파견 등을 포함한다고 강조했다. 이어서 9월 26일, 유엔총회 연설에서 "한반도 전쟁 종식이 매우 절실하고, 앞으로 비핵화를 위한 과감한 조치가 종전선언으로 이어지기를 기대한다"고 공표했기 때문에 이에 대한 미국의 입장이 중요해졌다. 트럼프 행정부는 북미정상회담을 준비하는 초기 단계에서 종전선언에 대해 긍정적이

30 Simon Denyer and Anne Gearan, "North Korea leader offers to dismantle nuclear test site — but only after U.S. acts." *The Washington Post*. 2018.9.20.

31 "제재 전문가들 '평양공동선언, 제재 위반 가능성 내포,'" *Voice of America*. 2018.9.20.

었고, 남북미 3자 간 종전선언 가능성이 제기되었다. 그러나 북한이 종전선언을 요구하는 전략적 이유와 대북 협상 레버리지 상실에 대한 우려가 지속적으로 제기됨에 따라 미온적인 태도로 전환되었다. 미국은 종전선언을 평화적인 분위기 조성을 위한 상징적, 정치적 행위로 이해하기보다 상원의 비준이 필요한 평화협정이라는 법적 차원에서 접근하고 있었던 것이다. 곧, 종전선언은 평화협정에 수반되는 외교적 관행으로 이해하고 평화협정 체결 후 그에 맞추어 종전선언을 하는 국제사회의 관례를 따르고 있었다. 따라서 실질적인 비핵화 진전이 부족하다고 판단되는 상황에서 평화협정을 추진하기도 어렵고, 종전선언이 평화협정에 선행하는 것도 자연스럽지 못했다.[32]

2018년 11월 중간선거가 개최되었고 2019년 1월, 제116대 의회가 개원했다. 연초부터 트럼프 대통령은 김정은 위원장과 좋은 관계를 유지하고 있고, 핵·미사일 도발이 없다는 것을 강조하며 2차 북미정상회담 개최 장소가 곧 발표될 것이라고 말했다. 이에 민주당 측에서는 강한 의구심을 드러냈다. 에드워드 마키(R-MA) 상원 외교위 동아태소위 간사는 1월 7일 성명을 통해 북미 정상 간, 고위급 협상은 지지하지만 정치 이벤트(political theatre)가 아닌 지속적인 외교가 뒷받침하는 강한 경제제재만이 유일하게 북한의 위협을 줄이는 방법이라고 역설했다. 싱가포르 정상회담 이후 북한이 핵물질과 탄도미사일 개발을 지속하면서 핵 위협은 오히려 증가했고, 이것은 북한의 비핵화 의지가 진지하다는 것을 믿

32 "미 전문가들 '종전선언·평화협정, 군사위협 제거 후 가능…상원 비준 있어야'." *Voice of America*. 2018.7.18.

기 어렵게 한다고 했다. 린지 그레이엄 의원은 2차 회담 개최는 좋은 일이지만 말뿐이 아닌 비핵화 행동계획이 필요하다고 강조했다. 4차 북중정상회담 개최를 계기로 제임스 인호프(James Inhofe) 상원 군사위원장은 북한이 중국과 가까워지고 있는 것이 우려된다며 그것을 되돌려야 한다고 했다. 그리고 김정은 위원장이 직접 그 문제를 해결하는 수밖에 없다고 했다. 팀 케인(Tim Kaine, R-VA) 의원은 중국이 한반도 비핵화를 위해 가시적으로 노력하는 것은 아직 보지 못했다고 비판하고, 코리 가드너 의원도 북한의 비핵화 목표 달성을 위해 중국이 충분한 노력을 기울이지 않고 있다고 지적했다.

의회는 하노이 북미정상회담 직전까지 트럼프 행정부가 북한과 불완전한 핵합의를 체결하지 못하도록 압박했다. 2019년 2월 11일에 테드 크루즈, 상원 외교위 간사인 로버트 메넨데즈(Robert Menendez) 위원은 폼페이오 국무장관에게 서한을 보내 대북제재 이행과 관련한 한미 공조에 대해 우려를 표시했고, 2월 12일에는 의회 상하원에서 초당적으로 한미동맹과 미일동맹의 중요성을 재확인하며 한미일 3자 안보협력 지원을 약속하는 결의안을 발의했다. 2019년 2월 24일, 로버트 메넨데즈, 척 슈머 상원 원내대표 등 상원의원 8명은 회담 직전 대통령에게 서한을 보내, 북한 비핵화를 실질적으로 달성할 수 있는 외교를 재차 촉구했다. 한편, 2월 26일에는 로 칸나(Ro Khanna, D-CA) 하원 의원 주도로 20여 명의 민주당 의원이 종전선언 체결을 지지하는 법안을 발의했다.

2019년 2월 27-28일, 하노이에서 2차 북미정상회담이 개최되었으나 새로운 합의 도출 없이 끝났다. 의회에서는 북한의 부분적 비핵화를 수용하며 대북제재를 완화하거나 군사태세를 약화시키는 등 과도한 보상을 하는 나쁜 합의(bad deal)를 피했다는 점을 긍정적으로 평가했다. 에드워드 마키 상원 외교위 동아태소위 간사는 합의 불발은 사전준비가 부족했기 때문이라고 지적하고 실무협의 재개를 촉구하면서 행정부가 회담 결과를 신속하게 의회에 보고할 것을 요구했다. 그러나 회담 의제에서 북한 인권문제가 빠졌고 오토 웜비어의 죽음에 대해 트럼프가 김정은의 주장을 공식 인정한 사실은 그가 정보당국보다 독재자의 말을 믿는다는 초당적 비판으로 확대되었다. 케빈 메카시(Kevin McCarthy, R-CA) 하원 원내 대표, 릭 센토럼(Rick Sentorum, R-PA) 전 의원처럼 트럼프 대통령을 두둔해온 의원들도 실망을 감추지 않았다.[33] 2019년 3월 14일, 코리 가드너, 에드 마키 의원은 국무부와 재무부 장관에게 서한을 보내 대북제재의 철저한 이행을 거듭 촉구했다.

2019년 4월 11일, 하노이 정상회담 이후 교착상태에 있는 북미 간 비핵화 협상을 진척시키기 위해 워싱턴에서 한미정상회담을 개최했다. 이 회담은 한국 정부의 남북경협 및 관계 정상화 추진 속도가 북핵 문제를 해결하기 위한 한미 공조를 약화시킨다는 우려 속에 추진되었다. 직전 4월 10일, 코리 가드너 의원을 비롯한 네 명의 상원의원은 "한미동맹이 인도·태평양 지역의 평화와 안보 증진에 차지하는 필수적인 역할을 인식하고, 한미 간 외교·경제·안보 관계 강화 및 확대를 촉구한다"는 결의안을 발의했다. 회담 개최 당일에는 로 칸나(D-CA), 앤디 김(D-NJ) 하원 의원이 트럼프

33 Brett Samuels, "Trump's comments about Otto Warmbier spark bipartisan backlash," *The Hill*, 2019.2.28.

대통령에게 한국 정부의 남북경협 노력을 지지하도록 촉구하는 서한을 보냈다. 결과적으로 트럼프 행정부는 한국 정부가 제안한 "포괄적 합의와 단계적 이행" 방안을 전적으로 수용하지 않았다. 회담 직전 기자회견에서 트럼프 대통령이 발표한 내용의 요지는 다음과 같다. 첫째, 미국은 비핵화 협상에서 빅딜을 고수하며 조건이 충족되면 스몰딜을 고려할 가능성이 있다. 둘째, 대북제재는 현수준을 유지할 것이며 인도적 지원의 경우 예외 허용을 고려할 수 있다. 셋째, 미북 정상은 특별한 관계를 유지하고 있고 여건이 조성되면 세 번째 미북정상회담도 개최할 수 있다. 하노이 정상회담에서 합의가 결렬된 이후 의원들은 초당적으로 비핵화 협상의 하향식 의사결정 방식의 한계를 지적하는 데 주력했다. 이전과 달라진 점이 있다면 한미동맹의 균열 지점, 한국 정부의 역할과 고민, 김정은 위원장의 실제 권한과 한미가 추구해야 할 실용적 합의 등 그동안 주목받지 못한 의제가 거론되면서 북핵뿐 아니라 한반도 문제에 대한 담론이 다양해졌다는 것이다.

2019년 하반기에 접어들면서 북핵 협상 동력은 점차 약화되었고, 10월 스톡홀름 실무회담이 결렬되면서 야당의 비판이 거세졌다. 민주당 측에서는 트럼프 행정부 하 국무부의 역할과 재원 축소를 문제 삼으며 협상 결렬 원인을 준비 부족과 실무진에게 충분한 힘을 실어주지 않은 데에서 찾았다. 반면, 공화당 의원들은 결과에 대한 불만족을 표시하면서도 선을 지켰다. 존 코닌(John Cornyn, R-TX) 상원 의원은 트럼프 대통령이 전임 대통령들이 해내지 못한 일을 했고, 새로운 시도는 필요하며 북한과의 군사적 충돌 가능성은 현저히 낮췄다는 점을 높이 평가했다. 테드 크루즈 의원은 야당의 비판은 정치적이라며 워싱턴 기성제도 안에 갇힌 사고를 한다고 비판했다. 린지 그레이엄 의원은 핵과 ICBM 실험 중단도 성과이기 때문에 협상을 지속하지 않을 이유는 없다고 말했다. 제임스 리시 상원 외교위원장과 제임스 인호프 군사위원장은 대통령이 뛰어난 협상가이기 때문에 그가 직접 나서는 외교를 지켜볼 필요가 있다고 말했다. 2019년 12월 18일, 척 슈머 외 민주당 의원 8명은 대통령에게 서한을 보내 북한의 비핵화 구현을 위한 지속가능한 외교적 로드맵을 제공하라고 요구했고, 12월 19일에는 공화당 의원 6명이 켈리 크래프트(Kelly Craft) 유엔 주재 미 대사에게 서한을 보내 최대 압박 정책을 충실하게 이행할 것을 촉구했다.

〈표 5-11〉은 트럼프 행정부 집권 3년 동안 북한 관련 법안이나 결의안을 발의한 의원 및 빈도수를 정리한 것으로, 대부분 경제제재, 북한 인권 관련 법안이다. 정치 양극화가 심화되어 해가 갈수록 의회의 입법이 어려운 상황에서,[34] 법안이나 구속력이 약한 결의안의 발의 자체는 의원의 입장을 표명하는 중요한 방법이 되었고 찬반 표결과 유사한 정치적 효과가 있다(서정건 2019, 160-169). 북한 관련 법안은 공화당, 민주당 의원 구분 없이 발의하며 외교위원회나 소위원회 보직을 맡은 사람들이 주도한다. 상원 의원과 하원 의원 모두가 적극적으로 참여하는 특징이 있다.

요약하자면, 의회와 개별 공화당 의원들은 대북 정책 관련 일관성 있게 반응했다. 2017년 대결의 분기점에서는 북한 핵·미사일

34 제116대 상하원은 2019년에 상정된 한반도 외교안보 관련 법안과 결의안 총 19건 가운데 5건을 처리했다.

표 5-11. 북한 관련 법안 및 결의안을 발의한 의원 및 빈도수(2017~2019)

빈도수	공화당	민주당
8	Sen. Gardner, Cory (R-CO)	
5		Rep. Engel, Eliot (D-NY)
4		Sen. Markey, Edward (D-MA) Sen. Van Hollen, Chris (D-MD)
3	Rep. Yoho, Ted (R-FL) Sen. Rubio, Marco (R-FL)	Rep. Sherman, Brad (D-CA) Sen. Menendez, Robert (D-NJ)
2	Rep. Royce, Edward (R-CA) Rep. McCarthy, Kevin (R-CA) Sen. Toomey, Pat (R-PA) Rep. Conaway, Michael (R-TX)	Rep. Boyle, Brendan (D-PA] Sen. Cortez Masto, Catherine (D-NV] Sen. Cardin, Benjamin (D-MD]
1	Rep. Ros-Lehtinen, Ileana (R-FL) Sen. Cruz, Ted (R-TX) Rep. McCaul, Michael (R-TX) Rep. Russell, Steve (R-OK) Rep. Wagner, Ann (R-MO) Rep. Gallagher, Mike (R-WI) Rep. Norman, Ralph (R-SC) Sen. Young, Todd (R-IN) Sen. Hatch, Orrin (R-UT] Rep. Barr, Andy (R-KY) Rep. Stivers, Steve (R-OH) Rep. Wilson, Joe (R-SC) Sen. Hawley, Josh (R-MO) Sen. Cornyn, John (R-TX) Sen. Blackburn, Marsha (R-TN)	Rep. Lieu, Ted (D-CA) Rep. Maloney, Carolyn (D-NY) Sen. Coons, Christopher (D-DE) Rep. Connolly, Gerald E. (D-VA) Rep. Hoyer, Steny (D-MD)

* 경제제재, 북한 인권 관련 법안 포함. 최초 발의자와 같은 날짜에 공동 발의한 의원 포함.

위협의 위험성을 경고하며 세컨더리 보이콧 조항을 포함한 대북제재의 집행을 강조했다. 군사적 공격에 대해서는 신중한 입장을 보였으나, 충분히 고려하고 있는 옵션임은 인정했다. 2018년 초, 협상의 분기점으로 접어드는 시점에서도 의회는 초당적으로 신중한 접근과 최대 압박 정책의 유지를 주문했다. 6월 싱가포르 회담 전후로 북한의 완전하고 검증 가능하며 불가역적인 비핵화(CVID) 이하의 조건을 수용하지 못한다고 경고했고 북한의 핵미사일 무기뿐 아니라 생화학, 사이버 무기에 대한 위협도 지속적으로 제기했다. 요지는 최대 압박 정책은 유지되어야 하고, 제재는 엄격하게 집행되어야 하며, 북한의 진정성 있는 비핵화 조치 이전에는 제재 완화를 고려할 수 없다는 것이었다. 북한의 핵·미사일 위협이 점증하는 상황에서 종전선언, 평화협정 체결은 요원했다. 코리 가드너 외 공화당 의원 5명은 2018년 8월 18일, "검증 후 신뢰"(we must verify before we trust) 원칙을 내세웠다. 이렇듯 트럼프 대통령이 북한에게 양보하지 않도록 경계하는 데에는 여당과 야당의 차이가 크지 않았다. 2019년 하노이 정상회담 이후 협상의 동력이 떨어지기 시작한 현상유지 분기점에서는 공화당의 경계 수준이 2017년 수준으로 격상되었다. 대표 의원들은 2018년 초부터 대통령의 주도 하 암묵적으로 완화된 미국의 대북제재 집행을 요구했고, 보다 강력한 제재 법안(LEED Act)을 발의했다. 결과적으로 북한 이슈를 다루는 데에 있어서는 대통령과의 관계와 정치보다는 원칙과 정책을 중요시하는 Party Republican이 우세한 모습이었다.

3. 주요 공화당 의원의 반응

상원 군사위, 외교위 소속으로 북한 이슈에 적극 관여해온 공화당 의원 두 명의 사례를 좀 더 구체적으로 살펴보자. 테드 크루즈(R-TX) 상원 의원은 2016년 대통령 선거 공화당 경선에서 트럼프 후보와 맞섰던 인물이다. 그는 2018년 중간선거에서 텍사스주 대항

마로 베토 오로크(Beto O'Rourke) 전 하원의원이 급부상해 곤경에 처하자 트럼프 대통령에게 도움을 청해 상원의원석을 지킨 경험 때문에 충성심이 상당히 높다. 2018년 1월 24일, 크루즈 의원은 허드슨 연구소(Hudson Institute) 간담회에서 북핵 대비 THAAD, 미사일 방어의 필요성을 역설하면서 북한에 대한 군사적 공격은 좋은 옵션이 아니지만, 최후의 수단으로 사용할 수 있기 때문에 북한이 합리적으로 억제(rational deterrence)될 것이라고 말했다. 그는 북한 체제의 속성이 중요하다며, 공세적인 이란과 달리 방어적이라고 규정했다. 북한이 이란에게 핵무기 보유의 가치를 보여주는 것처럼, 이란도 공동포괄적이행계획(JCPOA) 체결을 통해 북한에게 완전한 비핵화에 미치지 못하는 협상이 가능하다는 것을 보여주었다며 서로에게 잘못된 교훈을 주고 있다고 비판했다. 사회자가 한국 정부의 올림픽 외교에 대한 의견을 묻자, "경계를 늦추지 말고"(must not be distracted by shiny objects) 대북제재를 그대로 유지하는 것이 중요하다고 답했다.[35]

크루즈 의원이 2019년 9월 3일 허드슨 연구소에서 미국의 고립주의와 국제적 개입주의와 관련해 발표한 내용을 보면 앞서 인용한 내용과 별반 다르지 않다.[36] 그는 오바마 행정부의 대이란 정책이 실패했음을 강조하면서 "문맥"을 설명한다며 클린턴 행정부의 대북 정책으로 인해 국제적 대북제재가 해제되었고, 결국 수천

35 Ted Cruz, "Senator Ted Cruz's Remarks: U.S. Reponses to the North Korean Threat." *Hudson Institute*. 2018.1.24.

36 Michael Doran, "Transcript: Interventionism vs. Isolationism: A Conversation with U.S. Sen. Ted Cruz." *Hudson Institute*. 2019.9.3.

만 달러가 북한으로 유입되어 북한의 핵무기 개발을 도왔다고 역설했다. 특히 1994년 제네바 합의 무용론을 펼치면서 오바마 행정부가 그때 북핵 협상을 잘못 이끌었던 웬디 셔먼(Wendy Sherman)을 다시 등용하는 오류를 범해 2015년에 그보다 못한 JCPOA를 체결했다고 비판했다. 그러면서 현재 김정은의 지배체제는 이란과 달리 방어적이기 때문에, 핵무기 사용이 합리적으로 억제될 것이라고 강조하며 이란 핵무기 개발의 위험성을 재차 강조했다. 이 내용을 보면, 크루즈 의원의 북한에 대한 불신은 뿌리가 깊기 때문에 제재 완화와 같은 양보를 통해 핵무기 개발을 동결시키는 합의 체결을 지지하지 않을 것임을 예상할 수 있다. 그는 2018년 협상의 분기점에서 트럼프 대통령의 대북 정책을 정치적 필요 때문에 지지했고, 북한의 도발이 재개되면 언제라도 다시 강경한 대응을 주문할 것이다. 크루즈 의원이 2019년 2월 6일 미국경제연구소(AEI)에서 미국 외교정책과 의회라는 주제로 단독 간담회를 가졌을 때, 전쟁을 선포할 권한은 의회에게 있으나 미국 대통령은 헌법 제2조에 따라 명백하고 임박한 국가안보 위협(a clear and imminent threat)에 대해 예방적 차원에서 군사력을 동원할 권한이 있다고 재확인한 바 있다. 그는 이란이 핵무기를 보유하거나 북한이 가진 핵무기를 사용하는 것을 임박한 위협의 사례로 소개하고, 전자를 예방하기 위한 군사력 사용에 대비해야 한다고 말했다(Cruz 2019).

결국 크루즈 의원의 주된 안보적 관심은 이란 핵문제이고 과거 민주당 행정부의 유화적 대북 정책은 피해야 할 "나쁜 사례"이다. 그는 트럼프 행정부의 협상 기조를 전면 반박하지 않으면서 과거의 잘못된 경험이 반복되지 않아야 한다는 명분 아래 우회적으로 우려를 표명해왔다. 앞서 III절에서 살펴본 네 가지 사례에서 의회가 행정부에 대해 반기를 들 때, 크루즈 의원은 중동 이슈임에도 불구하고 반대 의사를 표현하지 않았다. 트럼프 대통령과 척지는 표결은 기록이 남고 향후 대통령과의 관계에 있어서 중대한 결과를 가져올 수 있다는 셈법 때문에 반대표를 행사하지 않은 것으로 추정된다. 북한 이슈에 대해서는 Party Republican 행세를 했지만 정작 주력 분야에 대해서는 Trump Republican으로 남은 것이다.

코리 가드너(R-CO) 의원은 2015년 1월부터 상원 외교위 동아태소위원장을 맡아 가장 적극적으로 북한 관련 법안과 결의안을 발의하고 오바마 행정부와 트럼프 행정부의 대북 정책에 관여해온 인물이다. 그는 대북제재강화법(NKSPEA 2016)과 아시아 안심법안(ARIA 2018) 제정을 주도했고, 트럼프 행정부 초기부터 대북제재를 효과적으로 집행해야 한다고 강조하면서 내용보다 형식에 치우쳐 있는 듯한 트럼프 대통령의 비핵화 협상 추진 방식에 대해 절제된 지지를 보냈다. 2017년 2월에 직접 재무부 장관에게 서한을 보내 대북 금융 제재 집행을 강화하는 방안을 제시하기도 했고 북한의 6차 핵실험 직후에는 유엔 주재 20여 개국 대사에게 서한을 보내 북한과의 외교, 경제 관계를 단절하라고 촉구하기도 했다. 그에 앞서 미국 주도로 북한을 유엔에서 퇴출시켜야 한다고 주장하기도 했다.

특히 북한의 비핵화 의지의 신징성은 믿을 수 없다는 입장을 분명히 하고 북한이 미국과 동맹국에게 심각한 핵위협을 가중시키고 있다고 역설했다. 2018년 싱가포르 북미정상회담 개최에 대해 회의적으로 반응하고 대화는 유지하되 보다 강력한 경제제재가

병행되어야 한다고 주장한 이유이다. 2018년 12월 20일에는 차기 북미회담 개최 취소를 요구하기도 했다. 2019년 하노이 정상회담이 기대에 미치지 못한 성과를 내자 미국이 아닌 북한이 지속적으로 국제법을 어기고 있다며 북한의 불법 환적, 금융제재 위반과 사이버 범죄, 인권유린 문제를 총체적으로 비판했다. 그리고 2017년 대비 미국의 제재 집행이 완화되었다며 이미 식별된 대북 제재 위반자들을 처벌하는 등 강력한 최대 압박 정책으로 회귀해야 한다고 주장했다(Gardner 2019). 마침내 2019년 10월 스톡홀름 실무협상이 결렬되고 12월 7일, 김성 유엔주재 북한 대사가 더 이상 협상장에서 비핵화를 논하지 않겠다고 입장을 밝히자, 가드너 의원은 이에 대응하는 강도 높은 성명을 발표했다. 평양에 있는 미치광이는 국제사회와 미국인에 대한 안보 위협이며, 북한은 처음부터 비핵화를 추진할 의지가 없었다는 것이 밝혀졌기 때문에 최대 압박 정책을 복원시켜야 한다는 내용이었다. 구체적인 조치로 2019년 6월 자신이 발의했던 북한에 대한 포괄적인 원유 및 무역 금수조치를 담은 대북제재 법안(LEED Act)의 입법을 강조했다.[37]

한편, 가드너 의원은 크루즈 의원과 마찬가지로 공화당 의원들이 표결을 통해 대통령에 대해 반기를 들 때 동참하지 않았다. 그가 분기점마다 트럼프 대통령이 주도하는 대북 정책에 대해 파수꾼 역할을 맡아 때로 거침없이 비판하는 것을 보면 Party Republican임에 틀림이 없다. 그러나 논란이 되는 외교정책 이슈에 대한 찬반 표결을 통해 대통령과 척지는 것을 피한 모습은 어느

37 https://www.gardner.senate.gov/newsroom/press-releases/gardner-responds-to-north-koreas-statement-that-it-will-not-denuclearize

표 5-12. 2020년 중간선거 대상인 상원 공화당 의원

선거 대상	퇴직자
Sen. Mitch McConnell (R-Ky.)	Sen. Lamar Alexander (R-Tenn.)
Sen. Lindsey Graham (R-S.C.)	—2020년 은퇴 선언
Sen. Thom Tillis (R-N.C.)	Sen. Mike Enzi (R-Wyo.)
Sen. Shelley Moore Capito (R-W.V.)	—2020년 은퇴 선언
Sen. Susan Collins (R-Maine)	Sen. Pat Roberts (R-Kan.)
Sen. Bill Cassidy (R-La.)	—2020년 은퇴 선언
Sen. John Cornyn (R-Texas)	Sen. Johnny Isakson (R-Ga.)
Sen. Tom Cotton (R-Ark.)	—2019년 은퇴 선언
Sen. Steve Daines (R-Mt.)	
Sen. Joni Ernst (R-Iowa)	
Sen. Cory Gardner (R-Colo.)	
Sen. Cindy Hyde-Smith (R-Miss.)	
Sen. James Inhofe (R-Okla.)	
Sen. Martha McSally (R-Ariz.)	
Sen. David Perdue (R-Ga.)	
Sen. James Risch (R-Idaho)	
Sen. Mike Rounds (R-S. D.)	
Sen. Ben Sasse (R-Neb.)	
Sen. Dan Sullivan (R-Alaska)	
Rep. Paul Mitchell (R-Mich.)	

* 밑줄 친 의원 세 명은 2020년 중간선거에서 낙선 위험이 높은 의원이다.

Trump Republican과 다르지 않다. 2020년 중간선거에서 가장 취약한 의원 중 하나라는 것을 고려해 가드너 의원의 선택을 설명해보자.[38] 우선, 미국 정치에서 북한 이슈가 어떻게 다뤄지는지를 다시 조명해볼 필요가 있다. 의회에서 대북제재 유지 및 강화, 북한 억제를 위한 한미동맹 중시와 한미일 협력 강화 기조는 초당적인 지지를 받고 있는 사안이다. 따라서 이 교집합 범위 내에서 제시하는 정책 제안은, 당파적 이슈에 대해 이견이나 비판을 제기하

38 우연의 결과(spurious)일 수도 있지만, 여기서는 여러 가지 가능성을 두고 해석을 시도한다.

는 것보다 대통령의 권위에 대한 중대한 도발로 여겨지지 않을 수 있다. 게다가 2018년 최초로 시도한 북미 정상 간 대북 협상의 모험적 성격에 대해서는 공감대가 형성되어 있고, 공화당 지도부에서조차 대통령의 대북 정책을 당의 것으로 인식하고 있지 않기 때문에, 의원들의 운신의 폭은 어느 정도 보장되어 있을 것이다.

둘째, 가드너 의원이 맡고 있는 외교위 아태소위원장이라는 직함이 부여하는 의무와 권한이 보험 기능을 해주기 때문에 대북 정책에 대해서는 Party Republican처럼 행동하고, 비전문 분야에 대해서는 Trump Republican으로 남는 것일 수 있다. 셋째, 지역구 유권자들이 관심을 가질 만큼 가시적인(salient) 이슈에 대한 찬반 표결이 그만큼 중대하다는 것을 의미할 수 있다. 외교정책 부문에서 대통령에게 반기를 들었다는 이력은 언론이나 중간선거에서 경쟁자가, 혹은 트럼프 대통령이 직접 공격할 수 있는 취약점이 될 수 있기 때문이다.

V 결론

이 글 전반부에서는 공화당 내 정치적 분파 간 세력 균형 변화가 일어나지 않은 이유와 의회가 국경장벽 설치, 시리아 철군 및 예멘 내전 참여, 대이란 군사력 사용과 같은 주요 외교정책 사안에 대해 대통령에게 반기를 드는 사례를 살펴보았다. 트럼프 대통령의 리더십에 대해 강한 불만을 가졌던 공화당 의원들은 이미 자발적으로 은퇴하거나 이직을 선언한 후였다. 나머지는 양극화된 정치

환경에서 생존하기 위해 Trump Republican이기를 스스로 선택한 사람들이기 때문에, 이 세력은 압도적이었다. 트럼프 대통령의 무죄 선고로 막을 내린 탄핵 재판은 공화당 지도부의 영향력을 입증한 반면 양극화된 여론을 움직이는 데 역부족이었다. 공화당 핵심 지지층의 결집으로 대통령에 대한 지지율이 안정적으로 유지되면서, 공화당 의원들은 대통령뿐 아니라 지역 유권자들에 의한 보복 위험을 무릅쓰고 이탈할 유인을 찾기 어려웠다. 선거라는 제도적 메커니즘은 효과적인 세력 관리 수단이었다. 주요 외교정책 이슈 관련 제116대 의회의 공화당 의원들이 민주당과 함께 대통령이 주도하는 정책에 반기를 든 사례는 몇 차례 있었다. 정치 양극화가 극심한 상황에서도 행정부를 견제하기 위해 일부 의원들은 소신 있게 행동했다. 북한 이슈에 대해서는 트럼프 대통령과 결이 다르게 강경한 입장을 표명하면서 해당 사례 표결에는 동참하지 않은 의원들이 식별되었다.

후반부에서는 트럼프 행정부 대북정책에 대한 주요 공화당 의원과 의회의 반응을 살펴보았다. 트럼프 대통령이 북핵 협상에 직접 관여함으로써 상당한 정치적 자본을 투입했다. 대북 정책에 대해 원칙적이며 강경한 입장을 고수해온 코리 가드너 의원이나 북핵의 위험성을 경고해온 테드 크루즈 의원의 사례는 Trump Republican들이 정책 포트폴리오를 다르게 관리하는 모습을 보여주었다. 이 두 의원은 북한 매체에서 '인간 오물,' '인간의 모습을 한 짐승'이라고 직접적으로 거론될 만큼 비중 있는 인물이다.[39] 두

39 Tom O-Connor, "North Korea Takes Down U.S. Senator Ted Cruz, 'A Demon in Human Shape'." *Newsweek*. 2019.9.5.

의원 모두 제116대 의회가 행정부에 여러 차례 반기를 들 때, 동참하지 않았다. 그러나 이 둘의 사정은 달랐다. 가드너 의원은 2020년 중간선거에서 콜로라도주 상원의원으로 재선될 가능성이 낮게 전망되는 반면, 크루즈 의원은 올해 선거 대상이 아니다. 가드너 의원이 대북 최대 압박 정책의 복원을 촉구하는 법안을 주도적으로 발의하면서도 대통령에 반하는 표결에 동참하지 않는 이원화된 모습에서, 당파적 이슈에 대한 찬반 표결이 갖는 부담이 그만큼 크다는 것을 읽어낼 수 있다.

그렇다면, 향후 트럼프 행정부의 대북 정책에 대한 공화당과 의회의 견제 가능성은 어떻게 전망할 수 있을까? 2019년 말 스티븐 비건 국무부 부장관을 비롯해 미측 실무자들이 북한과의 합의 조건에 대해 다소 유연한 태도를 보였기 때문에 북미 간 잠정적 핵 합의 체결을 추진할 가능성은 여전히 남아 있다. 그러나 북한이 북미 정상 간 약속한 레드라인을 넘는 추가 도발을 삼가하고, 이란, 아프가니스탄과 같은 중동 현안 등을 처리하는 과정에서 북핵 이슈가 트럼프 대통령의 정책적 우선순위에서 밀리지 않는다는 등의 조건이 충족되어야 의미 있는 협상 진척을 기대할 수 있다. 2020년 1월 13일, 국무부가 북한에게 스톡홀름 협상을 재개하자고 공식 의사를 전달했지만, 글로벌 이슈로 급부상한 코로나19 사태 때문에 미국이 북한 문제 해결에 집중하기 어려운 상황이다.

폼페이오 국무장관은 지난 12월, 북한이 크리스마스 선물을 주지 않았다는 이야기를 하면서, "미국은 여전히 2018년 북미 정상이 약속한 비핵화 달성에 대해 대화할 의지가 있다"고 밝혔다. 한편, 켈리 크래프트 주유엔 미 대사는 북한의 탄도미사일 도발의 위험성에 대해 경고하고 지난 1년 반 동안 북한이 진정성 있는 대화에 나서지 않고 있다고 비판했다. 2019년 한 해 동안 북핵 협상에 대한 트럼프 행정부의 공식 입장은 대화를 이어나가겠다는 것이나 의회는 북한의 약속 불이행에 대한 날을 세우며 최대 압박 정책의 복원을 요구하고 있다. 2020년 2월 25일 개최된 상원 외교위 동아태소위원회 청문회에서,[40] 민주당, 공화당 의원 모두 북한에게 귀책사유가 있다고 비판하며 기존 경제제재의 강력한 집행과 함께 북한으로부터 CVID식 비핵화에 대한 약속을 받아낼, 충실한 실무협상에 기초한 지속 가능한(sustainable) 외교를 주문했다. 트럼프 대통령의 영향력 아래 전체 공화당 의원 중 Trump Republican 세력이 압도적이라 하더라도 의회에서 북한 이슈를 주도하는 그룹은 그 이슈에서만큼은 Party Republican이다. 따라서 향후 트럼프 대통령이 북한의 비핵화 진정성을 확인받지 않은 채 협상에서 양보하는 모습을 보인다면, 상당수의 공화당 의원이 민주당과 함께 행정부를 견제하러 나설 것이다.

40 "North Korea Policy One Year After Hanoi," Senate Foreign Relations Subcommittee on East Asia, the Pacific and International Cybersecurity Policy. 2020.2.25.

참고문헌

김진하, 2016. 『미국 정당을 알면 미국 정치가 보인다』. 도서출판오름.

서정건, 2019. 『미국 정치가 국제 이슈를 만날 때』. 서강대학교출판부.

이종곤, 2019. "미국 패권의 미래: 트럼프 이후 미국은 어디로?" EAI 워킹페이퍼.

정구연. 2018. "우파 포퓰리즘과 미국 대외정책에 대한 함의." 『담론』 Vol. 21, No. 2, 통권 69호. pp. 139-169.

Alberta, Tim. 2019. *American Carnage*. Harper Collins Publishers.

Binder, Sarah, James Goldgeier, and Elizabeth N. Saunders. 2020. "The Imperial Presidency Is Alive and Well." *Foreign Affairs*.

Boot, Max. 2018. *The Corrosion of Conservatism: Why I Left the Republican Party*. Liverlight Publishing Corporation.

Cruz, Ted. 2019. "A conversation with Sen. Ted Cruz on the Senate's role in foreign policy." *AEI*. 2019. 2. 6.

Diebel, Terry L. 2005. "Intraparty Factionalism on Key Foreign Policy Issues: Congress versus Clinton, 1995-2000," in Donald R. Kelley, *Divided Power: The Presidency, Congress, and the Formation of American Foreign Policy*. Fayetteville: University of Arkansas Press.

Doran, Michael. 2019. "Transcript: Interventionism vs. Isolationism: A Conversation with U.S. Sen. Ted Cruz." *Hudson Institute*. 2019.9.3.

Gardner, Cory. 2019. "Implications of the U.S.-North Korea Summit." *CSIS*. 2019.3.7.

Hathaway, Robert and Jordan Tama. 2004. "The U.S. Congress and North Korea during the Clinton Years: Talk Tough, Carry a Small Stick." *Asian Survey* Vol. 44, No. 5, pp. 711-733.

Hudak, John. 2019. "The Senate's emergency vote showed Trump's enduring strength." Brookings Institution. 2019.3.15.

Jeong, Gyung-Ho and Paul J. Quirk. 2019. "Division at the Water's Edge: The Polarization of Foreign Policy." *American Politics Research* Vol. 47(1), pp. 58-87.

Neustadt, Richard E. 1980. *Presidential Power: The Politics of Leadership from FDR to Carter*. John Wiley & Sons Inc.

Seo, Jungkun. 2015. "Agreements Without Commitments? The U.S. Congress and the U.S.-North Korea Agreed Framework, 1995-2002," *The Korean Journal of Defense Analyses* Vol. 27. No. 1. pp. 107-122.

Senate Foreign Relations Subcommittee on East Asia, the Pacific and International Cybersecurity Policy. "North Korea Policy One Year After

Hanoi." 2020.2.25.

Tama, Jordan. 2019a. "Anti-Presidential Bipartisanship in U.S. Foreign Policy Under Trump: The Case of the International Affairs Budget," Paper presented at the International Studies Association Annual Convention, March 2019.

_____. 2019b. "Forcing the President's Hand: How the U.S. Congress Shapes Foreign Policy through Sanctions Legislation," *Foreign Policy Analysis.*

Woodward, Bob. 2018. *Fear.* Simon and Schuster.

필자 소개

권보람 Kwon, Bo Ram

한국국방연구원 선임연구원
이화여자대학교 정치외교학과 졸업, 노스캐롤라이나 주립대학 채플힐 정치학 박사

논저 "美 인도·태평양 전략의 지경학과 한국 안보(2020)", "트럼프 행정부의 인도·태평양 전략: 추진 동향과 영향 요인 평가(2020)", "2020년 미국의 대외정책 방향과 안보정세 전망(2020)", "트럼프 행정부의 대이란 정책과 북한 비핵화 협상에 대한 함의(2019)"

이메일 brkwon@gmail.com

제6장

트럼프 시대 미국인들의 외교정책 인식

How Americans View Foreign Policy in the Trump Era

하상응 | 서강대학교 정치외교학과 부교수

현재 미국 정치를 설명하기 위해 반드시 필요한 개념은 이념 양극화(ideological polarization)이다. 원래 의회 내에서 공화당 의원들이 점점 더 보수적인 입장을 취하고, 민주당 의원들이 상대적으로 더 진보적인 입장을 취하는 현상을 의미하는 이념 양극화는 일반 유권자의 영역까지 확장해 왔다. 공화당을 지지하는 보수적인 유권자와 민주당을 지지하는 진보적인 유권자 간 합의의 가능성이 점점 줄고 있는 것이다. 이 장은 이념 양극화 시대에 미국 유권자들이 외교정책을 어떻게 평가하는지를 경험적으로 검토하는 것을 목적으로 한다. 2018년에 수행된 설문 자료 분석 결과, 공화당 지지자는 트럼프 대통령이 추구하는 보호무역 및 고립주의 성향의 외교정책에 지지를 보내는 반면, 민주당 지지자는 미국이 좀 더 적극적으로 국제정치의 주 행위자 역할을 하기를 기대하는 것으로 나타났다. 이러한 결과는 국내정치에 비해 외교정책에 대한 정보가 상대적으로 부족한 일반 유권자들이 정치권의 양극화된 시각을 수용, 재생산하고 있음을 시사해 준다.

Ideological polarization has characterized the contemporary US politics in the past two decades, and reached its peak with the triumph of Donald Trump in the 2016 presidential election. In a polarized era, voters are prone to confirmation bias—intentional search for information consistent with their predispositions—and disconfirmation bias—immediate rebuttal to information at odds with their predispositions—in formulating their opinions. This chapter examines whether and how voters' partisanship affects their views on foreign policy issues. Analysis reveals a sharp partisan division between

Republicans and Democrats: Republicans are more likely to support Trump's protectionist and isolationist policies regarding trade, immigration, and national security, while Democrats tend to put more emphasis on the moralistic and humanitarian roles of the United States in the world. The results suggest that politics do not end at the water's edge in an ideologically polarized context. Americans' understanding of foreign policy is clearly partisan.

KEYWORDS 이념 양극화 ideological polarization, 정파적 편향 partisan bias, 외교정책 foreign policy, 여론 public opinion, 미국 the United States

I 여론과 미국 외교정책

1. 여론의 중요성: 국내정책 대 외교정책

여론을 정책 결정에 반영하는 행위는 민주주의의 정당성을 확보하는 가장 중요한 방법들 중 하나이다(Druckman 2014; Shapiro 2011). 원활하게 작동되는 대의민주주의(representative democracy)는 민의를 잘 대변해 주는 대표를 유권자가 선출하고, 이렇게 선출된 대표가 여론을 잘 반영하여 정책을 만드는 과정을 전제로 한다. 또한 일반 유권자들은 이렇게 만들어진 정책에 대한 평가를 선거에서 수행함으로써, 정책 결정과정에 참여할 뿐만 아니라 정책 결과물에 대한 선호를 표현할 수 있다(Grimmer, Westwood, and Messing 2014; Hutchings 2003). 정책 평가로 이루어진 대중의 선호를 잘 반영하는 정당과 후보는 그 다음 선거에서 이길 가능성이 높을 것이다.

민주주의 국가에서 일반 유권자가 정책 결정 과정에 미치는 영향을 검토하기 위해서는 정책 결정자인 정치 엘리트(political elites)와 일반 유권자(ordinary citizens) 간 중요한 정치 현안에 대한 정보의 격차가 크지 않아야 된다는 전제조건을 만족시킬 필요가 있다. 세제 개혁이라는 정책을 논의하는 상황을 상상해 보자. 국가의 재정을 이해하기 위해서는 일반인들이 쉽게 접할 수 없는 전문적인 지식이 요구되는 것이 사실이다. 하지만 전통적으로 시장을 믿고 세금을 덜 걷어 투자를 활성화하는 것이 국가 경제에 도움이 된다고 주장하는 진영(보수 진영)과 불평등을 해소하기 위해 국가가 적극적으로 세금을 더 걷어 재분배 정책을 시행해야 한다고 주장하는 진영(진보 진영)이 있어왔고, 각 진영은 자신의 입장에 동조할 만한 직군에 속해 있는 일반 유권자에게 정보를 제공하여 의견 형성으로 도와왔다. 즉, 일반 유권자들 스스로가 전문 지식을 갖추고 있지는 못하지만, 특정 정책 방향을 지지하는 엘리트들이 유권자를 교육하고 설득하기 때문에, 궁극적으로 주어진 정책에 대한 찬반 입장을 취하기에 충분한 정도의 정보를 습득하게 된다는 말이다(Boudreau and MacKenzie 2014; Bullock 2011). 이러한 논리는 진보-보수 간 입장 차이가 어느 정도 보이는 거의 모든 국내정책에 적용될 수 있다.

하지만 위에서 제시된 정치 엘리트와 일반 유권자 간의 관계가 외교정책 영역에서는 상대적으로 두드러지게 나타나지 않는다. 외교정책을 결정하기 위해 필요한 정보들이 보통 일반 유권자들과 공유되지 않기 때문이다. 따라서 외교정책 결정 과정에서는 일반 유권자들의 입장이 우선적으로 고려되는 단계는 생략되고, 엘리트들이 일방적으로 만든 정책 결과물을 평가하는 과정에서만 일반 유권자의 의견을 확인할 수 있는 것이 일반적이다(Baum and Porter 2015; Holsti 2004). 정치 엘리트와 일반 유권자 간의 정보 비대칭성 말고도, 외교정책이 국민들의 단일한 목소리를 요구하는 경우가 많다는 사실 역시 외교정책 결정 과정을 이해하는 데에 있어서 여론의 역할이 상대적으로 덜 중요하게 여겨진 이유이다. 국가 간 관계를 정하고 재정립하는 정책은 한 국가의 국익을 극대화시키는 방향으로 논의되기 마련이기 때문에, 그러한 방향에 이의를 제기하는 행위는 정당성을 확보하기 어려울 것이다. 특히 한 국가가 다른 국가로부터의 위협에 노출된 경우(전쟁 혹은 테러 상황) 일반 유권자들에게서 다양한 목소리를 기대하는 것은 불가능하다(Baum 2002; Groeling and Baum 2008).

이렇듯 민주주의 국가에서 정치 엘리트들이 정책 결정에 앞서 여론을 신중히 살펴보는 과정은 일반적으로 중요하나, 외교정책 결정 과정에서는 엘리트와 일반 유권자 간의 정보의 비대칭성 및 외국이라는 잠재적 위협이 될 수 있는 외집단(out-group)을 다루는 정책의 특성 때문에 여론이 무시되는 경향이 있다. 즉, 외교정책 영역에서 여론은 정치 엘리트가 마련한 프레임에 따라가는 경우가 일반적이다.

물론 미국 현대 정치사를 보면 외교정책 관련한 일반 유권자들의 목소리가 없었던 것은 아니다. 그러나 외교정책 관련된 여론이 외교정책 결정 혹은 변경에 중요한 역할을 하거나, 국내정치 영역에서 의미 있는 변화를 가져왔다는 증거는 희박하다. 예를 들어 존슨 대통령 시절 베트남 전쟁을 반대하는 사회운동이 있었지만, 그것이 공화당 소속 닉슨 대통령 지지 운동으로 이어지지는 않았고, 닉슨 대통령 역시 당선 이후 후보 때 던지던 반전 메시지를 거두었다. 마찬가지로 부시 행정부 시절 이라크 전쟁에 대한 여론 역시 공화당 지지자와 민주당 지지자 간의 차이가 확인되긴 하지만, 민주당 오바마 후보가 대통령으로 당선된 후에도 이라크로부터의 철군은 즉각적으로 이루어지지 않았다. 또한 클린턴 대통령 시절부터 본격적으로 진행된 다자주의에 근거한 자유무역 정책에 대해서도 노조를 비롯한 국내 진보 세력들은 크게 반발하였으나, 그렇다고 해서 그들이 선거 때 공화당 후보를 지지한 것은 아니다. 즉,

정치이념, 가치관 혹은 지지 정당에 기반한 외교정책 인식 차이는 늘 있어왔으나, 여론이 정치 엘리트의 영향력으로부터 독립적인 것인지, 그리고 정책 결정 과정에서 충실히 논의되는지에 대한 의구심이 동시에 존재했던 것도 사실이다. 이는 일반 유권자 차원에서 확고한 외교정책에 대한 태도는 존재하지 않고, 대신 정치 엘리트로부터의 메시지 변화와 국제정치 상황의 변화에 따라 여론이 쉽게 바뀔 수 있음을 시사해 준다.

2. 이념 양극화 시대의 여론

일반 유권자들이 독립적으로 외교정책에 대한 공고한 의견을 만들지 못하고, 정치 엘리트 혹은 대중매체가 제공해 주는 프레임에 종속되어 있다는 인식은 최근 바뀌고 있다. 이러한 변화를 이해하기 위해서는 미국 정치를 설명하는 데에 있어서 가장 빈번히 사용되는 개념들 중의 하나가 된 이념 양극화(ideological polarization)를 이해하는 것이 필수적이다. 미국의 양대 정당인 공화당과 민주당에 소속된 정치인들의 이념 성향이 과거에 비해 좌우 양 극단으로 움직이고 있다는 것이 이념 양극화 논의의 핵심이다. 미국 의회의 호명투표(roll-call votes) 결과를 체계적으로 분석한 연구들에 따르면, 1970년대만 해도 가장 보수적인 민주당 국회의원의 이념 성향이 가장 진보적인 공화당 국회의원의 이념 성향보다 더 보수적이어서 민주당과 공화당이 공유하는 영역이 있었다. 하지만 지금은 가장 보수적인 민주당 국회의원의 이념 성향이 가장 진보적인 공화당 국회의원의 이념 성향보다 더 진보적이어서 두 정당 간

의견 조정 및 합의 도출에 필수적인 “중간지대”가 없는 상황이다(Hirano, Snyder, Ansolabehere, and Hansen 2010; Theriault 2008).

이러한 미국 정당 구도의 변화는 유권자들의 이념 성향에도 영향을 미친다(Abramowitz 2010). 유권자들은 대중매체를 통해 전달되는 정치인 및 정당의 메시지를 소화하여 주요 정치 현안에 대한 자신들의 의견을 개진한다. 그런데 메시지를 생산하는 정당이 이념적으로 양극화되어 있을 뿐만 아니라, 정보를 전달해 주는 매체 역시 과거에 비해 이념적으로 편향된 보도를 일삼고 있는 것이 현실이다. 공화당을 지지하는 보수 성향의 유권자는 폭스 뉴스(*Fox News*)로 대표되는 보수 성향의 매체를 통해 자신의 이념적 입장을 강화하고, 민주당을 지지하는 진보 성향의 유권자는 노골적으로 진보적인 시각을 앞세우는 매체를 이용하여 정보를 습득하는 일이 일상화된 지 오래다(Levendusky 2013).

2016년 도널드 트럼프(Donald Trump)라는 가장 극단적인 성향을 보인 인물이 공화당 대통령 후보로 지명되고 대통령으로 선출된 사건이 이념적으로 양극화된 정치권에서 일어났다는 것은 우연의 일치가 아니다. 현재 진행 중인 민주당 대통령 경선에서도 양극화의 흔적을 쉽게 확인할 수 있다. 2020년 2월 현재, 과거에는 지나친 좌편향 입장으로 이해될 만한 정책들을 제안하는 버니 샌더스(Bernie Sanders) 후보의 지지율이 공고한 반면, 상대적으로 온건한 입장을 대표하는 조 바이든(Joe Biden) 후보와 피트 부티제지(Pete Buttigieg) 후보의 지지율이 높지 않은 현상은 민주당을 조금 더 이념 스펙트럼의 왼쪽으로 몰아가고자 하는 움직임이 만만치 않음을 보여준다.

이념 양극화로 인해 외교정책 결정 과정에서 여론의 역할에도 변화가 있다. 그 변화의 내용을 검토하기 위해 다음의 공식을 살펴보자.

의견(opinions) = 정향성(predispositions) + 정보(information)

위의 공식은 정치 영역에서 유권자 개인의 의견(과 이것이 모여 만들어지는 여론)이 개인이 가지고 있는 정향성(이념 성향 및 가치관)과 일상생활에서 접하는 정보의 합으로 형성됨을 의미한다(Zaller 1992). 이상적인 상황에서 이 공식은 다음과 같은 전제조건을 상정하고 있다. 첫째, 개인이 정치 현안 관련 정보를 정향성에 기반하여 처리하지 않고, 객관적으로 처리한다는 조건이다. 예를 들어 보수적인 성향의 유권자와 신보석인 성향의 유권자가 하나의 주이진 정보를 처리하는 과정은 유사할 것이라는 말이다. 둘째, 정보를 전달해 주는 매체는 편협된 시각이 아닌, 다양한 시각을 제공해 준다는 조건이다. 셋째, 정보를 전달해 주는 매체는 "사실"(facts)과 "의견"(opinions)을 구분해 준다는 조건이다. 이 모든 조건이 만족되는 상황에서 유권자는 합리적인 유권자(rational voters)라고 부를 수 있다. 그런데 여기서 정의된 합리적인 유권자를 현실 정치에서 찾아보기는 쉽지 않다. 이 세 가지 조건들이 만족되기 어렵기 때문이다.

첫 번째 조건이 만족되지 않는 경우, 합리적인 유권자 대신 합리화하는 유권자(rationalizing voters)가 기승을 부릴 수 있다. 의견 형성 과정에서 정향성과 정보가 서로 독립적으로 작동한다면, 정보의 영향력이 정향성의 영향력보다 클 가능성이 있다. 예를 들어 자신이 믿는 종교의 가치관 때문에 동성 간 결혼에 대한 태도가 부정적인 사람들은 동성애를 치유 가능한 병이라고 생각할 수 있다. 그런데 동성애 성향은 후천적으로 습득하거나 전염이 되는 것이 아니라, 타고난 것에 가깝다는 과학자들의 객관적인 연구 결과를 정보로 받아들임에 따라 원래 가지고 있었던 정향성을 버리고 정보가 제공해 주는 방향으로 의견을 수정할 수 있다. 마찬가지로 정치적으로 진보적인 사람들은 사람들 간의 능력 차이가 사회 구조의 부조리에 의한 문제이지, 타고난 것이라고 생각하지 않는 경향이 있다. 이 경우에도 유전을 통해 생물학적으로 결정되는 개인차(individual differences)를 증명하는 연구 결과를 정보로 받아들임에 따라 원래 의견을 수정할 수 있을 것이다. 이것이 이상적인 형태의 합리적인 유권자의 모습이고, 오직 정향성과 정보 간 서로 독립적인 관계가 유지될 때에만 가능하다.

하지만 이념 양극화 시대에 대부분의 유권자들은 자신의 정향성을 통해 정치 현안에 대한 정보를 처리하는 경향이 있다. 실제 정치 현안에 대한 정보는 "하얀 색"인데, 보수 성향의 사람들은 "빨간 색" 색안경을, 진보 성향의 사람들은 "파란 색" 색안경을 끼고 정보를 처리하여, 정보가 의견 형성에 주는 효과가 개인의 정향성(이 경우에는 정치 이념)에 따라 달라질 수 있다는 것이다. 이렇게 되면 여러 가지 정치 현안의 내용을 설명해 주고 해석해 주는 정보를 유권자 개인의 정향성으로 재단하게 된다. 우선 자신의 정향성과 일치하는 정보만을 일부러 찾아 나서는 확증편향(confirmation bias)

의 문제가 있을 수 있고, 자신의 정향성과 일치하지 않는 정보를 접하게 되면 그 내용에 반박하기 위한 노력을 기울이는 비확증편향(disconfirmation bias)의 문제도 생긴다(Lodge and Taber 2013).

또한 이념 양극화 시대에는 대중매체 환경의 질적 변화에 주목해야 한다. 예전과 달리 지금은 정치 관련 현안을 정파성을 띤 매체(partisan media)를 통해 접할 수 있는 가능성이 높아졌다. 정치 관련 뉴스를 전달해 주는 채널의 수가 많지 않던 시절에는 질이 좋은 정보는 일반 유권자에게 전달하고, 질이 좋지 않거나 확인이 되지 않은 정보는 거르는 수문장(gatekeeper)의 역할을 언론이 비교적 잘 수행하였다. 그러나 지금은 서로 경쟁하는 뉴스 매체의 수가 무수히 많은 상황이라 유권자 입장에서는 자신의 정향성과 부합하는 메시지를 전달하는 매체를 고르기가 쉬워졌고, 매체의 입장에서는 명확한 이념 성향을 보여주어 단골 소비층을 만드는 것이 생존 전략이 되고 말았다. 이 결과 매체가 의견과 사실을 구분하는 작업에 소홀해지게 되고 이는 가짜뉴스(fake news)의 범람으로 이어지는 것이 지금 어렵지 않게 관찰할 수 있는 현상이다(Flynn, Nyhan, and Reifler 2017). 이념 양극화 시대의 유권자는 합리적인 유권자라기보다 자신의 정향성에 근거하여 정보를 처리하는 합리화하는 유권자 혹은 가짜뉴스에 오염된 잘못 알고 있는 유권자(misinformed voters)일 가능성이 큰 것이다.

3. 이념 양극화와 외교정책을 보는 시각

위에서 논의한 바와 같이 합리적인 유권자와 합리화하는 유권자

(혹은 잘못 알고 있는 유권자)를 가르는 기준은 정치 현안에 대한 의견을 형성하는 데에 있어서 정향성과 정보를 어떻게 활용하느냐이다. 합리적인 유권자는 정향성과 정보를 서로 독립적으로 처리하여, 자신의 정향성과 일치하지 않는 의견 형성이 가능하지만, 합리화하는 유권자는 정향성을 이용해 정보를 처리하기 때문에, 자신의 정향성과 일치하지 않는 의견의 형성을 할 수 없다.

그렇다면 이념 양극화 시대에 유권자의 외교정책에 대한 태도는 어떻게 형성될 것인가? 위에서 언급한 대로, 일반적으로 유권자들은 외교정책에 대한 정보를 갖고 있지 않기 때문에 외교정책에 대한 의견 형성에는 정향성의 역할이 클 수 밖에 없다. 하지만 의견 형성을 하기 위한 정보가 충분하지 않다는 것은 곧 정치 엘리트의 의견 혹은 프레임에 유권자들이 따라가기 쉽다는 것을 의미하고, 외교정책은 국내정책과 비교해 보았을 때 정치 엘리트 차원에서의 합의가 생길 가능성이 높기 때문에 개인의 정향성에 따른 대치 국면은 잘 일어나지 않을 것이라는 예상이 가능하다. 그런데 지금 문제가 되는 이념 양극화는 정치 엘리트 차원에서 합의가 이루어지지 않는 상황을 의미한다. 따라서 원래 정보의 역할이 크지 않았던 외교정책에 대한 의견 형성 과정에서 좌-우로 양극화된 정치권에 의해 자극된 정향성의 비중이 커질 것은 논리적으로 자명한 이야기이다(Cavari and Freedman 2019; Schultz 2017).

이러한 현상은 외교정책을 보는 미국 유권자들의 시각에서 명확히 확인할 수 있다. 하나의 예를 들어보자. 퓨 연구센터(Pew Research Center)에서 2004년과 2017년에 수행한 설문조사에 따르면, 국제정세에 미국이 적극 개입하는 것이 미국 국익 증진에 도움이 된다고 믿는 응답자의 비율이 공화당 지지자와 민주당 지지자 사이에 큰 격차가 나는 것을 확인할 수 있다. 2004년 이라크 전쟁 중에는 공화당 지지자의 53%가 미국의 국제사회에의 적극적 개입이 유리하다고 본 반면, 민주당 지지자의 37%만이 그러한 의견을 보였다. 이는 공화당 출신 부시 대통령이 전선을 아프가니스탄에서 이라크로 옮기는 이유를 평가하는 방식이 공화당 지지자와 민주당 지지자 간에 차이가 났기 때문이라고 볼 수 있다. 그런데 2017년 설문을 보면, 국제정세에 미국이 적극 개입하는 것이 유리하다고 보는 공화당 지지 응답자의 비율은 39%에 불과한 반면, 그러한 생각을 하는 민주당 지지 응답자의 비율은 56%였다. 이는 후술할 트럼프 대통령이 추구한 외교정책에 대한 반응이라고 해석할 수 있을 것이다.

2016년 당선된 트럼프 대통령은 오바마 전 대통령의 정책들을 뒤집는 국정 운영을 노골적으로 수행하였다(Dionne, Ornstein, and Mann 2017). 이에 보수와 진보, 공화당 지지자와 민주당 지지자 간의 인식의 골은 더욱 깊어졌다. 이 장에서는 이념 양극화 시대가 극에 달한 트럼프 정권에서 민주당 지지자와 공화당 지지자 간 외교정책을 보는 시각이 얼마나 다른지를 확인하고자 하는 작업을 수행한다. 구체적으로 민주당 지지자에 비해 공화당 지지자들이 트럼프 대통령의 외교정책을 긍정적으로 평가하는 현상을 확인하고자 한다. 설문 자료 분석 및 해석에 앞서, 대통령 후보 시절부터 드러난 트럼프 외교정책의 특징을 먼저 살펴본다.

II 트럼프 대통령의 외교정책: 공약과 실행 과정

2016년 대통령 선거에서 공화당 후보였던 트럼프가 공표한 공약들 중에서 주목할 만한 것은 무역, 이민, 안보, 환경 그리고 건강보험 이렇게 다섯 가지였다. 이 외에도 교육, 동성 간 결혼, 총기소지 권리, 낙태와 같은 현안에 대해서도 나름 입장 표명을 하였으나, 그 내용이 기존 공화당 주류 의견과 유사하여 선거에서 상대적으로 파급력이 약했다.

1. 무역

2016년 당시 트럼프 대통령의 무역 정책 관련 공약들은 미국 우선주의("America First")를 대표하는 정치 현안이었다. 미국 노동자들을 보호하기 위한 목적으로 노골적으로 보호무역주의를 내세웠는데, 이는 전통적으로 자유무역을 지지해온 주류 보수 정치인과 경제학자들의 강력한 반발을 불러일으켰던 것이 사실이다. 구체적으로 트럼프는 북미자유무역협정(North American Free Trade Agreement, NAFTA)의 재협상, 환태평양경제동반자협정(Trans-Pacific Partnership, TPP) 탈퇴, 중국 환율조작국 지정 등을 공약으로 제시하였고, 미국 노동자들을 불공정하게 다루는 모든 외국 무역 관행들을 조사하고 법에 따라 응징하겠다고 단호히 밝혔다. 또한 아웃소싱 관련 법제를 개편, 관세를 재조정하여 미국 소재 회사가 다른 국가로 시설을 이전한 후 제품을 미국으로 세금 없이 보내는 것과 미국 노동자들을 해고하는 것을 막겠다고 하였다. 이 중

몇 가지 내용을 자세히 살펴보도록 한다.

우선 트럼프는 대통령 후보 자격으로 1994년에 미국이 캐나다, 멕시코와 체결한 NAFTA를 재협상하겠다고 공약하였다. 만약 두 나라가 재협상에 응하지 않으면 탈퇴하겠다고 천명하였다. 실제로 트럼프는 대통령에 당선된 직후, 2017년 8월 16일 재협상을 선언하고, 캐나다와 멕시코 각각과 양자 협상을 재개하여 2018년 9월 30일 USMCA(United States-Mexico-Canada Agreement)라는 이름으로 NAFTA 재편에 성공한다. USMCA의 내용은 NAFTA와 유사하나, 미국 자동차 산업 및 낙농업 종사자들에게 다소 유리한 조항들이 포함되었다. 비슷한 맥락에서 트럼프는 오바마 행정부 시절 미국이 11개 국가와 맺은 환태평양경제동반자협정에서 탈퇴하겠다고 공약하였다. 이 조약이 아직 미국 의회에서 비준된 상황이 아니었기 때문에, 트럼프는 대통령 취임 후 4일 만에 쉽게 공약을 이행하였다. 그리고 2017년 6월 미국 중공업세에 짐재적인 부담을 줄 수 있는 환경 보호 조약인 파리기후협약(the Paris Agreement)에서도 탈퇴를 선언하였다.

또한 트럼프는 후보 시절 일자리 창출을 위한 정책 제안을 하였다. 구체적으로 미국의 일자리를 해외로 빼돌린 제조업체에서 생산한 물품에 35%의 관세를 물려서 응징하겠다는 이야기를 선거기간 내내 하였고, 중국으로부터 수입되는 물품에는 45% 관세를 물리겠다는 이야기도 하였다. 이는 중국과의 무역 분쟁을 암시하는 내용이다. 실제로 트럼프 대통령은 2018년 7월 중국에서 오는 상당수의 물품에 대해 25%의 보복관세를 부과함으로써 무역 전쟁을 시작하였다. 이에 대응해 중국도 미국산 물품에 대한 보복관세를 부과하였고, 2020년 1월 잠정적으로 이 분쟁이 마무리될 때까지 미국과 중국 두 나라의 다툼은 지속되었다. 중국과의 무역 분쟁에 대한 미국 내부의 반응은 엇갈렸다. 일부 제조업 종사 유권자들의 경우 중국에 보복관세를 부과하는 정책을 환영했지만, 중국을 시장으로 삼고 있는 농업 종사자들에게는 무역 분쟁이 오히려 부담으로 작용했던 것이 사실이다.

트럼프 대통령의 무역정책은 다자주의(multilateralism)를 지양하고 대신 양자주의(bilateralism)에 근거한 미국 국익을 앞세운 보호무역이라고 보는 것이 일반적이다. 이는 트럼프의 핵심 지지층인 낙후된 공업지대에 사는 저소득층 백인 유권자의 환심을 사기에는 알맞은 정책이긴 하나, 또 다른 트럼프의 지지층인 농업 종사자들의 반발을 샀고, 자유무역의 장점을 오랫동안 주창해 온 주류 경제학계의 반감을 불러일으켰다. 논리적으로만 따지면 트럼프의 보호무역정책이 전통적인 민주당 지지층이었던 공업지대 노동자들의 이익에 부합하는 것은 사실이다. 그리고 2016년 민주당 대통령 후보 경선에서 바람을 일으키고, 2020년 2월 현재 경선에서 앞서 나가고 있는 버니 샌더스 후보의 무역 관련된 입장이 트럼프와 크게 다르지 않은 것도 사실이다. 만약 경제적 이익만을 고려해 판단을 한다면, 기존 민주당 지지자의 일부(공업지대 노동자)가 트럼프의 입장을 지지하고, 기존 공화당 지지자의 일부(자유무역을 주창하는 중상류층 경제 보수주의자)가 트럼프의 입장을 반대하는 현상이 보여야 할 것이다.

2. 이민

이민 문제는 2016년 대선 판을 가장 달아오르게 한 현안이었다. 트럼프는 2016년 선거운동 기간 내내 강력한 반이민 정서(anti-immigrant sentiment)를 조장하였고, 이 와중에 인종주의자로 비판받을 만한 발언들도 자주 내뱉었다. 구체적으로 트럼프는 대통령 후보 시절 현재 미국 체류 중인 불법이민자 200만 명을 추방하겠다고 하면서, 이들을 다시 데려가지 않는 나라들에 대해서는 비자를 취소하겠다고 하였다. 그리고 멕시코 국경에 장벽을 세우고 장벽 비용은 전액 멕시코 정부가 부담하게 하겠다고 하였다. 만약 강제 추방된 멕시코인이 미국에 불법적으로 재입국한 경우 최소 2년간 징역형을 선고하겠다고까지 하였다. 또한 중범죄나 여러 번 경범죄를 저지른 이민자, 2회 이상 추방된 이민자가 불법적으로 재입국하는 경우 5년의 징역형을 선고하겠다고 했고, 비자 기간보다 오래 머무르는 경우도 처벌을 강화하겠다고 하였다. 미국에 들어오는 모든 사람들의 검열을 강화하고, 특히 테러, 내전 등에 시달리는 나라에서 오는 이민자의 수용을 금지하겠다고 하는 동시에, 안식처 도시(sanctuary city), 즉 불법이민자들의 체류를 허가하고 그들의 권리를 보호하겠다고 선언한 도시에 대한 연방정부 재정 지원을 끊겠다고 하였다. 이 중 세 가지 정책(국경 장벽, 불법이민자 자녀보호법, 이민금지 행정명령)을 구체적으로 살펴보자.

트럼프는 주로 멕시코를 통해 유입되는 불법 이민자를 막기 위해 멕시코 국경에 장벽을 세우겠다는 공약을 내세웠다. 이는 사실 오래전부터 많은 전문가들에 의해 재정적으로나 기술적으로 실현 불가능하다고 주장된 내용이기도 하고, 장벽을 세우는 곳에 사유지가 있는 경우 미국 정부와 토지 소유주 간의 법적 분쟁이 불가피하기도 한 어려운 문제이다. 이에 일부 트럼프 지지자들은 이 공약이 실제 장벽을 세우겠다는 의미가 아니라 불법 이민자 문제를 확실하게 처리하겠다는 은유로 보아야 된다고 주장하였는데, 이것이 아마도 많은 트럼프 지지자가 이 메시지를 이해한 방식이었을 것이다. 트럼프는 대통령 당선 이후 이 공약을 이행하기 위한 단계를 실제 밟았다. 2017년 1월 25일 멕시코 국경 장벽 건설의 의지를 표명하는 행정명령을 내렸고, 2017년 3월 13일 26억 달러 규모의 예산을 멕시코 국경 장벽 및 다른 전략적으로 중요한 기반 시설 건설 용도로 사용하겠다는 의지를 표명하였으며, 2017년 3월 17일 멕시코 국경 장벽의 구체적인 건설 방안을 마련하기 위한 입찰을 시행하였다. 비슷한 맥락에서 멕시코 국경에 세울 장벽의 건설 비용을 멕시코 정부에게 물리려는 압박을 가하려고도 하였고, 국경 수비대 인원을 늘리고, 오바마 행정부 시절 시행되었던 체포 후 석방 관행(불법체류가 의심되는 사람들이 적발되어도 법정에서 소환할 때까지 별도의 조치를 취하지 않은 관행)을 없앴고, 국경 수비대에게 자의적인 불법 이민자 추방 권한을 주었다. 하지만 2018년 국경장벽 관련 예산 문제로 연방행정부 셧다운이 일어나는 해프닝까지 겪었지만 미국-멕시코 국경 장벽은 실현 가능해 보이지 않는다.

이민 정책 관련하여 세간의 관심을 가장 많이 끈 것 중에 하나가 바로 트럼프의 불법이민자 자녀보호법(Deferred Action for Childhood Arrivals, DACA) 폐기 공약이었다. 부시 행정부는 어린 나이에 부모를 따라 미국에 불법으로 들어와 교육받고 성장한 이민자들에게 시민권까지 부여할 수 있는 법안(Development, Relief, and Education for Alien Minors Act, DREAM Act)을 검토하고, 의회와 조율하였는데 공화당 강경파의 반대에 부딪혀 결론을 내리지 못하고, 오바마 행정부 때 결국 의회에서 부결되고 말았다. 이에 오바마 대통령은 불법 이민자의 자녀가 미국에서 계속 살기를 원한다면 조건부, 2년 단위로 갱신 가능한 임시 취업자격을 열어두는 정책을 행정명령을 통해 발효하였다. 이것이 불법이민자 자녀 보호법이다. 2017년 7월 트럼프 대통령은 이러한 오바마의 행정명령의 실질적인 폐기를 선언하였고, 여러 개의 법정 분쟁을 일으켰다. 현재 이 사안은 연방대법원에서 심의 중이고, 2020년 여름에 대법원 판결이 나올 것이라고 예상하고 있다. 불법이민자 자녀보호 관련된 현안은 공화당을 두 진영으로 쪼개는 경향을 띤다. 급속도로 늘어나는 히스패닉계 유권자의 표심을 잡는 것이 정치적으로 필요하다고 생각하는 공화당 온건파에서는 이 문제에 내해 유연한 입장을 취해왔다. 반면 트럼프로 대변되는 공화당 내 강경파는 불법이민자들이 가져다주는 사회 혼란을 상대적으로 더 심각하게 생각해 왔다. 연방대법원 판결이 이민 문제에 대해 강경한 입장을 취하는 트럼프와 그를 따르는 공화당 세력에게 힘을 실어줄지 여부가 관심사이다.

한편 선거운동 기간 내내 트럼프는 이슬람교도의 이민을 전면 금지하고, 중동지역으로부터 유입되는 난민들을 제한적으로 받겠다고 선언하였다. 그리고 2017년 1월 27일 공약대로 이란, 소말리아, 시리아, 리비아, 수단, 예멘, 이라크 등 이슬람권 7개국 국적자(미국 영주권자 포함)의 미국 입국을 막는 행정명령(executive order

13769)에 서명하였다. 이 조치는 즉각적인 반발을 불러일으켰다. 이 조치에 반대하는 측의 논리는 연방정부가 미국 거주자의 종교 혹은 출신 국가에 의거해 공공연한 차별 행위를 하는 내용이 담겨 있기 때문에 법 앞의 평등을 명시한 수정헌법 5조와 종교의 자유를 명시한 수정헌법 1조를 위배하고 있다는 것이다. 트럼프의 행정명령을 지지하는 측에서는 테러의 위협과 같은 안보 문제로부터 미국 국민들을 보호하는 조치는 대통령 고유권한이기 때문에 법적인 해석의 여지가 없다고 주장한다. 결국 연방지방법원에 의해 트럼프 행정명령의 효력은 일시정지 되었다. 이에 대한 반발로 트럼프 대통령은 입국 금지 국가 목록을 수정하여, 차드, 이란, 리비아, 북한, 소말리아, 시리아, 베네수엘라, 예멘으로부터의 이민을 제한하는 별도의 행정명령(executive order 13780)에 서명하였다. 하지만 이 역시 여전히 특정 인종에 대한 차별이라는 비난을 불러일으켰다. 수정된 행정명령 역시 사법부에 의해 제동이 걸렸고, 연방차원의 소송으로 비화하였다. 2018년 6월 26일 연방대법원은 5 대 4로 트럼프의 손을 들어주었다(Trump v. Hawaii 2018). 수정된 행정명령에 포함된 이민제한 국가들 중에서 다섯 나라가 이슬람 국가이긴 하지만, 그것이 곧 종교에 근거한 차별로 보기 어렵고, 행정명령의 목적이 잠재적인 테러 위협으로부터 미국을 보호하기 위한 것이기 때문에, 대통령 고유권한의 행사라고 볼 수 있다는 것이다.

이제까지 살펴본 바와 같이, 트럼프 행정부가 들어서면서 미국 연방 이민 정책에는 큰 변화가 생겼다. 멕시코를 통해 유입되는 불법이민자를 막기 위한 강력한 정책들이 제안되었고, 불법이민자 자녀보호법의 폐기를 주장하면서 최소한의 인도적인 고려도 용납

하지 않았다. 그리고 중동 지역에서 들어오는 이민자들을 잠재적 테러리스트로 보는 내용의 행정명령을 발효하였고, 연방대법원에 의해 합헌 판정을 받기까지 하였다. 이는 이전 오바마 행정부 시절, 더 나아가 부시 행정부 시절에 고려되어 왔던 유연한 이민 정책을 공식적으로 포기하는 행위라고 볼 수 있다. 이러한 이민 정책의 변화는 민주당과 공화당 사이의 간극을 더욱 넓혔다.

3. 안보

트럼프 대통령은 2016년 후보 시절 미국 우선주의 원칙에 따라 기존 동맹 관계를 재평가해 보겠다고 약속하였다. 구체적으로 미국이 짊어지고 있는 방위비를 충분히 분담하지 않는 NATO의 일부 회원국들 혹은 한국과 같은 국가들을 압박하여, 미국의 방위비 지출을 줄이겠다는 공약을 선포하였다. 대통령 당신 이후 트럼프는 유럽 국가들로 하여금 나토 분담금을 더 내게 하는 데에 성공하였고, 이는 주한미군 문제 관련하여 한국 정부에 압박이 되고 있는 상황이다. 한편 트럼프 대통령은 후보 시절 강한 미국을 만들기 위해 군사력을 증강해야 한다고 주장하였다. 구체적으로 육군 규모를 480,000명에서 540,000명으로, 해병대 규모를 182,000명에서 200,000명으로 늘리고, 전함의 수를 308대에서 350대로 늘리고 100대의 전투기를 더 도입하는 안을 제시하였다. 이러한 아이디어를 실현시키기 위해 2017년 3월 13일에 발표된 트럼프의 예산안에 따르면 2018년에 국방비는 540억 달러 증가되는 것으로 적혀 있었다. 가장 최근 발표된 2021년 회계연도 예산안에도 국방비는 증가, 해외원조를 비롯한 사회보장 예산은 삭감된 것을 확인할 수 있다. 상대 국가 대비 미국의 군사력 우위는 유지하되, 전 세계적 차원에서의 안보 유지를 위한 기여는 덜 하겠다는 의중이 엿보이는 부분이다.

한편 트럼프 대통령은 후보 시절부터 오바마 행정부가 이란과 맺은 2015년 협정(이란이 핵무기 개발을 동결하는 대신, 경제제재를 점진적으로 해제한다는 내용)이 핵확산을 막지 못한다는 판단 하에 재협상을 해야 한다고 주장하였다. 이에 2018년 5월 트럼프 대통령은 이란 핵개발을 억지하는 다자조약(Joint Comprehensive Plan of Action)으로부터의 탈퇴를 선언하였다. 이후 미국과 이란의 관계는 급속도로 악화되었다. 2019년 12월 이라크 바그다드 주재 미국 대사관에서 벌어진 폭력 시위의 배후에 이란이 있다고 판단한 미국은 2020년 1월 이란의 유력정치인이자 군인인 솔레이마니(Qasem Soleimani)를 암살하였고, 이는 곧 미국과 이란의 전면전의 시작일 수도 있다는 우려를 낳았다. 세간의 우려대로 대규모 전쟁으로 이어지지는 않았지만 이란과의 냉랭한 관계는 미국의 중동정책과 외교정책 전반에 큰 영향을 주는 변수임에 틀림없다.

한편 트럼프는 선거 운동 기간 동안 오바마 대통령이 임기 말 쿠바와 외교관계를 재개한 것에 대한 불만을 표출하였고, 당선 직후인 2017년 6월 쿠바와의 국교정상화를 취소시켰다. 그리고 2019년 쿠바가 베네수엘라 정치에 개입해 혼란을 가중시킨다는 이유로 쿠바에 대해 최고 수준의 제재를 가하겠다고 협박하는 등, 갈등 국면을 다시 만들었다. 이와는 반대로, 트럼프의 대북한 정책에는 일관성을 찾아보기 어렵다. 대통령 후보 시절 트럼프는 오바마 행정부가 북한의 핵개발 관련하여 적극적이고 공세적인 조치를 취하지 않은 것에 대해 불만을 표출하였다. 대통령으로 당선된 직후, 2017년 상반기만 해도 북한의 김정은 국방위원장과 노골적으로 험담을 주고받으며 전쟁 분위기를 한껏 고조시키더니, 2018년 6월 싱가포르 회담을 통해 대화 모드로 전환하였다. 여전히 북한에 강한 압박을 가해야 한다고 주장하는 강경파의 목소리가 공화당 내부, 백악관 내부에 있음에도 불구하고, 이란 혹은 쿠바를 대하는 것과는 전혀 다른 양상을 보여주었다. 2019년 2월 하노이에서 2차 정상회담을 가졌지만 구체적인 합의에는 도달하지 못했고, 이후 미국과 북한 간의 관계는 소강상태에 들어가게 된다.

정리하자면, 트럼프가 대통령 후보로서 그리고 대통령으로서 제안하고 수행한 정책들의 상당수는 전임자인 오바마 대통령의 정책을 뒤집는 방향으로 진행되었다. 외교정책도 예외가 아니었다. 미국 우선주의라는 원칙하에 미국의 국익, 특히 서소득층 중공업 지대에 사는 백인 유권자들을 위한 정책들을 수행하였다. 무역 정책에서는 기존의 다자주의를 폐기하고 양자주의 협상을 재개하여, NAFTA의 재편에 성공하였고, 동시에 환태평양경제협력기구에서 탈퇴하였다. 그리고 경쟁 국가인 중국과의 무역 전쟁을 개시하여 소기의 성과를 얻기도 하였다. 이민 정책 영역에서도 이슬람권 국가들로부터의 이민 규제, 불법이민자에 대한 강경 정책을 수행한 것이 이전 오바마 정권의 이민 정책과 명백히 구분된다. 또한 안보 관련 정책들도 미국의 국익을 극대화하는 방향으로 재편되었다. 동맹국에게 안보 비용을 더 부담하라는 요구를 끊임없이 하고 있는 동시에, 국방비를 더 많이 지출하고 있다. 이란과의 핵협정은 폐기되었고, 북한 및 쿠바와의 관계 역시 언제 변화할지 모르는 상황이다. 이러한 맥락에서 이 장은 민주당 지지자와 공화당 지지자 간 외교정책을 보는 시각이 얼마나 다른지를 확인하고자 한다. 구체적으로 민주당 지지자에 비해 공화당 지지자들이 트럼프 대통령의 외교정책을 어느 정도 긍정적으로 평가하는지를 확인하고자 한다.

III 자료

분석을 위한 자료로는 퓨 연구센터 2018년 설문(Pew Research Center, American Trends Panel Wave 39)을 사용한다. 이 자료는 원래 2014년부터 만들어 온 자료인데, 우선 유선 및 무선 전화로 설문 참여 의사를 확인하고, 참여 의사가 있는 응답자들을 대상으로 패널을 구축한 후, 패널에서 추출한 표본을 사용한 온라인 설문을 수행하여 만들어 왔다. 분석에 사용한 자료는 2018년 11월 7일부터 16일까지 수행된 제39차 자료이다. 이 자료는 모두 13,570명의 응답자를 패널에서 무작위로 뽑고, 그 중 10,640명이 응답하여 만들어진 자료이다(응답률 78%; 오차의 한계 ±1.7% 포인트). 2014년부터 계산한 누적 응답률은 3.7%이다.

이 설문에는 다음과 같이 다양한 외교정책 태도를 묻는 질문들이 있다. 각 질문을 접한 응답자는 주어진 외교정책이 어느 정도 중요한지를 답하도록 요구받았다. 응답자들은 "1=전혀 중요하지 않은 정책", "2=별로 중요하지 않은 정책", 그리고 "3=매우 중요한 정책" 중에서 하나를 골라 대답하게 하였다. 모두 26개의 문항들이 있는데, 모든 문항에 답을 하게 하면 응답자의 피로도가 높아지기 때문에, 응답자들을 무작위로 4개의 집단으로 나누어 각 집단별로 6개 혹은 7개의 문항을 제시하였다.

[집단 1, 응답자 수=2,635]

a. 대량살상무기의 확산을 막는 정책 (평균=2.63; 표준편차=0.55; 응답자 수=2,612)

b. 미국 노동자의 일자리를 보호하는 정책 (평균=2.62; 표준편차=0.55; 응답자 수=2,619)

c. 국제연합을 강화시키는 정책 (평균=2.17; 표준편차=0.73; 응답자 수=2,609)

d 해외주둔 미국 군사력을 줄이는 정책 (평균=2.10; 표준편차=0.61; 응답자 수=2,602)

e. 외국으로부터 숙련 노동자를 유치하는 정책 (평균=1.80; 표준편차=0.67; 응답자 수=2,604)

f. 러시아의 군사력과 영향력을 제한하는 정책 (평균=2.41; 표준편차=0.62; 응답자 수=2,609)

[집단 2, 응답자 수=2,653]

g. 테러집단을 찾아서 분쇄하는 정책 (평균=2.23; 표준편차=0.62; 응답자 수=2,634)

h. 개발도상국의 삶의 질 제고를 돕는 정책 (평균=1.99; 표준편차=0.60; 응답자 수=2,636)

i. 다른 나라에 민주주의를 도모하는 정책 (평균=1.90; 표준편차=0.61; 응답자 수=2,638)

j. 미국으로 유입되는 불법 이민자의 수를 줄이는 정책 (평균=2.22; 표준편차=0.71; 응답자 수=2,639)

k. 이스라엘과 팔레스타인 간 분쟁의 해결책을 찾는 정책 (평균=1.95; 표준편차=0.61; 응답자 수=2,631)

l. 중국의 군사력과 영향력을 제한하는 정책 (평균=2.21; 표준편차=0.59; 응답자 수=2,627)

[집단 3, 응답자 수=2,663]

m. 다른 나라 대비 군사력의 우위를 유지하는 정책 (평균=2.30; 표준편차=0.70; 응답자 수=2,651)

n. 인종청소(genocide)의 위협에 시달리는 민족 혹은 집단을 보호하는 정책 (평균=2.38; 표준편차=0.57; 응답자 수=2,648)

o. 전 세계적 기후 변화에 대응하는 정책 (평균=2.35; 표준편차=0.75; 응답자 수=2,656)

p. 무역 적자를 줄이는 정책 (평균=2.29; 표준편차=0.64; 응답자 수=2,647)

q. 다른 나라에서 인권을 보호하고 향상시키는 정책 (평균=2.23; 표준편차=0.60; 응답자 수=2,650)

r. 에이즈나 에볼라와 같은 전염병의 확산을 제한하는 정책 (평균=2.40; 표준편차=0.57; 응답자 수=2,653)

s. 이란의 군사력과 영향력을 제한하는 정책 (평균=2.24; 표준편차=0.63; 응답자 수=2,639)

[집단 4, 응답자 수=2,689]

t. 우방국과의 관계를 개선하는 정책 (평균=2.59; 표준편차=0.53; 응답자 수=2,681)

u. 테러집단의 공격으로부터 미국을 방어하는 정책 (평균=2.64; 표준편차=0.54; 응답자 수=2,682)

v. 세계 질서를 유지하는 비용을 다른 나라와 분담하는 정책 (평균=2.24; 표준편차=0.64; 응답자 수=2,677)

w. 미국 기업의 경제적 이익을 증진하는 정책 (평균=2.38; 표준편차=0.59; 응답자 수=2,678)

x. 폭력을 피해 도망 다니는 난민을 돕는 정책 (평균=2.13; 표준편차=0.64; 응답자 수=2,678)

y. 미국으로 유입되는 합법 이민자의 수를 줄이는 정책 (평균=1.78; 표준편차=0.78; 응답자 수=2,672)

z. 북한의 군사력과 영향력을 제한하는 정책 (평균=2.31; 표준편차=0.60; 응답자 수=2,676)

구체적인 분석에 앞서, 위 26개 현안들을 다음과 같이 범주화시켰다.

1. 양자 관계: 러시아, 중국, 이란, 북한 (이스라엘-팔레스타인 분쟁 문항 제외)
2. 미국 우선주의: 일자리, 무역적자, 비용분담, 경제이익
3. 이주 및 난민: 난민, 숙련노동자, 불법 이민자, 합법 이민자
4. 세계 속의 미국: 유엔, 기후변화, 민주주의, 우방/동맹국

5. 인권 및 원조: 전염병, 인권, 대량학살, 개발도상국
6. 안보: 테러집단, 대테러 정책, 군사개입 감소, 군사적 우위 (대량살상무기 확산 방지 문항 제외)

위에 제시된 기술통계량(descriptive statistics, 평균 및 표준오차)을 보면 설문 응답자들이 어떤 외교정책을 중요시하고 어떤 외교정책을 상대적으로 덜 중요시하는지를 알 수 있다. 예를 들어 미국 노동자의 일자리를 보호하는 정책, 우방국과의 관계를 개선하는 정책, 테러집단의 공격으로부터 미국을 방어하는 정책 등은 중요한 정책이라고 생각하는 반면, 외국으로부터 숙련 노동자를 유치하는 정책, 미국으로 유입되는 합법 이민자의 수를 줄이는 정책, 다른 나라에 민주주의를 도모하는 정책 등은 상대적으로 덜 중요하게 여기는 것을 확인할 수 있다.

IV 분석결과

1. 정당 지지에 따른 외교정책에 대한 태도: 평균 비교

우선 위에서 정리한 24가지 외교정책에 대한 태도가 공화당 지지자(42.1%, 응답자 수=4,321)와 민주당 지지자(57.9%, 응답자 수=5,944) 사이에 어느 정도 다른지를 간략히 살펴본다.

〈표 6-1〉을 보면 미국과 경쟁 혹은 갈등 관계에 있는 국가들을 보는 시각이 공화당 지지자와 민주당 지지자 간 상당한 격차가 있

표 6-1. 정당 지지와 미국 외교정책에 대한 태도 (양자관계)

	러시아 견제	중국 견제	이란 견제	북한 견제
공화당 지지자	2.22 (0.02)	2.35 (0.02)	2.50 (0.02)	2.38 (0.02)
민주당 지지자	2.57 (0.02)	2.11 (0.02)	2.06 (0.02)	2.26 (0.02)
p	0.00	0.00	0.00	0.00
n	2,515	2,542	2,557	2,586

평균값과 표준오차(괄호 안) 보고되어 있음. 평균값이 클수록 주어진 정책이 중요하다고 생각함. p값은 공화당 지지자와 민주당 지지자가 주어진 정책을 보는 시각의 차이를 평균비교를 통해 확인하는 t-test 결과(0.05보다 작으면 신뢰수준 95%에서 통계적으로 유의미한 차이임).

음을 확인할 수 있다. 러시아를 견제해야 한다는 입장은 공화당 지지자보다는 민주당 지지자에게서 보다 확연히 드러난다. 반면 이란을 견제해야 한다는 입장은 민주당 지지자 대비, 공화당 지지자에게서 확연히 드러난다. 중국과 북한에 대한 경계심 역시 공화당 지지자에게서 상대적으로 강함을 확인할 수 있다. 전체적으로 보아 공화당 지지자들이 가장 경계하는 국가는 이란이고, 민주당 지지자들이 가장 경계하는 국가는 러시아임을 알 수 있다.

일반 유권자들이 이 네 국가들을 보는 시각은 트럼프 대통령 집권 시 이들 국가를 대상으로 시행한 정책과 어느 정도 일치한다. 우선 민주당 지지자들이 러시아를 견제하는 정책이 중요하다고 생각하는 이유는 아마도 트럼프 대통령과 러시아와의 관계, 특히 러시아가 2016년 대통령 선거에서 트럼프 후보에게 유리한 방향으로 선거 개입을 했을 것이라는 의혹에 기인할 것이다. 러시아의 선거 개입 여부는 상당히 오랫동안 미국 정가의 핵심 현안이었고, 뮬러 특검의 조사 보고로 형식적인 마무리는 되었으나, 트럼프 선거 캠프와 러시아와의 공모 관계에 대한 명확한 판단을 내리지 않아 의혹이 완전히 풀린 상황은 아니다. 반면 중국 및 이란에 대한 태도가 공화당 지지자에게서 상대적으로 더 부정적인 것은 트럼프 행정부의 중국과의 무역 마찰, 그리고 핵개발을 둘러싼 이란과의 갈등에 기인한 것이라고 하겠다. 북한에 대한 공화당 지지자의 상대적으로 부정적인 태도는 일면 트럼프 대통령이 김정은 국방위원장과 개인적으로 유지해 온 협상 노력과 일치하지 않는 것으로 보인다. 하지만 트럼프 대통령이 취임 직후, 북한에 대해 쏟아낸 공격적인 발언들과 미국 사회 곳곳에 퍼져 있는 보수적인 단체들이 북한에 대한 경계의 눈빛을 보이는 사실을 고려한다면, 획기적인 북미 관계의 개선이 가시화되지 않는 한 공화당 지지자들의 북한을 보는 시각이 변하지는 않을 것이다.

〈표 6-2〉는 2016년 대통령 선거 당시 트럼프 후보의 핵심 공약인 "미국 우선주의" 관련 대외정책에 대한 태도의 정당 지지별 차이를 보여주고 있다. 예상대로 일자리 육성, 대외 무역적자 감

표 6-2. 정당 지지와 미국 외교정책에 대한 태도 (미국 우선주의)

	미국 노동자 일자리 보호	무역적자 감소	세계 질서 유지 비용 분담	경제이익 극대화
공화당 지지자	2.80 (0.01)	2.53 (0.02)	2.52 (0.02)	2.48 (0.02)
민주당 지지자	2.50 (0.02)	2.11 (0.02)	2.03 (0.02)	2.32 (0.01)
p	0.00	0.00	0.00	0.00
n	2,525	2,563	2,588	2,588

평균값과 표준오차(괄호 안) 보고되어 있음. 평균값이 클수록 주어진 정책이 중요하다고 생각함. p값은 공화당 지지자와 민주당 지지자가 주어진 정책을 보는 시각의 차이를 평균비교를 통해 확인하는 t-test 결과(0.05보다 작으면 신뢰수준 95%에서 통계적으로 유의미한 차이임).

소, 비용 분담, 경제 이익 극대화 등 현안들의 중요성을 공화당 지지자가 민주당 지지자보다 상대적으로 더 인식하고 있음을 확인할 수 있다. 일자리 육성 및 경제이익 극대화와 같은 합의 현안 성격을 띠는 정책 말고, 무역적자 감소 혹은 비용 분담과 같이 트럼프 대통령의 입장을 보다 명확하게 담는 정책에 대한 태도가 민주당 지지자들에게서 상대적으로 더 미온적인 사실이 흥미롭다.

이주를 제한하겠다는 정책 역시 2016년 트럼프 후보의 핵심 공약이었다. 〈표 6-3〉을 보면 민주당 지지자 대비 공화당 지지자의 불법 이민자 제한 정책에 대한 긍정적인 태도와 공화당 지지자 대비 민주당 지지자의 난민 수용 및 보호 정책에 대한 긍정적인 태도가 좋은 대비를 이룬다. 공화당 지지자는 합법 이민자를 제한하는 정책, 민주당 지지자는 숙련노동자를 유치하는 정책에 대해 각각 긍정적인 태도를 보이나, 그 격차가 불법이민자와 난민 관련 태도만큼 크지는 않다.

트럼프 대통령은 "미국 우선주의" 정책을 주창하면서 국제사

표 6-3. 정당 지지와 미국 외교정책에 대한 태도 (이주 및 난민)

	숙련노동자 유치	불법 이민자 제한	합법 이민자 제한	난민 수용 및 보호
공화당 지지자	1.69 (0.02)	2.71 (0.02)	2.12 (0.03)	1.80 (0.02)
민주당 지지자	1.89 (0.02)	1.87 (0.02	1.55 (0.02)	2.37 (0.01)
p	0.00	0.00	0.00	0.00
n	2,510	2,550	2,584	2,587

평균값과 표준오차(괄호 안) 보고되어 있음. 평균값이 클수록 주어진 정책이 중요하다고 생각함. p값은 공화당 지지자와 민주당 지지자가 주어진 정책을 보는 시각의 차이를 평균비교를 통해 확인하는 t-test 결과(0.05보다 작으면 신뢰수준 95%에서 통계적으로 유의미한 차이임).

표 6-4. 정당 지지와 미국 외교정책에 대한 태도 (세계 속의 미국)

	국제연합 강화	기후변화 대처	민주주의 도모	우방국과의 관계 개선
공화당 지지자	1.86 (0.02)	1.80 (0.02)	1.81 (0.02)	2.41 (0.02)
민주당 지지자	2.41 (0.02)	2.72 (0.01)	1.97 (0.02)	2.73 (0.01)
p	0.00	0.00	0.00	0.00
n	2,515	2,571	2,550	2,589

평균값과 표준오차(괄호 안) 보고되어 있음. 평균값이 클수록 주어진 정책이 중요하다고 생각함. p값은 공화당 지지자와 민주당 지지자가 주어진 정책을 보는 시각의 차이를 평균비교를 통해 확인하는 t-test 결과(0.05보다 작으면 신뢰수준 95%에서 통계적으로 유의미한 차이임).

회에서 미국의 역할을 축소하고 다자조약으로부터 탈퇴하는 정책을 동시에 수행하였다. 이러한 정책 기조는 유권자들의 태도에도 그대로 나타난다. 〈표 6-4〉를 보면 민주당 지지자 대비 공화당 지지자가 국제연합의 역할 강화, 해외에서의 민주주의 도모 정책, 그리고 우방국과의 관계 개선에 대해 미온적인 태도를, 기후변화 대처에 대해서는 상당히 냉담한 태도를 보임을 확인할 수 있다.

표 6-5. 정당 지지와 미국 외교정책에 대한 태도 (인권 및 원조)

	전염병 확산 제한	인권 증진	대량학살 위험 집단 보호	개발도상국 삶의 질 개선
공화당 지지자	2.31 (0.02)	2.02 (0.02)	2.26 (0.02)	1.79 (0.02)
민주당 지지자	2.45 (0.01)	2.38 (0.01)	2.47 (0.01)	2.13 (0.02)
p	0.00	0.00	0.00	0.00
n	2,570	2,565	2,564	2,546

평균값과 표준오차(괄호 안) 보고되어 있음. 평균값이 클수록 주어진 정책이 중요하다고 생각함. p값은 공화당 지지자와 민주당 지지자가 주어진 정책을 보는 시각의 차이를 평균비교를 통해 확인하는 t-test 결과(0.05보다 작으면 신뢰수준 95%에서 통계적으로 유의미한 차이임).

인권 및 원조에 대한 태도 역시 위에서 확인한, 국제사회에서의 미국의 역할에 대한 태도와 유사한 양상을 보인다. 〈표 6-5〉에서 확인할 수 있는 바와 같이, 공화당 지지자들이 민주당 지지자들에 비해 해외에서의 전염병 확산 제한 정책, 인권 증진 정책, 대량 학살의 위험에 놓인 집단을 보호하는 정책, 그리고 개발도상국의 삶의 질을 개선하는 데에 도움을 주는 정책에 미온적인 태도를 보이고 있다.

한편, 안보 문제는 공화당 지지자들에게 더욱 중요하게 인식되고 있다. 〈표 6-6〉을 보면 미국의 군사력 우위를 유지하는 정책 그리고 대테러 방어 정책을 공화당 지지자가 민주당 지지자에 비해 더 지지함을 확인할 수 있고, 테러집단을 선제적으로 나서서 분쇄하는 공격적인 정책에 대해서도 공화당 지지자들이 더 지지를 보냄을 알 수 있다. 반면 해외주둔 군사력을 감소하는 정책에 대해서는 민주당 지지자들이 근소한 차이로 더 지지를 보내고 있다.

표 6-6. 정당 지지와 미국 외교정책에 대한 태도 (안보)

	해외주둔 군사력 약화	군사력 우위 유지	테러집단 분쇄	대테러 방어 정책 육성
공화당 지지자	2.00 (0.02)	2.70 (0.02)	2.38 (0.02)	2.84 (0.01)
민주당 지지자	2.18 (0.02)	2.02 (0.02)	2.11 (0.02)	2.49 (0.02)
p	0.00	0.00	0.00	0.00
n	2,510	2,566	2,544	2,590

평균값과 표준오차(괄호 안) 보고되어 있음. 평균값이 클수록 주어진 정책이 중요하다고 생각함. p값은 공화당 지지자와 민주당 지지자가 주어진 정책을 보는 시각의 차이를 평균비교를 통해 확인하는 t-test 결과(0.05보다 작으면 신뢰수준 95%에서 통계적으로 유의미한 차이임).

2. 회귀분석 결과

정당 지지에 따라 외교정책을 보는 시각이 구분되는지를 조금 더 명확히 파악하기 위해 회귀분석을 수행하였다. 외교정책에 대한 태도의 결정 요인으로 고려될 수 있는 기본적인 인구사회학적 요인들을 통제변수(control variables)로 회귀분석 모형에 포함시켰다. 통제변수들은 응답자의 나이(18세~29세 13.4%; 30세~49세 33.6%; 50세~64세 30.0%; 65세 이상 23.0%), 성별(남성 44.2%; 여성 55.8%), 인종(비히스패닉계 백인 73.9%; 비히스패닉계 흑인 9.4%; 히스패닉 10.0%; 기타 인종 6.6%), 교육수준(고등학교 중퇴 3.0%; 고등학교 졸업 12.3%; 대학 중퇴 21.5%; 전문대 졸업 9.7%; 4년제 대학 졸업 28.7%; 대학원 졸업 24.9%), 소득수준(연 10,000달러 이하 4.6%; 10,000달러~20,000달러 6.9%; 20,000달러~30,000달러 8.0%; 30,000달러~40,000달러 7.9%; 40,000달러~50,000달러 8.8%; 50,000달러~75,000달러 17.7%; 75,000달러~100,000달러 15.0%; 100,000달러~150,000달러 16.9%; 150,000달러 이상 14.0%), 지역(북동부 16.5%; 중서부 22.9%; 남부 37.3%; 서부 23.3%), 그리고 정치이념(매우 보수 8.1%; 보수 22.7%; 중도 37.0%; 진보 21.9%; 매우 진보 10.3%)이다. 그리고 종속변수의 성격을 반영하여 순서형 로짓(ordered logit) 모형을 사용하였고, 설문 자료에 담긴 설문 후 가중치(post-survey weight)를 고려하였다.

아래 표에는 회귀분석을 한 후, 여러 통제변수들이 고려된 상황에서 공화당 지지자와 민주당 지지자가 각각 어떤 태도를 보일 것인지를 예측한 결과를 보고하고 있다.

표 6-7. 정당 지지와 미국 외교정책에 대한 태도 (양자관계)

	전혀 중요하지 않은 정책		약간 중요한 정책		매우 중요한 정책		p
	공화당 지지	민주당 지지	공화당 지지	민주당 지지	공화당 지지	민주당 지지	
러시아	12.1	6.6	53.9	43.3	34.0	50.0	0.002
중국	7.7	10.2	58.6	62.6	33.7	27.2	0.197
이란	6.6	12.3	46.8	57.3	46.7	30.4	0.001
북한	6.6	8.7	51.4	56.4	42.0	34.8	0.107

순서형 로짓 분석 후 계산한 예측확률. p값은 공화당 지지자와 민주당 지지자 간 태도 차이의 통계적 유의미성을 보여줌(0.05보다 작으면 95% 신뢰수준에서 통계적으로 유의미한 결과). 통제변수로 정치이념, 성별, 나이, 인종, 교육수준, 소득수준, 지역이 고려되었음.

〈표 6-7〉을 보면, 공화당 지지자들이 러시아 견제를 매우 중요한 외교정책이라고 여기는 확률은 34.0%임에 비해 민주당 지지자들이 그렇게 생각하는 확률은 50.0%로 추정된다. 반대로 러시아 견제를 전혀 중요하지 않은 정책이라고 생각할 확률은 공화당 지지자들에게선 12.1%, 민주당 지지자들에게선 6.6%로 나타난다. 반면 이란에 대한 입장은 정반대의 양상을 띤다. 공화당 지지자들이 이란 견제를 매우 중요한 외교정책이라고 여기는 확률은 46.7%나 되는 반면, 그 확률이 민주당 지지자들에게선 30.4%에 불과하다. 이란 견제가 전혀 중요하지 않다고 볼 확률도 민주당 지지자들에게선 12.3% 정도나 된다. 하지만 중국과 북한을 보는 시각에는 공화당 지지자와 민주당 지지자 간에 통계적으로 유의미한 차이가 보이지 않는다.

트럼프 대통령의 "미국 우선주의" 원칙에 직접적인 연관이 있

표 6-8. 정당 지지와 미국 외교정책에 대한 태도 (미국 우선주의)

	전혀 중요하지 않은 정책		약간 중요한 정책		매우 중요한 정책		p
	공화당 지지	민주당 지지	공화당 지지	민주당 지지	공화당 지지	민주당 지지	
일자리	3.1	4.1	19.6	23.9	77.2	72.0	0.281
무역적자	5.8	10.3	44.2	54.7	50.0	35.0	0.002
비용분담	5.3	11.8	45.7	59.6	49.0	28.6	0.000
경제이익	5.5	8.3	44.3	52.2	50.1	39.5	0.028

순서형 로짓 분석 후 계산한 예측확률. p값은 공화당 지지자와 민주당 지지자 간 태도 차이의 통계적 유의미성을 보여줌(0.05보다 작으면 95% 신뢰수준에서 통계적으로 유의미한 결과). 통제변수로 정치이념, 성별, 나이, 인종, 교육수준, 소득수준, 지역이 고려되었음.

는 외교정책에 대한 태도에도 흥미로운 결과가 보인다. 〈표 6-8〉에 보고된 결과를 무역적자를 줄이는 정책 그리고 외국에게 비용 분담을 요구하는 정책에 대해서는 공화당 지지자들이 민주당 지지자들보다 압도적인 지지를 보내고 있다. 공화당 지지자의 경우 무역적자를 줄이는 정책이 매우 중요하다고 생각하는 확률이 50.0%인 것에 비해, 민주당 지지자는 그렇게 생각하는 확률이 35.0%에 불과하다. 마찬가지로 비용 분담 및 미국 경제이익 극대화에 대한 태도에서도 공화당 지지자와 민주당 지지자의 격차는 통계적으로 유의미하다. 하지만 미국 노동자의 일자리를 보호해야 된다는 입장은 공화당 지지자와 민주당 지지자가 공유하고 있는 시각임을 확인할 수 있다.

트럼프 행정부 초기 가장 많은 사회 논쟁을 불러일으킨 이민 관련 정책에 대한 유권자들의 입장은 지지하는 정당에 따라 명확

표 6-9. 정당 지지와 미국 외교정책에 대한 태도 (이주 및 난민)

	전혀 중요하지 않은 정책		약간 중요한 정책		매우 중요한 정책		p
	공화당 지지	민주당 지지	공화당 지지	민주당 지지	공화당 지지	민주당 지지	
숙련노동	36.3	34.9	48.6	49.2	15.0	15.9	0.745
불법이민	5.3	19.8	34.8	54.8	59.8	25.4	0.000
합법이민	27.1	44.5	41.7	38.1	31.2	17.4	0.000
난민	23.7	8.2	63.2	57.3	13.1	34.6	0.000

순서형 로짓 분석 후 계산한 예측확률. p값은 공화당 지지자와 민주당 지지자 간 태도 차이의 통계적 유의미성을 보여줌(0.05보다 작으면 95% 신뢰수준에서 통계적으로 유의미한 결과). 통제변수로 정치이념, 성별, 나이, 인종, 교육수준, 소득수준, 지역이 고려되었음.

히 나뉜다. 〈표 6-9〉를 보면 공화당 지지자들의 경우 불법이민자의 유입을 막는 정책이 매우 중요하다고 여기는 확률이 59.8%나 되는 것에 비해, 민주당 지지자가 그렇게 생각할 확률은 25.4%에 불과하다. 합법이민자의 유입을 제한하는 정책에 대해서도 공화당 지지자와 민주당 지지자 간 통계적으로 유의미한 태도 차이를 확인할 수 있다. 반면 난민 수용에 대해서는 민주당 지지자가 상대적으로 더 긍정적인 태도를 보인다. 난민 수용이 매우 중요한 정책이라고 여기는 확률이 민주당 지지자들에게서는 34.6%임에 비해, 공화당 지지자들에게서는 13.1%이다. 숙련노동자의 유입을 권장하자는 정책에 대해서는 공화당 지지자들과 민주당 지지자들 간에 의미 있는 차이를 발견할 수 없다.

미국 우선주의는 종종 고립주의 외교정책과 유사한 내용을 담고 있다고 해석되어 왔다. 국가 간 협력 혹은 국제기구를 통한 세

표 6-10. 정당 지지와 미국 외교정책에 대한 태도 (세계 속의 미국)

	전혀 중요하지 않은 정책		약간 중요한 정책		매우 중요한 정책		p
	공화당 지지	민주당 지지	공화당 지지	민주당 지지	공화당 지지	민주당 지지	
유엔	26.0	11.1	49.6	41.4	24.3	47.5	0.000
기후변화	21.3	6.6	51.6	34.6	27.1	58.8	0.000
민주주의	29.8	19.9	56.9	59.3	13.3	20.7	0.024
우방	4.2	1.9	47.0	30.0	48.8	68.0	0.000

순서형 로짓 분석 후 계산한 예측확률. p값은 공화당 지지자와 민주당 지지자 간 태도 차이의 통계적 유의미성을 보여줌(0.05보다 작으면 95% 신뢰수준에서 통계적으로 유의미한 결과). 통제변수로 정치이념, 성별, 나이, 인종, 교육수준, 소득수준, 지역이 고려되었음.

계질서의 재편에 적극적으로 개입해 오던 과거와 달리, 미국의 국익을 우선하는 방향으로 외교정책을 바꾸었다는 것이다. 이러한 트럼프 행정부의 외교정책 기조 변화는 공화당을 지지하는 미국 유권자들에게 잘 수용되고 있는 것처럼 보인다. 〈표 6-10〉을 보면 유엔의 역할을 강화하고, 기후변화에 적극 대처하고, 민주주의를 확산시키고, 동맹국과의 관계를 개선하는 방향으로 외교정책을 추진하는 것에 공화당 지지자는 민주당 지지자에 비해 미온적인 태도를 보이고 있다.

인권과 원조에 대한 입장 역시 공화당 지지자와 민주당 지지자 간에 의미 있는 차이를 보인다. 〈표 6-11〉에 나타난 바와 같이, 전염병 확산 방지, 인권 향상 노력, 그리고 개발도상국의 삶의 질 향상이 미국의 중요한 외교정책이라고 여기는 확률이 민주당 지지자들에게서는 각각 55.4%, 34.0%, 26.3%인 반면, 공화당 지지자

표 6-11. 정당 지지와 미국 외교정책에 대한 태도 (인권 및 원조)

	전혀 중요하지 않은 정책		약간 중요한 정책		매우 중요한 정책		p
	공화당 지지	민주당 지지	공화당 지지	민주당 지지	공화당 지지	민주당 지지	
전염병	5.3	3.6	49.2	41.0	45.5	55.4	0.029
인권	10.9	7.6	63.4	58.4	25.6	34.0	0.049
대량학살	7.3	5.5	55.8	50.4	36.9	44.1	0.137
개발도상	24.9	12.1	62.2	61.6	12.9	26.3	0.000

순서형 로짓 분석 후 계산한 예측확률. p값은 공화당 지지자와 민주당 지지자 간 태도 차이의 통계적 유의미성을 보여줌(0.05보다 작으면 95% 신뢰수준에서 통계적으로 유의미한 결과). 통제변수로 정치이념, 성별, 나이, 인종, 교육수준, 소득수준, 지역이 고려되었음.

들에게서는 45.5%, 25.6%, 12.9%이다. 특히 공화당 지지자가 개발도상국의 삶의 실 향상이 전혀 중요하지 않은 정책이라고 생각하는 확률이 24.9%나 되는 것이 흥미롭다. 인종청소의 위협에 놓인 민족과 집단을 보호하는 정책에 대한 입장에서는 공화당-민주당 차이가 보이지 않는다.

안보 정책 관련해서도 지지하는 정당에 따른 입장 차이가 어느 정도 확인된다. 〈표 6-12〉를 보면, 미국의 군사적 우위를 유지하는 정책과 테러집단의 공격으로부터 미국을 보호하는 정책이 매우 중요하다고 생각하는 확률이 공화당 지지자들에게서는 62.7%와 83.1%가 되는 반면, 민주당 지지자들에게서는 그 확률이 35.1%와 66.5%로 상대적으로 낮게 나타났다. 하지만 미국의 해외 군사개입을 줄이는 정책과 선제적으로 테러집단을 찾아 척결해야 한다는 정책에 대해서는 공화당-민주당 차이가 보이지 않는다.

표 6-12. 정당 지지와 미국 외교정책에 대한 태도 (안보)

	전혀 중요하지 않은 정책		약간 중요한 정책		매우 중요한 정책		p
	공화당 지지	민주당 지지	공화당 지지	민주당 지지	공화당 지지	민주당 지지	
군사개입	12.9	10.0	60.5	57.4	26.6	32.6	0.130
군사우위	4.3	12.2	33.0	52.6	62.7	35.1	0.000
테러척결	8.3	11.7	54.2	59.3	37.6	29.0	0.095
반테러	1.7	4.1	15.2	29.4	83.1	66.5	0.001

순서형 로짓 분석 후 계산한 예측확률. p값은 공화당 지지자와 민주당 지지자 간 태도 차이의 통계적 유의미성을 보여줌(0.05보다 작으면 95% 신뢰수준에서 통계적으로 유의미한 결과). 통제변수로 정치이념, 성별, 나이, 인종, 교육수준, 소득수준, 지역이 고려되었음.

V 시사점

이 장에서는 트럼프 대통령 당선 이후 미국 유권자들이 외교정책을 보는 시각이 그들의 정파성(partisanship)에 따라 다름을 경험적으로 보여주었다. 공화당 지지자들은 이란을 제재하는 것이 매우 중요한 외교정책 현안이라고 생각하는 반면, 민주당 지지자들은 러시아를 견제하는 것이 중요하다고 생각하였다. 트럼프 외교정책의 핵심인, 미국 우선주의에 근거한 보호주의적인 무역정책(무역적자 감소, 미국 경제이익 극대화, 국가 간 협력 과정에서 다른 나라와의 비용 분담)에 대해서는 민주당 지지자보다 공화당 지지자의 우호적인 평가가 두드러졌다. 이민 정책 관련해서는, 공화당 지지자가 불법 이민자의 유입을 막는 것이 중요하다고 생각하는 반면, 민주당 지지자는 난민을 보호하는 것이 중요하다고 생각하였다. 민주당 지지지자는 미국이 국제사회의 일원으로서 보다 적극적으로 국제 문제 해결에 앞장서기를 바라고 있다. 구체적으로 국제연합의 역할 강화, 기후변화 대처, 민주주의 확산, 동맹국과의 관계 유지 및 개선, 전염병 확산 방지, 인권 증진, 개발도상국의 삶의 질 향상 등이 미국이 맡아야 될 역할이라고 생각하였다. 공화당 지지자는 이러한 외교 현안에 대해 상대적으로 냉담한 반응을 보였다. 마지막으로 공화당 지지자는 잠재적 경쟁국 대비 미국의 군사력 우위를 유지하는 것을 중요한 외교정책으로 여겼고, 동시에 테러 위협으로부터 미국을 보호하는 것 역시 우선순위에 두었다. 전체 24개의 외교정책에 대한 태도를 고려한 결과, 공화당 지지자와 민주당 지지자 사이에 의미 있는 입장 차이가 보이지 않은 현안은 북한에 대한 태도, 중국에 대한 태도, 미국 노동자 일자리 확보 정책, 숙련 노동자 유입 정책, 대량학살 위협을 겪는 집단 보호, 선제적인 테러집단 척결, 그리고 미국의 대외 군사활동 축소 밖에는 없었다.

이 결과는 이념 양극화 시대에 일반 유권자의 외교정책에 대한 태도도 정파적 편향(partisan bias)에 의해 영향 받음을 의미한다. 의견을 형성하기에 충분한 정보를 가지고 있지 않아 외교정책에 대한 공고한 태도를 일반 유권자들에게서 확인할 수 없다는 과거의 논의와 달리, 지금은 정보 부재 상황에서도 자신이 지지하는 정당의 정치 엘리트 혹은 이념 성향이 유사한 정파성을 띤 매체의 입장을 따라 외교 현안을 인식한다는 이야기가 가능하다. 물론 과거에도 민주당-공화당 혹은 진보-보수 간 외교정책 관련 이견들이 있었던 것은 사실이다. 하지만 이념 양극화 시대의 특징은 이러한 이견이 잘 조율되지 않는다는 것이다(Walt 2019). 합리적이고 객관적인 방법으로 정보를 처리하지 않고, 자신의 이념 혹은 가치관에 근거하여 정보를 처리하는 "합리화하는 유권자"(rationalizing voters)가 이념 양극화 시대를 대변하고 있기 때문이다. 즉, 두 진영 간의 갈등과 다툼이 지금은 혐오와 배제, 그리고 심지어 상대방 진영을 인간으로 취급하지 않는 비인간화(dehumanization)에까지 이르고 있다는 점이 중요하다(Cassese 2019; Martherus 2019). 난민을 적극적으로 수용하고 보호해 주자는 주장을 펴는 사람을 인간 취급하지 않는 현상, 미국의 군사적 우위를 유지하기 위해 국방비 지출을 늘리자는 사람을 인간 취급하지 않는 현상들이 현재 미국의 공론장에서 드물지 않게 확인할 수 있는 내용인 것이다.

따라서 외교 현안을 논의하는 과정에서 미국이라는 나라를 하나의 "당구공" 취급을 해서는 안 될 것이다. 미국 행정부가 추진하는 외교정책 방향을 못마땅하게 생각하는 다른 진영이 존재하고, 그들이 언제든지 다시 정권을 잡을 가능성이 있기 때문에, 미국과의 외교 협상 과정에서는 항상 플랜 A와 플랜 B를 동시에 마련할 필요가 있다. 예를 들어 2019년 2월 미국을 방문한 문희상 국회의장에게 민주당 소속 낸시 펠로시(Nancy Pelosi) 하원 의장이 보다 강경한 대북 정책이 필요하다는 발언을 한 것은 노골적으로 트럼프-김정은 회담을 폄하하는 것이라고 볼 수 있다. 미국에 주는 안보 혹은 경제적 위협이 명확히 가시화된다면 미국의 양대정당 간의 합의가 이루어지겠지만, 그 위협의 실체가 모호한 상황에서는 과거와 다른, 상당히 심각한 수준의 갈등이 외교정책의 결정과 집행을 방해할 것이다.

참고문헌

Abramowitz, A. I. 2010. *The Disappearing Center: Engaged Citizens, Polarization, and American Democracy*. New Haven, CT: Yale University Press.

Baum, M. A. 2002. "The Constituent Foundations of the Rally-round-the-flag Phenomenon," *International Studies Quarterly* 46(2): 263-298.

Baum, M. A., & Potter, P. B. 2015. *War and Democratic Constraint: How the Public Influences Foreign Policy*. Princeton, NJ: Princeton University Press.

Boudreau, C., & MacKenzie, S. A. 2014. "Informing the Electorate? How Party Cues and Policy Information Affect Public Opinion about Initiatives," *American Journal of Political Science* 58(1): 48-62.

Bullock, J. G. 2011. "Elite Influence on Public Opinion in an Informed Electorate," *American Political Science Review* 105(3): 496-515.

Cassese, E. C. 2019 (forthcoming). "Partisan Dehumanization in American Politics," *Political Behavior*.

Cavari, A., & Freedman, G. 2019. "Partisan Cues and Opinion Formation on Foreign Policy," *American Politics Research* 47(1): 29-57.

Dionne Jr, E. J., Ornstein, N. J., & Mann, T. E. 2017. *One Nation after Trump: A Guide for the Perplexed, the Disillusioned, the Desperate, and the Not-yet deported*. New York: St. Martin's Press.

Druckman, J. N. 2014. "Pathologies of Studying Public Opinion, Political Communication, and Democratic Responsiveness," *Political Communication* 31(3): 467-492.

Flynn, D. J., Nyhan, B., & Reifler, J. 2017. "The Nature and Origins of Misperceptions: Understanding False and Unsupported Beliefs about Politics," *Political Psychology* 38: 127-150.

Groeling, T., & Baum, M. A. 2008. "Crossing the Water's Edge: Elite Rhetoric, Media Coverage, and the Rally-round-the-flag Phenomenon," *The Journal of Politics* 70(4): 1065-1085.

Grimmer, J., Westwood, S. J., & Messing, S. 2014. *The Impression of Influence: Legislator Communication, Representation, and Democratic Accountability*. Princeton, NJ: Princeton University Press.

Hirano, S., Snyder Jr, J. M., Ansolabehere, S., & Hansen, J. M. 2010. "Primary Elections and Partisan Polarization in the US Congress," *Quarterly Journal of Political Science* 5(2): 169-191.

Holsti, Ole R. 2004. *Public Opinion and American Foreign Policy*. Ann Arbor, MI: University of Michigan Press.

Hutchings, V. L. 2003. *Public Opinion and Democratic Accountability: How Citizens Learn about Politics*. Princeton, NJ: Princeton University Press.

Levendusky, M. 2013. *How Partisan Media Polarize America*. Chicago: University of Chicago Press.

Lodge, M., & Taber, C. S. 2013. *The Rationalizing Voter*. New York: Cambridge University Press.

Martherus, J. L., Martinez, A. G., Piff, P. K., & Theodoridis, A. G. 2019 (forthcoming). "Party Animals? Extreme Partisan Polarization and Dehumanization," *Political Behavior*.

Schultz, K. A. 2017. "Perils of Polarization for US Foreign Policy," *The Washington Quarterly* 40(4): 7–28.

Shapiro, R. Y. 2011. "Public Opinion and American Democracy," *Public Opinion Quarterly*, 75(5): 982–1017.

Theriault, S. M. 2008. *Party Polarization in Congress*. New York: Cambridge University Press.

Walt, S. M. 2019. "America's Polarization Is a Foreign Policy Problem, Too." *Foreign Policy* (March 11).

Zaller, J. R. 1992. *The Nature and Origins of Mass Opinion*. New York: Cambridge University press.

필자 소개

하상응 Ha, Shang E.

서강대학교 정치외교학과 부교수
서울대학교 외교학과 졸업, 시카고 대학 정치학 박사

논저 "Personality Traits and Civic Engagement: The Case of South Korea"
"모국 및 이주국에서의 사회화가 이민자의 정치 참여에 미치는 영향"
"당파적 편향에 따른 책임 귀속: 여야간 갈등인식과 정당호감도를 중심으로"(공저)

이메일 seha@sogang.ac.kr

제7장

예외주의의 종언?
— 트럼프 시대 미국패권의 영혼타락*

The End of Exceptionalism?: The Lost Soul of American Hegemony in the Trump Era

차태서 | 성균관대학교 정치외교학과 조교수

* 본 연구는 『국제·지역연구』 28권 3호(2019), pp. 1-30에 발표된 것을 수정 보완한 것이다.

미국이 역사적으로 어떻게 자기 정체성을 정의해왔고, 세계사의 전개과정에서 자신의 역할을 어떤 이미지로 규정해왔으며, 어떠한 지구질서를 구성하려 해왔는가를 담론적 차원에서 분석하는 것은 미국의 대외적 행태를 설명하는 데 있어 핵심적이다. 특히 예외성에 대한 역사적 내러티브가 미국의 상징세계에 중핵을 이룬다. 이에 본 연구에서는 미국 예외주의가 무엇인지 살펴보고, 그것이 미국의 대외정책사를 조형해온 궤적을 추적해본다. 그중에서도 탈냉전기 단극시대에 절정에 달했던 예외주의가 오바마 시대에 들어 혼란에 빠지는 과정을 분석한 후, 트럼프 행정부에 와서 본격적으로 미국의 예외적 정체성과 자유국제주의 전략이 부정되는 단절적 과정을 탐구해 볼 것이다. 마지막으로 결론에서는 향후 미국 예외주의와 이에 기반한 자유세계질서의 향방에 대해 질문해 보고자 한다.

Discussions on American exceptionalism have been on the rise in the landscape of political discourse. The neoconservative turn during the George W. Bush administration revived discussion about exceptionalism as a theme in American foreign policy. Even in the wake of the double debacles of the US military and economy demonstrated by the ongoing turmoil in Iraq and Afghanistan and the 2008 global financial crisis, the age of populism has witnessed further politicization of the concept. The contemporary debate on US exceptionalism can be read as a symptom of the American identity crisis over the erosion of unipolarity, and it represents the contestation of various political solutions suggested by different ideological camps.

Nowadays, reconsidering the meaning of American exceptional identity is not only a scholastic exercise, but an urgent practical problem regarding the future direction of US leadership and the liberal world order. In this context, this chapter will explore diverse definitions and theoretical explanations of American exceptionalism in US diplomatic history. Furthermore, it will investigate the political and academic debates surrounding the "death" of exceptionalism in Trump's America.

KEYWORDS 미국 예외주의 American exceptionalism, 구성주의 constructivism, 역할이론 role theory, 담론분석 discourse analysis, 도널드 트럼프 Donald Trump

I 서론

2015년 4월, 텍사스주 휴스턴. 뉴욕의 부동산 업자이자 TV 리얼리티쇼의 호스트로 유명세를 갖고 있던 도널드 트럼프(Donald Trump)가 공화당 대선 경선 참여를 아직 공식적으로 발표하기 전인 시점에 티파티(Tea Party)의 지역지부가 주최한 "미국몽의 찬양"(Celebrating the American Dream) 이벤트에 참석하였다. 여기서 행사의 사회자는 트럼프에게 미국 예외주의의 정의는 무엇이며, 그것을 더욱 신장하기 위해서는 무엇을 해야 하느냐는 보수 정치권에서는 상식적인 수준의 질문을 던졌다. 그러나 이에 대한 트럼프의 해답은 매우 "비상식적"이었고, 이런 그의 답변 덕분에 행사장의 분위기는 급격히 냉각되었다.

> 저는 그 용어를 좋아하지 않습니다. 솔직하게 얘기 드리는 겁니다. 사람들은 "와, 저 인간 애국적이지 않구먼"이라고 하겠죠. 그런데 말입니다, 만약 제가 러시아인이거나, 독일인이라면 어떨까요. 저는 비즈니스를 하는 사람이기 때문에 그것이 좋은 용어라고 생각지 않습니다. 우리는 예외적이지만 너희는 그렇지 않다고 얘기하는 꼴입니다…… 우리는 죽어가고 있습니다. 부채가 18조 달러나 됩니다. 저도 우리를 예외적으로 만들고 싶습니다. 그러나 저는 지금이 아니라 나중에 그렇게 말하고 싶습니다. 제 말이 이해가 되시나요?(Corn 2016).

사실 이러한 트럼프의 반예외주의적 발언은 저마다 자신의 애국심을 증명하기에 바쁜 미국의 정치권에서는 상당히 이례적이었다. 특히 공화당이 로널드 레이건(Ronald Reagan) 대통령의 "빛나는 언덕 위의 도시"(shining city upon a hill) 구호 이래 늘 미국 예외주의의 수호자를 자처해왔고, 2012년 대선 당시에는 총 7장으로 구성된 당 강령 중 한 장을 통째로 예외주의에 대한 찬양 내용으로 채워 넣었다는 것을 고려하면, 공화당의 대선후보로 출마를 계획 중이던 트럼프의 이러한 답변은 정치적 자살행위라고 볼 수도 있었다. 사실 2015년 당시만 해도 워낙 다양한 기행과 막말을 일삼는 아웃사이더 후보라 크게 문제는 안 됐지만, 결국 그런 트럼프가 2017년 백악관에 입성하게 되었고, 이후 다양한 공식연설과 정책들을 통해 반예외주의적 색채를 가감 없이 드러내고 있다. 워싱턴 정가의 심장부에서 미국의 역사적 정체성과 역할인식이 근본적으로 부정당하는 초유의 상황이 출현한 것이다.

미국 대전략의 역사적 전개 과정을 설명하는 다양한 이론 중에서 일국의 정체성과 역할관념, 전략문화 등을 강조하는 단위수준 구성주의(Hopf 2002), 역할이론(Holsti 1970), 전략적 서사론(Miskimmon et al. 2013) 등은 일관되게 미국 예외주의를 중요한 변수로 설정해 왔다. 즉, 미국이 역사적으로 어떻게 자기 정체성을 정의해 왔고, 세계사의 전개 과정에서 자신의 역할을 어떤 이미지로 규정하며, 어떠한 지구질서를 구성하려 하는가를 담론적 차원에서 분석하는 것이 미국의 대외적 행태를 설명하는 데 있어 핵심석이며, 예외성에 대한 역사적 내러티브가 미국의 상징세계에 중핵을 이룬다는 주장이다. 여기서 예외주의란 미국이 인류사에서 특별한 역할을 가진 비범한 국가로서 단순히 타국들과 다를 뿐만 아니라 더 우월하다는 믿음을 뜻하며, 미국의 국가 정체성과 민족주의의 핵심요소로서 역사적으로 미국 외교정책을 구성하고 조형하는 지배적인 문화적-지적 프레임을 제공해왔다고 여겨진다(McCrisken 2002, 63-64).[1] 특히 국제정치의 관점에서 강조되어야 할 것은 미국 예외주의에 내재된 강력한 보편주의와 혁명국가성이다. 자신의 체제 전반을 인류 전체가 따라야 할 범세계적 표준으로 인식하고 이를 미래 지구질서건설에 반영하려는 예외주의의 욕망이 20세기 이후 자유세계체제를 만들어온 패권국 미국의 이념적 동력이자 그 이데올로기적 청사진이기 때문이다.

이러한 역사적, 이론적 맥락에서 볼 때, 트럼프 행정부의 예외주의로부터의 이탈은 미국외교사뿐만 아니라 세계질서사 전체에 중요한 단절을 가져올 가능성이 높다. 왜냐하면 트럼프 현상의 등장이 탈냉전기 "자유패권"(Posen 2014)이라는 예외주의적 대전략에 대한 국가적 합의가 무너지고 미국의 자기 정체성에 대한 근본적 의문이 본격화된 상황을 지시하고 있기 때문이다. 환언하면, 미국이 미국이 아니게 되었을 때의 상황에서 미국의 대전략은 어떻게 변화하게 될 것인가? 패권하강이라는 구조적 조건에서 미국 국내담론의 지형이 급격히 탈예외주의적 방향으로 전환한 현 역사적

1 이 지점에서 한 가지 구분해야 할 개념은 비교정치학계에서 사용되는 용어로서의 "미국 예외주의"이다. 여기에서 의미는 주로 유럽의 정치경제, 사회문화 등과 미국의 상황이 어떻게 "다른가"라는 객관적 비교의 용어로서, 가령 "왜 미국에는 사회주의가 존재하지 않는가"와 같은 소위 좀바르트 테제에 기초해 신세계의 평등한 사회경제구조가 어떻게 구세계의 위계적 시스템과 구분되는지를 실증적으로 분석하는 행위와 관련된다(Lipset 1996). 이러한 용법에서는 미국의 체제가 유럽에 비해 우월하다거나, 보편적으로 전파되어야 할 것이라는 규범적 함의는 (엄밀한 의미에서) 존재하지 않는다.

국면은 향후 미국 주도의 자유세계질서의 궤적에 어떤 흔적을 남기게 될 것인가(Löfflmann 2019)? 이에 본 연구에서는 우선 미국 예외주의가 무엇인지 보다 자세하게 살펴보고, 그것이 미국의 대외정책사를 조형해온 궤적을 추적해 본다. 다음으로 탈냉전기 단극적 순간(unipolar moment)에 절정에 달했던 예외주의가 오바마 시대에 들어 혼란에 빠지는 과정을 분석한 후, 트럼프 행정부에 와서 본격적으로 미국의 예외적 정체성과 자유주의적 국제전략이 부정되는 단절적 과정을 탐구해 볼 것이다. 마지막으로 결론에서는 향후 미국 예외주의와 이에 기반한 자유세계질서의 향방에 대해 질문해 보고자 한다.

II "위험한 국가"의 대서사시: 예외주의와 미국의 대전략사

1. 왜 예외주의인가?

사실 예외주의라는 현상 자체는 미국만의 특징은 아니며 다양한 사례별 비교연구가 가능한 주제이다. 예를 들어, 시민혁명 직후의 프랑스와 볼세비키 혁명 후의 소련도 자신의 보편성과 역사적 사명 인식에 기반한 세계혁명의 비전을 지녔으며(Holsti 2011), 현대에도 중국, 인도, 터키 등에 다양한 형태의 예외주의 담론들이 존재한다(Nymalm and Plagemann 2019). 그런데도 우리가 예외주의 연구에서 특히 미국의 사례에 주목하는 것은 미국이 20세기 중반 이후에 패권국가로서 일극체제를 구축해왔기 때문이다. 즉, 상대적으로 구조적 압력에서 자유롭게 자신이 원하는 이미지를 세계에 투사할 수 있는 자율성을 가진 최강의 국가로서, 국내에서 형성된 관념과 청사진을 세계에 전파하기에 용이한 국제정치적 조건을 누려왔다는 점이 중요하다(Jervis 2011).[2] 이는 미국만큼이나 큰 이데올로기적 자부심과 체제수출의 열망을 지녔지만 유럽 내 세력균형에 의해 결박되어 "사회화"되어버린, 나폴레옹 전쟁 이후 프랑스와의 비교 속에 잘 드러나는 미국만의 예외적 조건이라 할 수 있다(Hoffmann 2005, 225).

그렇다면 미국 예외주의란 무엇인가? 구체적으로 미국의 예외주의적 정체성을 구성하는 요소들은 무엇인가? 외부타자(Other)와의 차이를 강조하며 그와 대조적인 자아(Self)를 구성하는 것이 정체성 형성의 정치에서 핵심적 원리(Connolly 2002)라는 것은 미국의 국가정체성 구성 과정에도 동일하게 적용된다(Campbell 1998). 특히 미국의 건국 과정에서부터 줄곧 강조된 것은 바로 구세계(유럽)에 대비되는 신세계(아메리카)로서의 자아정체성이었으며, 이것이 미국 예외주의의 역사적 기초를 이룬다(Cha 2015a, 747-751). 구체적으로 어떤 이념적 원천이 신세계와 구세계를 가르는 기준이 되어 왔는지는 자유주의, 공화주의, 청교도주의 등 여러 이론(異論)이 존재하나,[3] 이들이 공통적으로 강조하는 것

2 이러한 접근법은 신고전 현실주의 이론이 초강대국의 대전략 형성 과정에 주목하는 것과 일치한다. 초강대국들은 기초적인 안보요구를 충족하는 것 이상의 권력을 보유하고 있기에 일종의 매개변수로서 국내적 관념이 해당국가의 외교정책뿐만 아니라 국제체제 자체의 성격을 조형하는 데 근본적인 역할을 수행한다는 설명이다(Kitchen 2010, 143).

은 식민지 시대부터 북아메리카에 정주한 유럽계 이민자들이 도덕적으로 타락하고 영구적인 전쟁과 압제에 시달리는 구세계에 대항해 새로운 자유와 번영의 공간을 신대륙에 건설하고자 했다는 점이다. 그리고 바로 이러한 국가적 자아형성이 외부세계와 비교해 강력한 우월의식과 선민의식, 나아가서는 일종의 구원자 국가(redeemer nation)로서 보편주의적 열망을 갖게 되는 원인이 된다(McCrisken 2002, 64-67).

여기서 한 가지 주목할 점은 미국의 예외주의도 국가의 정체성을 규정하고 사회적 자원을 동원하는 이데올로기라는 차원에서 보면 민족주의의 한 종류이지만, 혈통, 인종, 언어 등 대개 "특수주의적" 자원을 기반으로 민족의 경계선을 구축해가는 일반적 종족민족주의(ethnic nationalism)와 달리, 미국의 민족주의는 독립선언문과 연방헌법 등에 명기된 소위 미국적 신조(American Creed)에 기초한 시민 민족주의(civic nationalism)로서 전 인류에 적용 가능한 "보편성"을 강조한다는 점이다(Kohn 1957). 미국 땅에서 태어난 모든 사람은 미국인이 될 수 있다는 수정헌법 14조의 "출생 시민권"(birthright citizenship) 원칙은 이런 미국 민족주의 특유의 코스모폴리탄 성향을 상징적으로 표현한다.

한편, 정통적 역사서술에 따르면 미국의 예외주의는 1630년 존 윈스롭(John Winthrop)이 성서의 산상수훈(마 5:14)에 나오는 표현을 빌려 아메리카가 전 세계인들이 주목하는 "언덕 위의 도시"(city upon a hill)가 될 것이라고 선언한 이래 한결같이 미국인

3 미국 건국과 관련된 다양한 해석들에 대한 개론적 소개서로는 Gibson(2009) 참조.

들의 정체성과 근본적 세계관을 구성하였다. 그리고 뒤이어 19세기 먼로 독트린 및 "명백한 운명론"(manifest destiny), 20세기 우드로 윌슨(Woodrow Wilson)의 "민주주의에 안전한 세계를 만들기" 위한 1차 세계대전 참전론, 냉전시대 "자유세계 리더론", 그리고 탈냉전기 "필수불가결한 국가(indispensable nation)론" 등, 미국사(그리고 세계사)의 주요 국면마다 예외주의는 엘리트들의 주요 대전략 담론의 핵심원칙을 구축함으로써, 미국 대외정책의 향방을 결정지어왔다(McCrisken 2002, 66-78).

물론 이러한 거대서사에는 당연히 이데올로기적, 신화적 요소가 깊게 스며들어 있다는 점을 따로 지적해둘 필요가 있다(Hixon 2008). 데이비드 휴즈(Hughes 2015), 월터 맥두걸(McDougall 2013) 등에 따르면, 예외주의는 지속적으로 재생산/발명되어야 하는 미국 내 백인남성 엘리트의 헤게모니 담론으로서 기본적으로 20세기를 통해 우파 이데올로그들—특히 레이건 시대 이후 네오콘들—이 재발명해낸 전쟁국가의 도구적 산물이다. 즉, 예외주의란 양차 세계대전과 냉전 등 주요 전쟁 시기에 대중을 동원하기 위해 만들어낸 가공의 민족주의 전통이라는 것이 비판이론가들의 입장이다. 보다 구체적으로 이들은 정통적-본질주의적 해석이 예외주의 계보의 연속성을 주장하며 강조하는 주요 기점과 사건들도 실제 역사의 맥락에서는 사실과 맞지 않는다는 주장을 펼치고 있다. 가령 윈스롭의 "언덕 위의 도시론"은 19세기 중반까지도 출판되지 않아 대중에게 알려지지 않았으며, 출간된 후에도 별다른 반향이 없었던 논의를 1930년대 페리 밀러(Perry Miller)라는 학자가 중요한 정전(canon)으로 재포장했다든지, 알렉시스 토크빌(de

Tocqueville 2007)이 미국의 예외성을 찬양했다고 대개 알려졌지만, 실제로 그는 미국의 문화가 유럽에 비해 훨씬 물질주의적이라고 언급했을 뿐이라는 사실 등을 지적한다. 또한 흥미로운 논의로서 미국 예외주의라는 개념 자체를 처음 사용한 사람이 소련의 지도자, 이오시프 스탈린(Joseph Stalin)이었다는 점도 특기해둘 만하다. 1920년대 미국 공산당의 지도부가 미국 사회의 특수성을 근거로 북미지역에서는 사회주의 혁명의 전망이 어둡다고 주장하자 이를 비판하기 위해 예외주의라는 용어를 스탈린이 만들어냈다는 것이다.[4]

그러나 이러한 수정주의적, 계보학적 비판이 예외주의가 미국의 정체성과 자기 역할인식에 중요한 구성요소라는 사실까지 부정하지는 못한다. 비록 상당 부분 역사적 단순화와 본질화에 기반하고 있고, 정치적 목적을 위해 지속해서 재생산되는 일종의 판타지이지만, 정체성이란 것이 원래 대개의 경우 그러한 담론적 구성물이라는 사실을 염두에 둘 경우, 그 정체성의 "진실성" 혹은 "객관성"은 오히려 부차적인 문제일 수 있다. 더 중요한 문제는 바로 그렇게 만들어진 정체성이 해당 사회의 목적의식을 구성하고 실제로 정책형성 과정에 영향을 미치는지의 여부이며, 이와 같은 점에서

4 따라서 1990년대 이후 미국 정치사상사의 수정주의적 해석은 예외주의의 신화성과 미국적 신조의 이데올로기성에 반대하며, 그동안 메타 내러티브에 의해 은폐됐던 일종의 반미국적 신조(anti-American creed) 찾기에 집중해 왔다(Smith 1997; Morone 2003; Lieven 2012). 즉, 현대의 수정주의 학자들은 단순한 일탈이나 변칙이 아닌, 미국 지성사에 줄곧 존재했던 비자유주의적, 인종주의적, 종교근본주의적 마이너리티 사상의 계보를 발굴하려 노력하였다. 이는 그 이전까지 주류적 미국사 해석으로서 자유주의적 합의사학이 구축해왔던 로크적 아메리카라는 토크빌-하츠 테제(Hartz 1991)의 신화적 이미지에 도전함을 의미한다.

예외주의는 미국이라는 국가와 그 대전략의 이해에 있어 필수적인 변수이다.

2. 미국 외교정책의 궤적과 예외주의

이상의 내용을 바탕으로 미국의 예외주의적 자기 정체성과 대전략 사이의 넥서스(Löfflmann 2019)를 분석해보자면, 무엇보다 미국의 대외정책사는 곧 근대국제정치의 기본 제도와 규범들을 부정하고 궁극적으로 그것들의 변혁을 추구하는 "위험한 국가"(Kagan 2006) 혹은 "혁명국가"(Armstrong 1993, 42-78; Cha 2015a, 757-758)로의 성장사로 해석 가능하다. 미국의 예외주의와 외교전략의 상관관계에 대한 통상적인 역사적 개관(McDougall 1997; Monten 2005)에 따르면, 미국은 대략 19세기 말의 미서전쟁과 20세기 초 1차 세계대전을 기점으로 외교정책의 패턴에 있어 커다란 변화를 보인다. 그러나 이러한 표면적 변동에도 불구하고 200여 년간 미국 외교의 핵심적 추동변인은 늘 예외주의적 정체성과 역할인식에 기반하였으며, 다만 국제체제적 조건—미국의 상대적 권력, 경제와 폭력의 상호의존 정도 등—에 따라 동일한 예외주의가 수세적 형태의 외교전략으로 발현될지, 아니면 공세적 형태의 외교전략으로 발현될지 결정되었다고 설명한다(Deudney 2007, 187).

구체적으로 살펴보면, 19세기까지의 미국 외교정책은 조지 워싱턴(Washington 1796)의 고별연설("It is our true policy to steer clear of permanent alliance with any portion of the foreign world")과 존 퀸시 애덤스(Adams 1821)의 1821년 독립기념일 연설("She

Goes Not Abroad in Search of Monsters to Destroy") 등이 상징하듯 모범주의(exemplarism)와 고립주의의 노선을 취했다. 즉, 초창기의 미국은 "언덕 위의 도시" 같은 세계의 모범이자 모델과 같은 존재로서 전 인류에게 미국적 신조가 전파되기를 희구했지만, 상대적으로 해외열강에 비해 힘이 약한 상황에서 외부세계(특히 악의 소굴인 유럽)의 분란에 휘말려 미국의 실험이 구세계에 의해 오염되는 상황을 더욱 우려하였기에 대외적으로 고립노선을 추구했다는 설명이다. 물론 이러한 고립이 가능할 수 있었던 데는 대서양이라는 천혜의 자연장벽과 미발전된 기술로 인한 낮은 수준의 국가간 상호의존성이 한몫하였다.[5]

반면, 20세기 이후 초강대국으로 변모한 미국의 대전략은 대개 우드로 윌슨(Woodrow Wilson) 행정부를 기점으로 전변하여 주로 입증론(vindicationism)과 국제주의의 노선을 취한 것으로 묘사된다. 다시 말해, 이 시기의 미국은 신교사적 열정을 가지고 세계질서를 자신의 이미지에 기초해 변환시키려는 전략을 추구하였으며, 때로 일방주의적 군사개입을 동원하면서까지 미국식의 자유민주주의와 자본주의, 그리고 연방체제를 해외에 이식하려 노력하였다. 나아가 이런 미국의 "성전"이 세계에 영구적 평화를 가져올 것이라는 천년왕국적 신념도 강조되었다. 이러한 대전환의 밑바탕에

5 당연하게도 19세기 미국 외교정책을 "고립주의"로 서사하는 것은 유럽중심주의적 해석의 오류 혹은 편견이 담겨 있는 예외주의의 신화로서 비판가능하다. "인디언"과 멕시코인들의 시각에서 보면 소위 "명백한 운명론"을 주창하던 "양키들"은 언제나 팽창주의적이고 군사주의적이었다. 또한 북아메리카 대륙의 백인 정주제국(settler empire)으로서 당대 유럽 제국주의의 행태를 그대로 따르면서도 미국이 유럽과 구별되는 인류의 "모범"이었다고 하는 주장도 아메리카 원주민의 입장에서는 극히 역설적이다(Restad 2012, 64-65).

는 1-2차 세계대전으로 증명된 것과 같이 더 이상 지리적인 고립이 불가능해진 전 지구적 상호의존성의 증대라는 물적 조건이 깔려 있다고 볼 수 있다. 부패한 외부세계의 영향으로부터 자신을 격리할 수 없게 된 상황에서 미국은 이제 세계 자체를 변환해 자신의 순수성을 보존하는 윌슨주의적 목표("Making the World Safe for Democracy")에 몰두하게 된 것이다.

특히 미국은 전간기의 전 세계적 혼란과 국내의 일시적인 고립주의로의 반동을 돌파한 후 이른바 "자유주의적 리바이어던"(Ikenberry 2011)으로서 미국적 신조에 따라 전후 자유세계질서를 구성하는 데 성공하였다. 건국기로부터 유래한 미국의 자기 이미지가 전 세계를 실제적으로 재구축해가는 혁명적 순간이 도래한 것이다(Deudney and Meiser 2008). 물론 예외주의적 신념은 1960-70년대 베트남전의 상흔과 패권의 상대적 하락으로 인해 커다란 퇴조기를 겪게 되지만(이혜정 2006), 1980년대 레이건의 "빛나는 언덕 위의 도시" 슬로건과 함께 화려하게 부활하게 된다(Curran 2018, 6). 더욱이 1990년대 냉전의 승리는 미국의 예외성을 말 그대로 "입증(vindication)"한 것으로 간주되었으며, 1998년 매들린 올브라이트(Madeleine Albright) 당시 국무장관의 "필수국가론(indispensable state)"과 뒤이은 부시 대통령 시기 선제공격과 정권교체 독트린은 단극적 순간과 함께 절정에 다다른 예외주의적 대전략을 상징하였다(Curran 2018, 8).

그러나 주지하다시피 미국의 승리주의가 최고조에 이른 국면에서 예외주의가 갖는 일종의 병리적 현상—독단성과 제국주의적 행태—도 함께 부상하였으며(Smith 2012, 346-390; Desch 2007;

Nye 2019, 67-71), 이라크와 아프가니스탄을 주전장으로 한 대테러 전쟁과 국가건설 프로젝트의 실패는 결국 미국의 자기 정체성 위기로 이어지게 된다. 즉, 탈냉전기 예외주의에 기반한 자유패권전략의 "거대한 망상"(Mearsheimer 2018) 혹은 미국 외교정책 엘리트들의 "선한 의도"(Walt 2018)가 가져온 논리적 귀결로서 제국적 과잉팽창과 그에 따른 미국패권의 쇠퇴에 대한 현실주의적 비판과 국내외적 혼란이 비등하는 새로운 역사적 국면이 도래하게 된 것이다.

III "언덕 위의 도시"의 붕괴 위기?

1. 단극체제의 해체와 자기 정체성의 혼돈

예외주의 위기의 징후는 버락 오바마(Barack Obama) 행정부가 들어서면서 본격적으로 모습을 드러냈다. 단극체제에 결정적 침식을 가져온 "이중위기"(Callinicos 2010)—대테러전쟁의 실패 이후 강대국 간 지정학의 귀환 및 대침체 시대의 시작—가 발생하면서 미국 내에서는 예외주의적 정체성에 대한 회의감과 함께 자아 재탐구의 시기가 당도하였다. 특히 예외주의 신념을 둘러싼 정파적 논쟁이 가열되기 시작한 것이 오바마 시대의 큰 특징인데, 그 시작은 2009년 G20 정상회담 후 기자회견에서 오바마 대통령(Obama 2009)이 예외주의에 대해 상대주의적 입장을 밝히면서 촉발되었다("나는 미국 예외주의를 믿습니다. 하지만 영국인들은 영국 예외주의를 믿고, 그리스인들은 그리스 예외주의를 믿고 있지 않을까 생각합니다.”). 이러한 오바마의 태도는 보수적인 공화당원들의 커다란 분노를 사게 되었고, 2012년 대선은 말 그대로 예외주의의 의미를 둘러싼 담론투쟁의 전장이 되어 버렸다. 가령, 뉴트 깅그리치(Newt Gingrich), 사라 페일린(Sarah Palin), 미트 롬니(Mitt Romney) 등 공화당 경선의 유력주자들이 모두 미국의 위대성을 강조하며 오바마의 “불충”과 “비애국적 태도”를 비난하는 선거 책자들을 간행하였고, 오바마는 오바마대로 대통령직을 지키기 위해 미국은 “필수불가결 국가”라고 하는 클린턴 시대의 구호를 반복적으로 선거연설에 동원해야만 했다(Cha 2015b, 351-352).

돌이켜 보면, 이러한 2012년의 이례적 상황은 미국의 패권 그리고 예외성이 사라질지도 모른다는 국가적 불안이 표출된 것이라 할 수 있다. 모든 주요 대선 후보들이 강박적으로 누가 더 예외주의를 신봉하는지를 놓고 경쟁하였으며, 자신이야말로 더 독실한 미국 예외주의의 사도(使徒)라는 점을 유권자들을 대상으로 증명하기 위해 노력하였다(Restad 2014, 230-232). 재선에 성공한 이후에도 보수파의 계속되는 공격으로 인해 오바마는 임기 후반에 걸쳐 예외주의를 반복해서 언급하면서 자신의 신실함을 지속적으로 입증해야만 했다(오시진 2017, 29-30).

그런데 사실 오바마 행정부 8년이 시도한 것은 미국의 탈냉전기 대전략에 있어 상당히 제한적인 수준의 변화에 불과했다. 오바마는 제국주의적 형태로 흐른 부시 행정부 시대의 예외주의를 지구화 시대에 맞게 보다 다자주의적, 포용적 형태로 개혁하려 노력했을 따름이다. 즉, 예외주의라는 근본 정체성과 미국패권의 유지 및 세계의 미국화라는 기본 대전략의 원칙들은 그대로 놔둔 채, 군사력 사용이나 해외개입 방식 등의 측면에서 약간의 방법론적 수정—일방주의와 과잉팽창에서 다자주의와 자기 억제로의 이행—만을 기도한 것이다(Patman and Southgate 2016). 그러나 그러한 정도의 제한적 변화도 기성 외교안보 기득권층(establishment)에게는 쉽게 수용되지 못하였고, 미국적 정신에 대한 배신 혹은 (전간기의 "교훈"에 근거해) "고립주의"라는 저주 섞인 딱지가 오바마 행정부에게 부착되곤 하였다. 결과적으로 오바마 대통령의 미국 대전략 개혁 시도는 시리아 내전 개입 여부를 둘러싼 "레드 라인" 논쟁에서 보였듯 제한적 성과만을 남긴 채 실패한 것으로 평가된다(Löfflmann 2019, 6-9). 하지만 아이러니하게도 오바마를 좌절한 대통령으로 만드는 데 성공한 미국의 외교 엘리트들은 곧 그보다 더 큰 급진적 변화를 획책하는 이단적 대통령을 맞이하게 되고, 자신들의 정치적 입지와 대전략 비전의 영향력이 근본적으로 도전받게 되는 상황에 부닥치게 된다.

2. 트럼프 시대, 예외주의의 종언?

트럼프 시대는 미국 국내사와 대외정책사 모두에서 두드러진 전환점으로 기록될 가능성이 크다. 방금 살펴보았듯 2012년 대선에서만 해도 민주, 공화 양당 모두의 대선후보들이 서로 예외주의자임을 증명하기 위해 다투었던 반면, 2016년 대통령 선거에서 아웃사이더 후보였던 트럼프는 지속적으로 예외주의를 부정했음에도 불구하고—아니 오히려 그 때문에—백악관 입성에 성공했다는 점이 이를 방증한다. 소위 미국 정치사의 "가장자리"(fringe)에 존재하던 극우 포퓰리즘의 소수적 전통이 미국 정치무대 중심에 부상하여(Barkun 2017), 기존의 합의된 정체성, 국가역할정의, 전략적 거대서사를 모두 부정하고 대신에 반미국적 신조(anti-American creed)가 전면화되는 희귀한 역사적 국면이 도래한 것이다. 그렇다면 과연 오바마 시절에 나타난 예외주의 내부의 담론 간 경합 국면은 혼돈의 시작점에 불과했고, 이제 예외주의의 포기가 공식화된 세상이 당도한 것일까?

이는 앞서 1970년대 베트남전 패배 후에 나타났던 사회적 혼란과 유사한 양상으로 볼 수도 있을 텐데, 제국적 과잉팽창 이후 미국민들의 자기신념과 이데올로기에 위기가 발생하고, 나아가 미국이 자신의 세계역할을 이해하는 기성 방식에 대해 본질적 문제제기가 등장한 것으로 이해할 수 있다. 즉, 트럼프 시대는 패권하강이 가져온 내부적 불안이 절정에 달한 시간이며, 이에 따라 정치적 양극화의 심화와 함께 기존의 자유주의적 국가 컨센서스가 붕괴조짐을 보이고 있다(Cha 2016, 83). 실제로 지난 대선에서 트럼프를 당선시킨 유권자들은 일종의 정체성 혼란을 경험하고 있는 사람들로서, 2016년 여론조사 결과 트럼프 지지자의 85%가 "미국이 자기정체성을 상실했다"는 명제에 찬성하였으며, 또한 다수가 정부가 지나치게 소수자 집단을 지원하고 있다고 생각한다(Curran 2018, 13).

물론 선거 캠페인 기간부터 줄곧 트럼프의 탈예외주의적 세계관과 언사에 대한 맹렬한 비판이 기성 좌우 진영 양쪽 모두—골수 민주당원에서 네오콘까지—에서 주류 저널리즘 매체들을 확성기 삼아 쏟아져 나오고 있다. 미국의 예외적 정체성을 포기하고 특수주의적, 현실주의적 노선을 채택한 트럼프 행정부가 결국 미국의 지구 리더십 상실과 더불어 자유세계질서 자체의 붕괴를 가져올 것이라는 분노 혹은 우울감이 정파를 가리지 않고 워싱턴의 공론장을 뒤덮은 듯 보인다(Boot 2016; Cobb 2016; Drezner 2017; Kagan 2016; Kaplan 2017; Krauthammer 2017; Krugman 2018; Rice 2017; Roberts 2017; Slaughter 2017). 이러한 저항감은 2018년 9월 백악관 내 소위 "레지스탕스" 사건에서 구체적으로 발현되는데, 뉴욕 타임스에 익명으로 칼럼을 투고한 현직 "고위관료"는 트럼프의 비통상적 통치행위를 맹렬히 비난하면서, 대통령의 부족주의적 가치관을 넘어 보편적인 미국적 가치의 수호가 절실히 필요함을 주창하였다(Anonymous 2018). 나아가 2019년 12월 18일 미국 연방하원이 소위 "우크라이나 스캔들"을 배경으로 대통령 탄핵소추안을 통과시키면서 반트럼프 움직임은 절정에 달하게 되었다.[6] 특히 낸시 펠로시(Nancy Pelosi) 하원의장은 소추안 표결토론을 개시하는 연실에서 "우리 건국사들의 공화국 비선이 백악관의 행위들로부터 위협받고 있다"며 트럼프 탄핵의 정당성을 예외주의적 정체성의 측면에서 주장하였다(Pelosi 2019).

그렇다면 과연 트럼프 행정부는 어떤 방식으로 미국 정체성의 탈예외주의화와 자유패권전략의 폐기를 기도하고 있는 것일까?

1) 고립주의적 예외주의의 부활?

사실 일부 연구자들은 트럼프의 연설문과 행정부 공식문서들에서

6 해당 스캔들과 탄핵의 진행 과정에 대해서는 강인선(2019) 참조. 공화당이 우세를 점하고 있는 미국 상원은 2020년 2월 5일 트럼프 대통령에 대한 탄핵 심판에서 결국 무죄선고를 내렸다.

나타나는 표현들에 근거해 그의 세계관을 19세기식 고립주의의 귀환으로 설명하기도 한다(Edwards 2018; Kupchan 2018). 예를 들어 대선경선 기간 중이던 2016년 4월, 처음으로 외교정책과 관련해 종합적인 비전을 제시한 대중연설에서 트럼프는 고립주의적 예외주의의 대표 인물 중 하나인 존 퀸시 애덤스(John Quincy Adams)의 1821년 독립선언기념 연설문의 표현에 기초하여 미국이 더 이상 적을 찾아 해외로 나가지 않을 것이란 점을 천명하였다. 또한, 지난 행정부들의 오만과 어리석음의 산물인 해외 국가건설사업(nation-building business)에서 빠져나올 것이며, 모두가 공유하려 하거나 욕망하는 것이 아닌 보편적 가치들을 확산하려 헛되이 노력하기보다는 서구적 가치와 제도를 내부적으로 재강화하는 데 역점을 둘 것이라고 말했다(Trump 2016). 같은 맥락에서 백악관에 입성한 후에도 취임사(Trump 2017a)나 연두교서(Trump 2019) 등의 주요 의례연설에서 "우리는 모두가 따르는 모범이 될 것"이라든지, "세계의 모든 국가 중에서 희망과 약속, 빛과 영광이 될 것"이라는 등의 모범주의적 예외주의의 수사를 사용해온 것도 사실이다. 또한 국가안보전략서(NSS) 같은 공식문건에서도 건국부조 중 한 명인 알렉산더 해밀턴(Alexander Hamilton)의 말을 빌려 미국이 모범적 예시를 통해 세계를 이끌어 왔음을 강조했다(The White House 2017, 37).

그러나 이와 같은 공식적 언술체계에 근거해 트럼프의 외교정책을 고립주의적 예외주의의 차원에서 해석하는 것은 재고되어야 한다. 우선, 현재까지 표면적으로 드러난 바로만 보아도 트럼프의 대전략은 고립주의가 아닌 군사력 강화와 중상주의에 기반한 현실주의적 외교에 더 가깝다(Wertheim 2017a; 2017b). 그리고 더욱 근본적인 철학적 차원에서 보면, 19세기와 전간기의 전통적인 고립주의가 어디까지나 미국 예외성의 믿음에 기초해 부패하고 전쟁에 찌든 구세계 유럽으로부터 신의 축복을 받은 신세계를 보호하기 위한 시도였다는 점을 염두에 두어야만 한다. 이와 반대로 트럼프 독트린은 이하에서 상술되듯 예외주의의 토대를 이루는 보편적, 전향적 정체성 자체를 포기하고, 대신에 분노에 가득 찬 특수적, 반동적 민족주의에 기반했다는 점에서 그 특이점을 찾을 수 있다(Curran 2018, 9; Roberts 2017).

2) 퇴행적/특수주의적 자기정의와 진보적 보편성의 포기

선거기간에서부터 트럼프는 각종 인터뷰에서 자유나 평등 같은 연방헌법과 독립선언서에 명기된 건국원칙들에 대해 거의 언급하지 않았고, 대신에 아무런 주저 없이 고문행위, 이민자의 대량추방, 관타나모 등지에서의 재판 없는 구금, (테러행위와 관련된) 민간인에 대한 무차별 폭격 등 비자유주의적 정책을 공개적으로 옹호했다는 점 때문에 거센 비판의 대상이 되어왔다. 자유주의 국가로서 미국의 보편적 정체성을 부정한다는 혐의를 받았기 때문이다(Miller 2017, 34).

한편, 예외주의적 자기정의와 역할인식 대신에 우파 포퓰리스트들이 제시한 미국의 대안적 정체성은 트럼프의 선거책자 제목인 "불구가 된 미국"(Crippled America)(Trump 2015)이 상징하듯 반동적이고 묵시론적인 피해의식적 민족주의(victimhood nationalism)에 기반하고 있다(Lerner 2019). 여기서 미국은 더는 자랑스럽고 세계에 보편성을 주장하는 혁명적 존재가 아니라, 외국의 경제적 약탈과 불법이민의 문화적 위협으로 위기에 몰려 있는 분노에 찬 국가로 묘사된다. 따라서 트럼프주의자들이 상상하는 미국의 이미지는 보편적 사명을 열린 세계에 실현하는 공세적 국가가 아니라, 어떻게든 존재적 안보(ontological security), 특히 백인기독교 국가의 특수주의적 정체성을 닫힌 국경 내에서 방어하는 것이 최우선의 과제인 수세적 국가이다. 앞서 살펴보았듯이 미국 민족주의의 가장 큰 특이성이 혈통이나 종족에 기반하지 않은 시민 민족주의였다는 점에서 트럼프의 백인 민족주의적 입장은 분명 미국 예외주의 그 자체로부터의 이탈을 함의한다(Pillar 2018). 결국 트럼프의 극우 포퓰리즘적 민족주의는 기존의 미국적 민족주의(=예외주의)와는 매우 거리가 먼, 역사적으로 미국적 신조가 늘 백안시해온 혈통-언어-영토에 기반한 구세계 민족주의로의 회귀를 의미한다(Smith 2017; Miller 2017, 33).

애초에 인종주의적 색채가 강한 버서(birther) 운동으로 오바마의 태생과 국적을 문제 삼으며 전국적 정치무대에 나섰던 트럼프는 선거 캠페인 시절부터 무슬림 입국금지, 중남미 불법이민자 추방, 남부국경 장벽 건설 등의 공약에서 드러나듯 극우파의 백인 민족주의와 깊게 공명하는 정치적 수사와 행태를 보여왔다. 대통령직 취임 후에도 그러한 국수주의적 입장은 완화되기는커녕 더욱 강화됐는데, 가령 2018년에는 미국적 보편시민권 개념의 제도적 핵심을 이루고 있으며, 수정헌법 14조에 명시된 출생시민권을 제한하는 행정명령을 검토하고 있다고 밝혔다(임주영 2018). 특히 2019년 7월에 모두 민주당 소속이며 유색인종인 초선 여성 하원의원 "4인방(squad)"[7]에 대해 "너희 나라로 돌아가라"라는 골자의 트위터 비난을 퍼부은 것은 미국 정치문화의 금도에 해당하는 노골적인 인종주의적 표현이자, 미국의 보편주의적/다문화주의적 정체성과 자유주의적 신조가 트럼프에 의해 얼마나 하강할 수 있는지를 보여준 극적인 사례였다(Serwer 2019). 즉, 펠로시 연방하원 의장의 비판글에서 드러나듯 트럼프의 대표 슬로건이라 할 수 있는 "Make America Great Again(MAGA)"이 사실은 "Make America White Again"의 코드언어였음을 재확인해준 것이라고 해석 가능하다(오원석 2019).

그러나 현 국면에서 더 큰 문제는 상당수 미국민이 유색인종의 시민권에 대해 트럼프와 유사한 생각—"백인만이 진짜 미국인이다"—을 보유하고 있다는 점(Tesler 2019)이며, 이에 힘을 얻어 트럼프의 2020년 재선 캠페인은 본격적으로 인종주의적 분열전략에 기반을 둘 것으로 예상된다(Economist 2019). 이는 어떤 면에서는 애초에 저학력 백인 노동계급이 주류를 구성하는 트럼프 지지그룹의 가장 뚜렷한 표식이 인종적 분노였다는 2016년 대선투표에 대한 통계적 분석(Abramowitz 2018)과도 부합하는 "합리적" 선거전략이라고 보인다. 미국시민권, 나아가 미국의 정체성 자체를 놓고 완전히 상이한 두 비전—미국은 백인기독교 국가인가, 아니면 보편적 가치기반 국가인가—이 정면으로 충돌하는 대선이 다

7 이들은 알렉산드리아 오카시오-코르테스(Alexandria Ocasio-Cortez, D-NY), 일한 오마르(Ilhan Omar, D-MN), 라시다 틀레입(Rashida Tlaib, D-MI), 아야나 프레슬리(Ayanna Pressley, D-MA) 의원 등인데, 실제로 4인방 중 미국 태생이 아닌 사람은 소말리아 출신의 오마르 의원뿐이라 더욱 문제가 심각하다고 볼 수 있다.

시 한번 다가오고 있는 셈이다(Serwer 2019).

같은 맥락에서 트럼프 행정부하 문명담론의 부상도 인종과 종교를 기반으로 미국의 정체성을 재규정하려는 시도로 읽혀 귀추가 주목된다(Beinart 2017; 이혜정 2017, 62-66). 예를 들어, 2017년 7월 폴란드 바르샤바에서 행한 연설(Trump 2017b)에서 트럼프는 서구문명의 수호라는 주제에 대해서 논하는데, 얼핏 듣기에 이는 보편주의를 재천명하는 것으로 해석될 수 있으나, 구체적으로 들여다보면 트럼프가 호명하는 "우리의 문명론"은 자유주의 같은 보편가치에 기반한 개방적 코스모폴리탄 공동체를 의미하는 것이 아니라 백인 기독교도들만의 유산을 수호하는 역사적 공동체로서 폐쇄적인 서구문명 옹호론임을 알 수 있다. 사실 "문명 대 야만"이라는 구도 자체는 미국 외교의 예외주의적 담론에서 오랫동안 사용된 전통적 수사라고 할 수 있다(Cha 2015a, 751-757). 특히 "문명"은 2000년대 초 대테러전쟁기에 부시 행정부도 즐겨 사용하던 개념으로, 이는 (물론 내재적으로 기독교적 함의가 숨어 있다고 볼 수도 있으나) 공식적으로 "야만"으로 규정된 테러리즘에 맞서 자유와 번영을 수호하는 보편가치로서의 문명을 의미했다. 다시 말해, "문명표준"(standard of civilization)과 같은 용법에서 잘 나타나는 단수(單數)적 의미에서의 문명론(singular understanding of civilization)이 본래 예외주의 담론에서 통용되는 문명의 의미였다(Bettiza 2014). 이런 맥락에서 부시 정부는 이라크, 아프간 전쟁 등을 수행하면서 기독교 문명 대 이슬람 문명이라는 구도가 수립되는 것을 어떻게든 막으려 노력하였다.

그런데 트럼프 행정부 시기에 들어와 나타난 문명담론은 이러한 단수적-보편주의적 용법이 아니라, 새뮤얼 헌팅턴(Samuel Huntington) 식의 복수(複數)적 문명론 혹은 서구 특수주의의 맥락 하의 문명론과 상통한다. 일찍이 헌팅턴이 『문명충돌론』과 『우리는 누구인가?』(Huntington 1996; 2004) 등의 저술에서 천명했던, 그러나 단극체제의 시대 동안 보편주의적/승리주의적 거대서사인 "역사 종언론"(Fukuyama 1992)에 눌려서 주변화되었던 특수주의적이고 비관주의적인 문명담론이 반예외주의의 시대에 화려하게 재부상한 셈이다(Kamal and Kaiser 2018). 더 이상 미국적 신조는 보편가치로서 전 세계에 전파될 수 있는 잠재력을 인정받지 못하게 되고, 대신 특수주의적인 서구문명의 결속을 통해 비서구문명과의 대결을 준비하는 것이 변화한 정체성과 대전략의 화두가 된다.

이런 점에서 최근 중국과의 문명충돌론이 트럼프 행정부 내에서 점증적으로 언급되는 점도 주목해볼 필요가 있다. 본래 탈냉전 시대 미국의 대중전략은 클린턴 행정부의 "관여와 확장"(engagement and enlargement) 정책이 상징하듯 예외주의론에 기반하여 중국을 미국 중심의 자유세계질서에 동화시키는 보편주의 접근법이었다. 그러나 트럼프 행정부는 이러한 개입의 실험이 실패로 돌아가 버렸다고 단언한다. 2001년 중국을 세계무역기구(WTO)에 가입시키는 등, 미국은 중국의 경제발전을 후원하며 공산정권의 개혁과 자유화를 기도했지만, 중국은 그와 정반대로 개방무역질서의 허점만을 파고들며 미국의 국력을 약화하는 수정주의 대국으로 성장해 버렸다는 것이 현 정부의 상황진단이다(Pence 2018). 따라서 예외주의적 자유패권전략 대신에 일종의 대안담론으로 부상한 것이 미국과 중국 간의 문명충돌 담론이다. "소련과의 전쟁이 서구문명권 내부에서의 싸움이었다면, 중국과의 전쟁은 우리가 경험해 보지 못한 전혀 차원이 다른 문명권과의 싸움이 될 것"이라고 규정한 카이론 스키너(Kiron Skinner) 당시 국무부 정책기획국장의 2019년 5월 발언과, "지금의 미중 갈등은 새뮤얼 헌팅턴이 말한 문명의 충돌적인 요소가 있다"고 한 존 볼턴(John Bolton) 당시 국가안보보좌관의 2019년 7월 연설이 대표적인 예들이다(Musgrave 2019). 보편성에 기반을 두고 상대방과의 동질화를 추구하는 예외주의 담론과 달리 상대에 대한 배타적 정체성을 강조하는 헌팅턴류의 세계관이 만일 워싱턴의 사고를 지배하게 되고, 베이징 또한 "중화민족의 부흥"과 같은 특수주의적 서사로 지속대응할 경우, 헌팅턴이 말한 문명충돌의 예언이 자기실현적으로 전개될 가능성이 커질 것이다.

3) 홉스적 현실주의의 부상

이상에서 살핀 자기 정체성 재조정의 결과, 외교 대전략에 있어서도 미국특색적 보편성과 혁명국가로서의 세계사적 역할들은 트럼프 행정부의 시아에서 사라지게 된다. 그리고 그 빈자리를 채우며 나타난 것이 유럽식 현실주의이자 반자유/반지구주의적 구상이다. 현재까지 2년여간 실행된 트럼프의 대외정책은 강성 현실주의 버전에 가까운 것으로 미국적 전통으로부터의 이탈과 근대유럽적 전통으로의 변환을 지시한다.

우선 트럼프의 "위대한 미국 만들기"(MAGA) 구호는 예외성에 기반한 자유주의 미국, 세계에 귀감이 되는 보편적 가치의 담지자로서 미국이 아닌 현실주의적 강대국으로서 19세기 유럽적인 부국강병책을 통해 "강성대국" 미국을 건설하려는 비전을 집약한다. 전후 "자유주의적 리바이어던"(Ikenberry 2011)의 광범위한 패권국으로서의 역할 대신 자유주의적 부담(=지구 공공재 제공)은 제외한 리바이어던의 역할만을 수행하고 싶은 것이 트럼프 독트린에 내재한 욕망이다(Adelman 2017, 3). 애초에 트럼프가 반복적으로 지시하는 (과거에 존재했다고 가정되는) 미국의 "위대성"이란 물질적 우위(세계 제1의 부와 강력한 군사력)에 그 범위가 한정된다. 그리고 그의 모든 외교정책적 비판과 대안은 그런 좁은 의미에서 강성했던 미국이 어떻게 잘못된 자유패권전략에 의해 몰락했고, 어떻게 자신에 의해 부활할 수 있는지에 집중되어 있다. 그리하여 위대한 미국은 타국에 대한 양자적 압박정책을 통해 물질적 이득을 취하는 방식으로 재구축될 것이다(Edwards 2018, 189). 또한 이제는 미국이 세상을 이끄는 이유도 그것이 좋은 것이라 믿어지기 때문이 아니라, 그것이 이득이 되고 대가를 받기 때문이라는 식으로 미국 리더십의 동기가 새롭게 정의된다(Restad 2017).

결과적으로 비자유주의적-비예외주의적 패권의 등장(Posen 2018; Brands 2017)이 오늘날의 세계사적 의미의 중핵을 형성하게 된다. 예외주의적, 역사철학적 목표를 방기한 채 부강한 수위국가(primacy)만을 추구하는 것이 트럼프 독트린의 본질이다. 그동안 예외주의에 기반한 자유국제주의 전략을 당연히 주어진 국가적 합의로 여겨온 외교 내부자들의 입장에서 본다면 말 그대로 미국 정신의 "타락"(lost soul)이 발생한 셈이다(Sargent 2018). 가장 강경한 예외주의의 신봉자인 네오콘 세력의 한탄을 빌려 표현하자면, 아이러니하게도 예외주의의 수호정당을 자처해 온 공화당이 지명한 대통령인 트럼프가 미국이 무엇을 의미하는지, 미국이 무엇을 해야 하는지를 "잘못된" 방향으로 재정의하는 중이다. 지금까지 미국이 자유와 번영의 지속적인 확장이라는 휘그주의적 진보 역사관에 기반한 혁명적 국가였다면, 트럼프주의자들은 홉스적인 현실주의 혹은 제로섬적 시각을 가지고 늘 투쟁과 갈등이 만연한 자연상태와 같은 국제정치의 장에서 생존과 강함만을 위해 살아가는 "목적 없는" 강대국을 건설하는 중이다(Donnelly and Kristol 2018).

IV 결론

2016년 대선 과정에서 불거진 미국 예외주의에 대한 회의감의 표출은 일회적 사건이 아니다. 미국 사회의 차원에서 냉전 패러다임과 주류 자유주의 컨센서스 자체의 붕괴가 발생했으며, 불확실성으로 가득한 트럼프의 정치적 운명과 독립적으로 미국의 국가적 궤적에 있어 큰 변화가 고지된 상황이다(Cha 2016, 92-94). 그리고 현재의 추세를 보았을 때, 다가오는 2020년 대선에서도 문제적 상황은 계속될 가능성이 크다. 특히 비록 민주당 경선 과정에서 탈락했지만 크게 선전했던 버니 샌더스(Bernie Sanders)와 엘리자베스 웨렌(Elizabeth Warren) 후보 등도, 이념적으로는 트럼프의 정반대 쪽에 위치하고 있음에도 불구하고 기성 기득권의 자유패권전략에 대한 반대를 명확히 하였다. 과거 주류의 국가정체성과 역할인식에 부정적인 포퓰리즘 세력이 미국 정치의 좌우 모두에서 큰 힘을 발휘하면서 중도적 인사이더 후보들의 입지를 축소시키는 국면이 지속되고 있는 셈이다(Heuvel 2018; Bessner and Greenberg 2019; Traub 2019). 아울러 2019년 발표된 여론조사 결과들에서도 일반 미국 대중이 여전히 반자유국제주의/반개입주의 성향을 표출하고 있는 것으로 나타났다(Hannah 2019; Halpin et al. 2019). 그리고 이런 민심의 성격에 대해 네오콘들의 비판(Brooks 2019)과 현실주의자들의 옹호(Walt 2019)가 격렬히 충돌하고 있는 것이 현재의 논쟁 지형이다.

그렇다면 과연 미국의 자기서사와 세계사적 역할정의가 변경된 시공간에서는 어떤 대안이 등장할 것인가? 무엇보다 자유세계체제의 향방은 어찌 될 것인가? 기실 많은 주류 전문가들의 비난과 달리 트럼프의 반예외주의 독트린이 세계질서의 궤적에 있어 반드시 나쁜 결과만 가져오는 것은 아니다. 현 정부의 대전략이 그간 독선적 예외주의의 오만함이 추동한 미국의 과잉팽창에 대한 일종의 브레이크 역할을 수행하고 있다는 주장(Schweller 2018)도 일말의 진실을 담고 있다. 탈냉전기 일극체제라는 행운적 조건에 도취하여 자유패권전략을 급진적으로 추구해온 워싱턴의 엘리트 집단이 이제는 예외주의 신화에 동반되는 선교사적 열망과 세계를 변형할 수 있는 실제적 능력 사이에 커다란 격차가 존재한다는 불쾌한 사실을 인정해야만 하는 것이다. 바꿔 말하면, 트럼프 시대야말로 미국 예외주의 대전략의 동력이 상실되었다는 잔혹한 현실을 부각하고, 미국인들이 패권의 한계와 점진적 하강을 받아들이는 첫 출발점이 될 수도 있다. 미국 외교정책이 드디어 진실의 땅을 밟게 되는 계시적 순간이 도래한 셈이다(Mead 2017).

그러나 다른 한편으로 상당수 학자와 비평가들이 우려하는 것처럼 미국의 탈예외주의화가 세계질서 전반에 걸쳐 대규모의 교란을 발생시킬 가능성도 존재한다. 만일 패권국의 공공재 제공이 부재한 상황에서 미 중간 경쟁이 고조되고, 비자유주의적 권위주의 정권들이 여러 핵심지대에서 계속 부상할 경우, 전간기와 유사한 비극적 사태가 전개되지 않으리란 보장이 없다(Albright 2018; 차태서·류석진 2020). 한 가지 유념할 것은 현 자유세계질서의 최대 위협은 중국의 패권 도전과 같은 외부가 아니라 바로 미국 내부에서 성장할 가능성이 크다는 지적이다. 돌이켜 보면, 전간기의 혼란도 미국이 내부정치의 동학에 따라 "스스로" 고립주의를 택했기 때문에 가중된 측면이 크다. 따라서 우리 시대의 핵심적인 질문은 여전히 권력의 차원에서 수위에 있음에도 불구하고[8] 미국이 포퓰리즘의 계속되는 득세에 따라 자신의 정체성, 자기 역할정의, 전략적 내러티브를 수세적, 현실주의적 방향으로 변환하고 예외주의에 기반한 자유국제주의를 포기하여 전 지구적 공공재 제공 의무를 방기하였을 때, 과연 어떤 세계가 도래할 것인가이다(Nye 2018, 75).

바로 이 점이 우리가 왜 지금 미국 예외주의의 궤적에 집중해야 하는지에 대한 답변이다. 과연 미국은 철저히 예외주의를 폐기할 것인가? 아니면 미국의 기성 엘리트 세력들이 희구하는 대로 트럼프는 일시적인 역사의 국면일 뿐이고, 다시 더욱 업데이트

8 주지하다시피 미국패권의 토대가 여전히 공고한지, 중국의 성장은 지속될 것인지 등의 여부는 현재 국제정치학계에서 치열한 논쟁의 대상이다(Toje ed. 2018). 중국부상론에 반대하며 미국 우위의 지속성을 강조한 연구들로는 Brooks and Wohlforth(2016)와 Beckley(2018) 참조.

된—즉, 보다 다자주의적이고 연성권력에 기반한—예외주의가 부상하여 미국이 정상적인 자유국제주의의 노선으로 복귀할 것인가(Kupchan 2018; Nye 2018)? 물론 이는 다양한 국내외적 맥락을 배경으로 한 미국 내 사회세력들의 정치적 경합 결과에 따라 결정될 것이며, 그런 의미에서 2020년 대통령 선거의 진행 과정에 귀추가 주목될 수밖에 없다.[9]

9 트럼프 시대를 통해 침식되어버린 예외주의를 향후 부활시켜 미국의 지구 리더십을 재확보하자는 입장과 이에 반대해 예외주의는 미국의 오만함과 과잉팽창을 부르는 위험한 신화일 뿐이라는 입장을 각각 대변하는 글들로 Sullivan(2019)과 Levitz(2019) 간의 논쟁을 참조할 것.

참고문헌

강인선. 2019. "트럼프 대통령 탄핵의 진행 과정과 의미." 『이슈브리프』 161호. 12월 20일. http://www.inss.re.kr/inss/attach/getFile.do?fileId=10386 (검색일: 2020년 2월 21일).

오시진. 2017. "미국 우선주의에 대한 소고: 미국 예외주의 전통에서 본 Trump 행정부의 국제법관." 『국제법평론』 47: 1-36.

오원석. 2019. "트럼프 또 인종차별...女의원 4인방에 '너희 나라 돌아가라'." 『중앙일보』 7월 15일. https://news.joins.com/article/23524933 (검색일: 2020년 2월 21일).

이혜정. 2006. "미국의 베트남 전쟁." 『한국정치외교사논총』 27(2): 91-120.

______. 2017. "미국 우선주의와 대전략의 변화." 김상기 외. 『트럼프 행정부 출범 이후 동아시아 전략환경 변화와 한국의 대응』, 29-72. 서울: 통일연구원.

임주영. 2018. "트럼프 '미국서 태어났다고 시민권 부여 안돼'." 『연합뉴스』 10월 31일. https://www.yna.co.kr/view/AKR20181030179751071?input=1195m (검색일: 2020년 2월 21일).

차태서·류석진. 2020. "탈냉전 '30년의 위기': 다시, 에드워드 할렛 카를 읽는 시간." 『한국과 국제정치』 36(1).

Abramowitz, Alan. 2018. *The Great Alignment: Race, Party Transformation, and the Rise of Donald Trump.* New Haven: Yale University Press.

Adams, John Quincy. 1821. *Speech to the US.House of Representatives on Foreign Policy.* Accessed February 21, 2020. https://millercenter.org/the-presidency/presidential-speeches/july-4-1821-speech-us-house-representatives-foreign-policy.

Adelman, Jeremy. 2017. *The Clash of Global Narratives.* ISSF Policy Series. Accessed February 21, 2020. https://issforum.org/ISSF/PDF/Policy-Roundtable-1-5U.pdf

Albright, Madeleine. 2018. *Fascism: A Warning.* New York: Harper.

Anonymous. 2018. "I am Part of the Resistance inside the Trump Administration." September 5. Accessed February 21, 2020. https://www.nytimes.com/2018/09/05/opinion/trump-white-house-anonymous-resistance.html

Armstrong, J. D. 1993. *Revolution and World Order: The Revolutionary State in International Society.* Oxford: Clarendon Press.

Barkun, Michael. 2017. "President Trump and the 'Fringe'," *Terrorism &Political Violence* 29(3): 437-443.

Beckley, Michael. 2018. "The Power of Nations: Measuring what Matters,"

International Security 43(2): 7-44.
Beinart, Peter. 2017. "The Racial and Religious Paranoia of Trump's Warsaw Speech." *Atlantic*, July 6. Accessed February 21, 2020. https://www.theatlantic.com/international/archive/2017/07/trump-speech-poland/532866/
_____. 2018. "The Left and the Right Have Abandoned American Exceptionalism." *Atlantic*, July 4. Accessed February 21, 2020. https://www.theatlantic.com/ideas/archive/2018/07/the-left-and-the-right-have-abandoned-american-exceptionalism/564425/
Bessner, Daniel and Udi Greenberg. 2019. "Foreign Policy Beyond Good and Evil." March 11. Accessed February 21, 2020. https://www.thenation.com/article/foreign-policy-progressive-good-evil/
Bettiza, Gregorio. 2014. "Civilizational Analysis in International Relations: Mapping the Field and Advancing a 'Civilizational Politics' Line of Research," *International Studies Review* 16(1): 1-28.
Boot, Max. 2016. "Trump's 'America First' is the Twilight of American Exceptionalism." November 22. Accessed February 21, 2020. https://foreignpolicy.com/2016/11/22/trumps-america-first-is-the-twilight-of-american-exceptionalism-obama/
Brands, Hal. 2017. "The Unexceptional Superpower: American Grand Strategy in the Age of Trump," *Survival* 59(6): 7-40.
Brooks, David. 2019. "Voters, Your Foreign Policy Views Stink!" *New York Times*, June 13. Accessed February 21, 2020. https://www.nytimes.com/2019/06/13/opinion/foreign-policy-populism.html
Brooks, Stephen G. and William C. Wohlforth. 2016. "The Rise and Fall of the Great Powers in the Twenty-First Century: China's Rise and the Fate of America's Global Position," *International Security* 40(3): 7-53.
Callinicos, Alex. 2010. *Bonfire of Illusions: The Twin Crises of the Liberal World*. Malden: Polity.
Campbell, David. 1998. *Writing Security: United States Foreign Policy and the Politics of Identity*. Minneapolis: University of Minnesota Press.
Cha, Taesuh. 2015a. "The Formation of American Exceptional Identities: A Three-Tier Model of the 'standard of Civilization' in US Foreign Policy," *European Journal of International Relations* 21(4): 743-767.
_____. 2015b. "American Exceptionalism at the Crossroads: Three Responses," *Political Studies Review* 13(3): 351-362.
_____. 2016. "The Return of Jacksonianism: The International Implications of the Trump Phenomenon," *The Washington Quarterly* 39(4): 83-97.
Cobb, Jelani. 2016. "Donald Trump and the Death of American

Exceptionalism." *New Yorker,* November 4. Accessed February 21, 2020. https://www.newyorker.com/news/news-desk/donald-trump-and-the-death-of-american-exceptionalism

Connolly, William E. 2002. *Identity/Difference: Democratic Negotiations of Political Paradox.* Minneapolis: University of Minnesota Press.

Corn, David. 2016. "Donald Trump Says He Doesn't Believe in 'American Exceptionalism'." *Mother Jones,* June 7. Accessed February 21, 2020. https://www.motherjones.com/politics/2016/06/donald-trump-american-exceptionalism/

Curran, James. 2018. *"Americanism, not Globalism": President Trump and the American Mission.* Lowy Institute. Accessed February 21, 2020. https://www.lowyinstitute.org/sites/default/files/Curran_President%20Trump%20and%20the%20American%20mission_WEB.pdf

de Tocqueville, Alexis. 2007. *Democracy in America: An Annotated Text Backgrounds Interpretations.* New York: W.W. Norton & Company.

Desch, Michael C. 2007. "America's Liberal Illiberalism: The Ideological Origins of Overreaction in U.S. Foreign Policy," *International Security* 32(3): 7-43.

Deudney, Daniel. 2007. *Bounding Power: Republican Security Theory from the Polis to the Global Village.* Princeton: Princeton University Press.

_____ and Jeffrey Meiser. 2008. "American Exceptionalism," In Michael Cox and Doug Stokes (eds.), *US Foreign Policy.* Oxford: Oxford University Press.

Donnelly, Thomas and William Kristol. 2018. "The Obama – Trump Foreign Policy." *Washington Examiner,* February 19. Accessed February 21, 2020. https://www.washingtonexaminer.com/weekly-standard/the-obama-trump-foreign-policy

Drezner, Daniel W. "America the Unexceptional." *Washington Post,* February 1. Accessed February 21, 2020. https://www.washingtonpost.com/posteverything/wp/2017/02/01/america-the-unexceptional/?utm_term=.02ba39466be5.

Economist. 2019. "The 2020 Campaign Will be More Racially Divisive than 2016 Was." July 18. Accessed February 21, 2020. https://www.economist.com/united-states/2019/07/18/the-2020-campaign-will-be-more-racially-divisive-than-2016-was

Edwards, Jason A. 2018. "Make America Great again: Donald Trump and Redefining the U.S. Role in the World," *Communication Quarterly* 66(2): 176-195.

Friedman, Thomas L. 2018. "Time for G.O.P. to Threaten to Fire Trump." *New York Times,* December 24. Accessed February 21, 2020. https://www.nytimes.com/2018/12/24/opinion/impeach-fire-president-trump.html

Fukuyama, Francis. 1992. *The End of History and the Last Man*. New York: Free Press.

Gibson, Alan Ray. 2009. *Interpreting the Founding: Guide to the Enduring Debates Over the Origins and Foundations of the American Republic*. Lawrence: University Press of Kansas.

Halpin, John, Brian Katulis, Peter Juul, Karl Agne, Jim Gerstein, and Nisha Jain. 2019. *America Adrift: How the US.Foreign Policy Debate Misses What Voters Really Want*. Center for American Progress. Accessed February 21, 2020. https://cdn.americanprogress.org/content/uploads/2019/05/08120943/ForeignPolicyPoll-report.pdf

Hannah, Mark. 2019. *Worlds Apart: US.Foreign Policy and American Public Opinion*. Eurasia Group Foundation. Accessed February 21, 2020. https://egfound.org/wp-content/uploads/2019/02/EGF-WorldsApart-2019.pdf

Hartz, Louis. 1991. *The Liberal Tradition in America: An Interpretation of American Political Thought since the Revolution*. New York: A Harvest Book.

Heuvel, Katrina. 2018. "Sanders and Warren are challenging the post-Cold War foreign policy establishment." *Washington Post,* December 11. Accessed February 21, 2020. https://www.washingtonpost.com/opinions/sanders-and-warren-are-challenging-the-post-cold-war-foreign-policy-establishment/2018/12/11/f730a33c-fcbb-11e8-83c0-b06139e540e5_story.html?utm_term=.e9ad8fa30964

Hixson, Walter L. 2008. *The Myth of American Diplomacy: National Identity and US. Foreign Policy*. New Haven: Yale University Press.

Hoffmann, Stanley. 2005. "American Exceptionalism: The New Version," In Michael Ignatieff (ed.), *American Exceptionalism and Human Rights*. Princeton: Princeton University Press.

Holsti, K. J. 1970. "National Role Conceptions in the Study of Foreign Policy," *International Studies Quarterly* 14(3): 233-309.

_____. 2011. "Exceptionalism in American Foreign Policy: Is it Exceptional?" *European Journal of International Relations* 17(3): 381-404.

Hopf, Ted. 2002. *Social Construction of International Politics: Identities & Foreign Policies, Moscow, 1955 and 1999*. Ithaca: Cornell University Press.

Hughes, David. 2015. "Unmaking an Exception: A Critical Genealogy of US Exceptionalism," *Review of International Studies* 41(3): 527-551.

Huntington, Samuel P. 1996. *The Clash of Civilizations and the Remaking of World Order*. New York: Simon & Schuster.

_____. 2004. *Who are We? The Challenges to America's National Identity*. New

York: Simon & Schuster.

Ikenberry, G. John. 2011. *Liberal Leviathan: The Origins, Crisis, and Transformation of the American World Order.* Princeton: Princeton University Press.

Jervis, Robert. 2011. "Unipolarity: A Structural Perspective," In G. John Ikenberry, Michael Mastanduno, William C. Wohlforth (eds.), *International Relations Theory and the Consequences of Unipolarity.* New York: Cambridge University Press.

Kagan, Robert. 2006. *Dangerous Nation: America's Foreign Policy from its Earliest Days to the Dawn of the Twentieth Century.* New York: Knopf.

_____. 2016. "Trump Marks the End of America as World's 'Indispensable Nation'." *Financial Times,* November 20. Accessed February 21, 2020. https://www.ft.com/content/782381b6-ad91-11e6-ba7d-76378e4fef24

Kamal, R. D. and Z. R. M. A. Kaiser. 2018. "Trump and the Ascension of Western Realism: A Critical Discussion on the Western Realists' and Western Liberalists' Evaluation of Globalisation," *India Quarterly* 74(3): 257-271.

Kaplan, Robert D. 2017. "The Rise of Darwinian Nationalism," *National Interest* (151): 25-32.

Kitchen, Nicholas. 2010. "Systemic Pressures and Domestic Ideas: A Neoclassical Realist Model of Grand Strategy Formation," *Review of International Studies* 36(1): 117-143.

Kohn, Hans. 1957. *American Nationalism: An Interpretative Essay.* New York: Macmillan.

Krauthammer, Charles. 2017. "Trump's Foreign Policy Revolution Puts Us on a Disastrous Path." *Chicago Tribune,* January 26. Accessed February 21, 2020. https://www.chicagotribune.com/opinion/commentary/ct-america-first-trump-foreign-policy-perspec-0127-jm-20170126-story.html

Krugman, Paul. 2018. "Fall of the American Empire." *New York Times,* June 18. Accessed February 21, 2020. https://www.nytimes.com/2018/06/18/opinion/immigration-trump-children-american-empire.html

Kupchan, Charles A. 2018. "The Clash of Exceptionalisms: A New Fight Over an Old Idea," *Foreign Affairs* 97(2): 139-148.

Lerner, Adam B. 2019. "The Uses and Abuses of Victimhood Nationalism in International Politics." *European Journal of International Relations Online First.* https://doi.org/10.1177%2F1354066119850249

Levitz, Eric. 2019. "American Exceptionalism is a Dangerous Myth." *New York Magazine*, January 2. Accessed February 21, 2020. http://nymag.com/intelligencer/2019/01/american-exceptionalism-is-a-dangerous-myth.html

Lieven, Anatol. 2012. *America Right or Wrong: An Anatomy of American Nationalism*. Oxford: Oxford University Press.

Lipset, Seymour Martin. 1996. *American Exceptionalism: A Double-Edged Sword*. New York: W.W. Norton.

Löfflmann, Georg. 2019. "From the Obama Doctrine to America First: The Erosion of the Washington Consensus on Grand Strategy." *International Politics Online First*. https://doi.org/10.1057/s41311-019-00172-0

McCrisken, Trevor B. 2002. "Exceptionalism," In Alexander Deconde, Richard Dean Burns, Fredrik Logevall, and Louise B. Ketz (eds.), *Encyclopedia of American Foreign Policy* 2nd ed., Vol. 2. New York: Scribner.

McDougall, Walter A. 1997. *Promised Land, Crusader State: The American Encounter with the World since 1776*. Boston: Houghton Mifflin.

_____. 2013. "The Unlikely History of American Exceptionalism," *American Interest* 8(4): 6-15.

Mead, Walter Russell. 2017. "Trump Brings Foreign Policy Back to Earth." *Wall Street Journal,* November 29. Accessed February 21, 2020. https://www.wsj.com/articles/trump-brings-foreign-policy-back-to-earth-1511825878

Mearsheimer, John J. 2018. *The Great Delusion: Liberal Dreams and International Realities*. New Haven: Yale University Press.

Miller, Paul D. 2017. "Conservatism and Nationalism: Varieties of Engagement," *American Interest* 13(1): 26-35.

Miskimmon, Alister, Ben O'Loughlin, and Laura Roselle. 2013. *Strategic Narratives: Communication Power and the New World Order.* New York: Routledge.

Monten, Jonathan. 2005. "The Roots of the Bush Doctrine: Power, Nationalism, and Democracy Promotion in U.S. Strategy," *International Security* 29(4): 112-156.

Morone, James A. 2003. *Hellfire Nation: The Politics of Sin in American History.* New Haven: Yale University Press.

Musgrave, Paul. 2019. "John Bolton is Warning of a 'Clash of Civilizations' with China." *Washington Post,* July 18. Accessed February 21, 2020. https://www.washingtonpost.com/politics/2019/07/18/john-bolton-is-warning-clash-civilizations-with-china-here-are-five-things-you-need-know/?utm_term=.a59d36860c40

Nye, Joseph S. 2018. "The Two Sides of American Exceptionalism." *Project Syndicate,* September 4. Accessed February 21, 2020. https://www.project-syndicate.org/commentary/two-sides-of-american-exceptionalism-by-joseph-s—nye-2018-09

_____. 2019. "The Rise and Fall of American Hegemony from Wilson to Trump," *International Affairs* 95(1): 63-80.

Nymalm, Nicola and Johannes Plagemann. 2019. "Comparative Exceptionalism: Universality and Particularity in Foreign Policy Discourses," *International Studies Review* 21(1): 12-37.

Obama, Barack. 2009. "News Conference By President Obama." April 4. Accessed February 21, 2020. https://obamawhitehouse.archives.gov/the-press-office/news-conference-president-obama-4042009

Patman, R. G. and L. Southgate. 2016. "Globalization, the Obama Administration and the Refashioning of US Exceptionalism," *International Politics* 53(2): 220-238.

Pelosi, Nancy. 2019. "Pelosi Floor Speech in Support of Articles of Impeachment Against the President of the United States." December 18. Accessed February 21, 2020. https://www.speaker.gov/newsroom/121819

Pence, Mike. 2018. "Remarks on the Administration's Policy Towards China." October 4. Accessed February 21, 2020. https://www.hudson.org/events/1610-vice-president-mike-pence-s-remarks-on-the-administration-s-policy-towards-china102018

Pillar, Paul R. 2018. "The History of American Nationalism," *National Interest,* November 29. Accessed February 21, 2020. https://nationalinterest.org/blog/paul-pillar/history-american-nationalism-37597?fbclid=IwAR3jDQTdWPyxFUcY1_hDiH4_CKvYNz5W9EA4J_Rfo6uYCbe8m4cozeiTCD0

Posen, Barry R. 2014. *Restraint: A New Foundation for U.S. Grand Strategy.* Ithaca: Cornell University Press.

_____. 2018. "The Rise of Illiberal Hegemony: Trump's Surprising Grand Strategy," *Foreign Affairs* 97(2): 20-27.

Restad, Hilde Eliassen. 2012. "Old Paradigms in History Die Hard in Political Science: US Foreign Policy and American Exceptionalism," *American Political Thought* 1(1): 53-76.

_____. 2014. *American Exceptionalism: An Idea that Made a Nation and Remade the World.* Hoboken: Taylor and Francis.

_____. 2017. "The Unexceptional Nation: Donald Trump and Making America Great Again." *Starting Points,* January 23. Accessed February 21, 2020. https://startingpointsjournal.com/donald-trump-making-america-great-again/

Rice, Susan. 2017. "When America No Longer is a Global Force for Good." *New York Times,* December 20. Accessed February 21, 2020. https://www.nytimes.com/2017/12/20/opinion/susan-rice-america-global-strategy.html

Roberts, Diane. 2017. "Death of an American Myth," *Prospect* (259): 36-39.

Rubin, Jennifer. 2018. "A Powerful Reminder of the Dangers of Trumpian Nationalism." *Washington Post,* November 12. Accessed February 21, 2020. https://www.washingtonpost.com/news/opinions/wp/2018/11/12/a-powerful-reminder-of-the-dangers-of-trumpian-nationalism/?utm_term=.5af13b62c191

Sargent, Daniel. 2018. "RIP American Exceptionalism, 1776-2018." *Foreign Policy,* July 23. Accessed February 21, 2020. https://foreignpolicy.com/2018/07/23/rip-american-exceptionalism-1776-2018/.

Schweller, Randall. 2018. "Three Cheers for Trump's Foreign Policy: What the Establishment Misses," *Foreign Affairs* 97(5): 133-143.

Serwer, Adam. 2019. "Trump Tells America What Kind of Nationalist He Is." *Atlantic,* July 15. Accessed February 21, 2020. https://www.theatlantic.com/ideas/archive/2019/07/trumps-white-nationalist-attack-four-congresswomen/594019/

Slaughter, Anne-Marie. 2017. "Putting 'America First' Isn't the Problem. Trump's Version of It Is." *Washington Post,* February 10. Accessed February 21, 2020. https://www.washingtonpost.com/posteverything/wp/2017/02/10/putting-america-first-isnt-the-problem-trumps-version-of-it-is/?utm_term=.936b81884ae6

Smith, Rogers M. 1997. *Civic Ideals: Conflicting Visions of Citizenship in US. History.* New Haven: Yale University Press.

_____. 2017. "America's Case of Mistaken Identity." *Boston Review,* June 12. Accessed February 21, 2020. http://bostonreview.net/politics/rogers-m-smith-americas-case-mistaken-identity

Smith, Tony. 2012. *America's Mission: The United States and the Worldwide Struggle for Democracy.* Princeton: Princeton University Press.

Sullivan, Jake. 2019. "Yes, America can Still Lead the World," *Atlantic* 323(1): 76-85.

Tesler, Michael. 2019. "It's not just Trump. Many Whites View People of Color as Less American." *Washington Post,* July 16. Accessed February 21, 2020. https://www.washingtonpost.com/politics/2019/07/16/its-not-just-trump-many-whites-view-people-color-less-american/?fbclid=IwAR3Y622c0ZdUJOKtyevf4MdcTQGnpvBAxGj4_Wzz6sKANNX2Psxi4HjmtVg&utm_term=.98aebc94f71f

The White House. 2017. "National Security Strategy of the United States of America." Accessed February 21, 2020. http://nssarchive.us/wp-content/uploads/2017/12/2017.pdf

Toje, Asle. (ed). 2018. *Will China's Rise be Peaceful? Security, Stability, and*

Legitimacy. Oxford: Oxford University Press.

Traub, James. 2019. "What Democrats Can Learn from the Left." *Foreign Policy,* April 3. Accessed February 21, 2020. https://foreignpolicy.com/2019/04/03/democrats-are-killing-off-american-exceptionalism/

Trump, Donald. 2015. *Crippled America: How to Make America Great Again.* New York: Threshold.

_____. 2016. "Transcript: Donald Trump's Foreign Policy Speech." *New York Times,* April 27. Accessed February 21, 2020. https://www.nytimes.com/2016/04/28/us/politics/transcript-trump-foreign-policy.html

_____. 2017a. "The Inaugural Address." January 20. Accessed February 21, 2020. https://www.whitehouse.gov/inaugural-address

_____. 2017b. "Remarks by President Trump to the People of Poland." July 6. Accessed February 21, 2020. https://www.whitehouse.gov/briefings-statements/remarks-president-trump-people-poland/

_____. 2019. "Remarks by President Trump in State of the Union Address." February 6. Accessed February 21, 2020. https://www.whitehouse.gov/briefings-statements/remarks-president-trump-state-union-address-2/

Walt, Stephen M. 2018. *The Hell of Good Intentions: America's Foreign Policy Elite and the Decline of US.Primacy.* New York: Farrar, Straus and Giroux.

_____. 2019. "When Zombie Neoconservatives Attack." *Foreign Policy,* June 17. Accessed February 21, 2020. https://foreignpolicy.com/2019/06/17/when-zombie-neoconservatives-attack/

Washington, George. 1796. *Washington's Farewell Address 1796.* Accessed February 21, 2020. https://avalon.law.yale.edu/18th_century/washing.asp.

Wertheim, Stephen. 2017a. "Quit Calling Donald Trump an Isolationist. He's Worse than That." *Washington Post,* February 17. Accessed February 21, 2020. https://www.washingtonpost.com/posteverything/wp/2017/02/17/quit-calling-donald-trump-an-isolationist-its-an-insult-to-isolationism/?utm_term=.f8eb3845cbb3

_____. 2017b. "Trump and American Exceptionalism: Why a Crippled America Is Something New." *Foreign Affairs,* January 3. Accessed February 21, 2020. https://www.foreignaffairs.com/articles/united-states/2017-01-03/trump-and-american-exceptionalism

Zeitz, Joshua. 2018. "How Trump is Making Us Rethink American Exceptionalism." *Politico,* January 7. Accessed February 21, 2020. https://www.politico.com/magazine/story/2018/01/07/trump-american-exceptionalism-history-216253

필자 소개

차태서 Cha, Taesuh

성균관대학교 정치외교학과 조교수
서울대학교 외교학과 졸업, 미국 존스 홉킨스 대학교 정치학 박사

논저 "Is Anybody Still a Globalist? Rereading the Trajectory of US Grand Strategy and the End of the Transnational Moment", "Republic or Empire: The Genealogy of the Anti-Imperial Tradition in US Politics", "Competing Visions of a Postmodern World Order: The Philadelphian System vs. The Tianxia System"

이메일 tcha1@skku.edu

제8장

팔레스타인 영토 주권에 대한 이집트 외교정책의 변화

— 나세르 연설문의 단어 연결망 분석을 바탕으로*

The Shift in the Egyptian Foreign Policy on the Palestinian Territorial Sovereignty : A Word Correlation Network Approach of Nasser's Speech

유다인 | 조지타운 대학교 정치학 박사과정

* 본고는 필자의 석사학위논문(2018)을 부분적으로 발췌·수정한 내용임을 밝힌다.

이스라엘- 팔레스타인 문제를 다루는 상당수의 기존 연구들은 아랍 국가들이 모두 팔레스타인의 영토적 주권을 옹호할 것이라는 전제를 상정한다. 본고는 이와 같은 전제가 아랍 정치의 내생적 역학을 고려하지 못하는 서구적 관점의 오류라는 문제의식에서 출발한다. 실제로 팔레스타인 문제는 아랍 국가들을 통합하는 기제이기보다는, 오히려 균열을 야기하는 문제로 이해하는 것이 적절하다. 이러한 맥락에서, 냉전기 범아랍주의를 주도하며 이스라엘로부터 팔레스타인 영토를 해방하기 위해서는 군사적 대응만이 유일한 방안이라고 주장했던 가말 압델 나세르 이집트 대통령이 1960년대 후반에 이르러 소극적으로 대응하고, 궁극적으로 1970년 로저스 계획(Roger's Plan)을 수용함으로써 팔레스타인 문제를 단순 난민 문제로 치부해 버리는 모습은 상당히 흥미롭다. 본고는 나세르 정권의 대팔레스타인 외교정책이 적극적 정책에서 소극적 정책으로 변화하는 과정을 기술적으로 추적한다. 먼저, 나세르의 연설문에서 드러나는 주요 키워드들의 단어 연결망 분석을 통해 정치적 레토릭의 토픽 변화를 시각적으로 확인하고, 다양한 1차 사료와 2차 문헌에 드러나는 외교정책의 양상을 통해 팔레스타인 문제에 대한 이집트의 입장 변화를 면밀하게 분석한다. 본고는 범아랍 질서와 주권국가 질서 사이에서 갈등하는 나세르의 인식 변화와 이집트의 외교정책을 통해 범아랍주의의 종식에 대한 재고찰을 시도하는 함의를 갖는다.

Seven decades have passed since the 1948 Palestinian War, and the issue of Palestinian refugee and territorial sovereignty still remains as a critical matter in contemporary Middle Eastern politics. It has been the predominant view that the Arab states take an identical stance, firmly advocating the sovereignty of Palestine. However, such view overlooks the complexity of the Israeli-Palestinian issue in Arab politics. In fact, Arab states do not unite but rather diverge on this particular issue. In this context, it is interesting to find a major shift in the Egyptian foreign policy towards the Palestinian issue under Gamal Abdel Nasser, considering the fact that Egypt once led the ideology of pan-Arabism, urging for a single Arab sovereignty. The study descriptively traces the shift in the Egyptian foreign policy. Firstly, I visualize Nasser's political speeches through word correlation network analysis and analyze how the topics within his rhetoric change over time. Then, I examine the Egyptian foreign policy – both direct and indirect – and conclude that it shifts from a positive to a negative policy. The main implication of the study is to reexamine the 'End of Pan-Arabism' literature through the analysis of Nasser's perception and the Egyptian foreign policy.

KEYWORDS 외교정책 분석 foreign policy analysis, 이스라엘-팔레스타인 분쟁 Israeli-Palestinian conflict, 범아랍주의 Pan-Arabism, 단어 연결망 분석 social network analysis, 텍스트 마이닝 text mining

I 서론

아랍 전통 질서인 범아랍 국가체제와 근대 국민국가체제 중 어느 질서를 수용하는지의 여부는 국가의 행태에 어떠한 차이를 야기하는가? 냉전기 아랍 국가들은 충돌하는 두 질서 사이에서 '무엇이 중요한가' 또는 '무엇을 규범으로 삼아야 하는가'와 같은 당위의 문제에 대한 해답을 모색하고자 했다. 탈식민화 이후 근대 이행기를 거치는 과정에서 이와 같은 고민은 국가의 정체성을 규정하는 문제이기도 했는데, 이러한 맥락에서 두 질서가 처음이자 마지막으로 충돌했던 1950년대와 1960년대는 아랍 정치에서 상당히 중요한 시기이다.

근본적으로 범아랍 질서는 제국주의에 의해 인위적으로 분할된 아랍 민족과 영토에 대한 단일한 주권과 정치적 통합을 궁극적 목표로 상정한다. 범아랍주의의 관점에서 개별 아랍 국가들은 "일탈적이고 일시적인 존재"에 불과하며, "[그들의] 경계는 침투 가능한 허상이자, 지도자는 임시 관리인 또는 제거되어야 할 장애물"로 여겨진다(Khalidi 1978, 695). 이처럼 역사, 문화적으로 자리 잡아 온 독특한 구조 속에서 단일한 주권을 공유하고 상호 간의 개입을 마땅한 의무로 여기는 범아랍 질서는 구조적 무정부 상태에서 상호 간의 주권적 권리에 대한 존중이 필수불가결한 주권국가 질서와 충돌하는 것이 불가피했다.

개입의 문제와 직결되는 사례로 팔레스타인 영토 해방의 문제를 들 수 있다. 1948년 팔레스타인 전쟁, 또는 1차 중동 전쟁은 이스라엘이 영국의 승인 아래 팔레스타인 아랍인들의 영토에 국가를 건설하고 70만 명 이상의 난민 문제를 초래했다(Morris 2004, 602).[1] 팔레스타인 전쟁이 발발한 지 70년이 지났지만, 팔레스타인 영토 해방과 난민 문제는 여전히 중요한 문제로 여겨지는데, 범아랍 질서에 따라 같은 아랍 민족의 주권 문제에 개입할 것인지, 또는 주권국가 질서를 수용하여 타 국가의 주권 문제에 간섭하지 않을 것인지의 문제야말로 아랍 국가들이 1948년 이래로 줄곧 고민해온 과제였다.

독자적인 사례로서 팔레스타인 문제가 갖는 중요성에도 불구하고, 기존의 많은 연구들은 팔레스타인 문제를 단순히 아랍-이스라엘 분쟁의 부수적인 문제로 간주하며, 그 중요성을 간과하는 경향을 갖는다. 뿐만 아니라, 아랍 국가들이 모두 팔레스타인 영토 주권을 옹호하고 이스라엘을 적대시할 것이라는 전제는 아랍 정치의 내생적 동학을 고려하지 않는 관점으로, 서구적 선입견을 오롯이 반영하는 오류를 범한다(Kerr 1971, 114). 팔레스타인 문제는 아랍 국가들을 통합하는 기제이기보다는, 오히려 갈등을 조장하고 균열을 야기하는 문제로 이해하는 것이 적절하다. 다시 말해, 표면적으로는 팔레스타인의 독립과 영토적 해방을 옹호하는 듯 보이지만, 실질적으로는 자국의 이익과 이념적 가치에 따라 상이한 입장과 정책을 형성하는 것이다.

본고는 팔레스타인 문제에 관한 기존 연구의 지배적인 관

1 아랍 국가들은 1948년 전쟁으로 인한 팔레스타인 난민을 90만 명 이상으로 집계하는 반면, 이스라엘 정부의 공식적 집계는 약 52만 명에 그친다. 본 논문에서는 유엔 팔레스타인 난민구호사업 기구(United Nations Relief and Works Agency for Palestine Refugees in the Near East)가 집계한 726,000명을 기준으로 삼는다.

점을 비판적으로 조명하고자 하는 문제의식에서 출발한다. 범아랍 질서와 주권국가 질서 사이에서 갈등하는 냉전기 이집트의 대팔레스타인 외교정책의 변화를 기술적으로 분석함으로써, 궁극적으로는 범아랍 질서가 쇠퇴하는 현상을 설명하고자 한다. 냉전기 아랍 정치의 주요 행위자로서 이집트는 시리아, 예멘 등의 국가들로 구성된 혁명적 민족주의 진영을 대표하며 범아랍 질서를 확립하고자 했고, 1950년대 이후, 가말 압델 나세르(Gamal Abdel Nasser)의 정치적 영향력 하에 아랍 지역은 범아랍주의로 물들었다. 범아랍주의의 이념에 따르면 1948년 이스라엘의 국가 건설에 따른 팔레스타인 아랍인들의 영토 점령은 아랍 영토의 점령이며, 팔레스타인 문제는 아랍 전체의 문제이자 이집트의 문제이기도 했다.

이러한 맥락에서 범아랍 질서를 주도적으로 이끌었던 이집트의 대팔레스타인 외교정책 노선의 완전한 선회는 상당히 흥미롭다. 집권 초기에 나세르는 범아랍주의 이념에 따라 적극적인 태도로 팔레스타인 아랍인들의 권리를 옹호하며, 이스라엘로부터 팔레스타인 영토를 해방하기 위해서는 군사적 대응만이 유일한 방안이라고 주장해왔다. 그러나 1970년 이집트는 이스라엘과 평화적 협상을 체결하겠다는 로저스 계획(Roger's Plan)을 수용함으로써 팔레스타인 문제를 단순히 금전적인 배상으로 해결되는 '난민'의 문제로 치부해버리고, 이스라엘의 주권을 인정함으로써 팔레스타인의 영토 주권을 저버렸던 것이다.

냉전기 이집트의 외교정책을 분석하는 대부분의 기존 연구는 나세르와 안와르 사다트(Anwar Sadat)의 정권을 비교한다.[2] 이는 두 시기의 외교정책에 명백한 차이가 나타나기 때문인데, 나세르가 이스라엘을 아랍 민족의 적으로 규정하고 적대감을 유지했던 반면, 사다트는 이스라엘과 시나이 평화협정(1979)을 맺음으로써 이슬람 극단주의 집단에 의해 암살되기도 했다.[3] 또한 국유화를 통해 노동 계층을 중심으로 아랍 사회주의 체제를 이룩하고자 했던 나세르와 '인피타'(infitah: open door) 정책과 사유화를 통해 개방을 추구했던 사다트의 경제정책이 날카롭게 대조된다. 이처럼 외교정책뿐 아니라 경제정책의 측면에서도 나세르와 사다트의 정책 성향은 본질적으로 다르기 때문에 두 시기를 비교하는 것은 분석적으로 편리할 수 있다. 그러나 이 같은 연구들은 외교정책 변화의 정확한 시점을 포착하지 못하는 한계를 지닌다. 외교정책의 변화 시기와 원인을 개인 또는 정권의 차이에 기인한 것으로 모호하게 다루는 데에 그치기 때문이다.[4]

본고는 1958년부터 1970년까지 이집트의 대팔레스타인 외교정책을 기술적으로 분석함으로써 이집트 외교정책의 전환이 사다트 정권이 아닌, 나세르의 집권 시기 내에 발생했음을 주장한다. 변화의 시기를 포착하기 위해 본고는 복합적 연구방법을 채택한

2 관련된 연구로는 Ayubi(1994), Waterbury(1983), Dawisha(1990) 등을 참조.

3 이집트의 국가 정체성을 다루는 많은 연구들 또한 나세르와 사다트 정권을 비교한다. 논의의 핵심은 나세르가 범아랍 이념과 가치를 국가 이익에 투사한 반면 사다트는 애국주의에 기반을 둔 이집트의 직접적인 이익만을 추구했고, 이와 같은 변화는 범아랍주의의 종식 또는 나세르의 죽음과 시기적으로 맞물려 발생했다는 것이다(Ahmadian 2014).

4 오히려 외교정책에 관한 연구보다 범아랍주의의 종식을 다루는 연구가 정책 변화의 구체적인 시기에 대한 논의를 풍부하게 진행해왔으며, 실제로 이들은 범아랍주의가 실질적인 효력을 잃고 쇠퇴하기 시작한 시점을 사다트의 정권이 아닌 나세르 정권으로 본다. Barnett(1995)과 Ajami(1978)의 논의를 참조.

다. 먼저, 이어지는 II절에서는 단어 연결망 분석을 활용하여 13년에 걸친 나세르의 연설문 자료에 내재하는 토픽의 군집과 변화의 양상을 시각화한다. 이와 같은 분석은 이집트 외교정책에 있어 팔레스타인 문제가 갖는 상대적 중요성을 시각적으로 관찰할 수 있고, 중요하게는 시간에 따른 중요성의 변화 추이를 실증적으로 파악할 수 있다. II절의 분석을 바탕으로, III절에서는 대팔레스타인 외교정책이 점진적으로 적극적 양상에서 소극적 양상으로 변화하는 과정을 추적한다.

II 나세르 연설문의 단어 연결망 분석

1. 자료 수집 및 전처리 과정

텍스트 마이닝 기법은 수백 개에 달하는 연설문 형식의 메타데이터를 일괄적으로 처리하는 분석적 유용성을 지니며, 기존의 해석학적이고 역사적인 접근을 방법론적으로 보완한다는 점에서 유의미하다. 분석을 위해 나세르가 대통령을 역임한 1956년 6월 23일부터 사망한 1970년 9월 28일까지의 연설문을 연도별로 묶어 수집했다. 나세르 온라인 아카이브에 수록된 총 863개의 연설문 중, 중동 외교정책과 관련된 393개의 연설문만을 분석에 활용했다.[5]

5 지역 행사 관련 연설문(직물공장 개장식 축사, 아동 보조기금 홍보 연설, 대학 졸업식 축사 등)과 역외 국가를 대상으로 하는 연설문(멕시코 사절단 환영사, 에티

온라인 아카이브의 연설문은 아랍어로 제공된다. 그러나 분석에 활용할 통계 프로그램인 R에서는 아랍어 텍스트를 처리할 수 있는 패키지의 활용성이 낮아, 텍스트를 영어로 번역하는 과정을 거쳤다. 번역의 단계는 총 두 단계로, 먼저 구글 번역기를 사용하여 일괄적으로 아랍어에서 영어로 번역한 후, 번역된 글을 연구자가 검토했다. 각별히 주의한 부분은 이집트 지역 방언의 구어체(al-Masriya)와 지명, 인물 이름을 번역기가 인식하지 못하거나 통일되지 않은 발음기호로 번역한다는 점인데, 이는 연구자가 2차 번역의 단계에서 일괄적으로 수정 및 통일했다.

자료의 전처리 과정은 프로그램이 텍스트를 인식할 수 있는 말뭉치(corpus) 형태로 전환한 후 분석에 용이하게 단순화 처리를 하는 단계다. 전처리 과정에서는 'tm' 패키지를 사용하여 공란 처리, 소문자로 통일, 숫자 표현 제거, 불용 단어 제거 등의 과정을 거친다(Feinerer, Hornik and Meyer 2008). 불용 단어는 연설문에서 높은 빈도로 사용됨에도 불구하고 텍스트 분석에 있어서 노이즈로 작용할 가능성이 큰 단어를 가리키며, 'arab', 'people', 'today', 'one' 등의 단어가 제거되었다. 어근 동일화(stemming) 과정은 다양한 형태로 사용되는 중요한 단어를 하나의 어근으로 축약하여 단순화하는 분석적 한계가 있어, 본 분석에서는 생략했다.

오피아 대사 만찬 축사 등)은 중동 외교정책과 무관하다고 판단하여 분석에서 제외했다.

2. 단어 연결망 분석

단어 연결망은 연설문 내 단어가 어떠한 상관관계로 연결돼 있는지 관찰하고, 나세르의 정치적 레토릭에 내재하는 거시적인 패턴을 파악하는 데에 유용하다. 분석을 위해 연도별 나세르의 연설문을 세 개의 시기—1958년부터 1960년, 1961년부터 1966년, 그리고 1967년부터 1970년—로 구분했다.[6] 단어 연결망 분석을 위해, 연설문에 등장하는 모든 단어들을 쌍으로 묶은 후, 두 단어가 함께 등장하거나 등장하지 않을 가능성이 높은 쌍을 상관관계가 높다고 판단했다.[7] 다음은 각 시기별로 상관관계가 0.6 이상이며 빈도수가

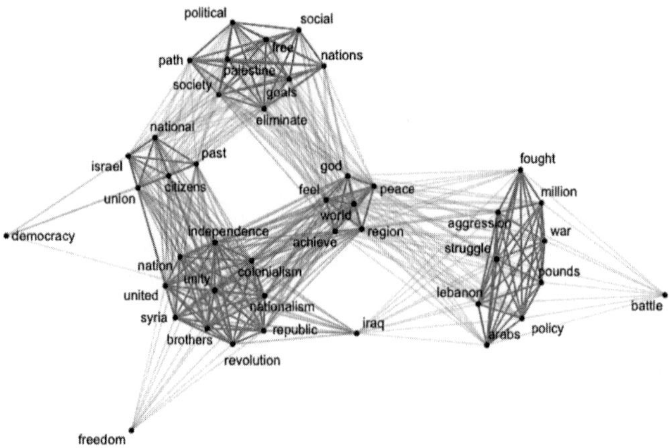

그림 8-1. 단어 연결망 분석: 1958-1960

6 연설문 간 상관관계 분석과 클러스터링 등의 다양한 분석을 통해, 나세르의 정치적 레토릭을 크게 두 번의 분기점에 따라 세 개의 시기로 구분할 수 있다. 자세한 내용은 필자의 석사학위논문 III장과 부록의 분석 결과를 참조.

7 단어 간 상관관계는 피어슨 상관계수(Pearson correlation coefficient)를 활용했다.

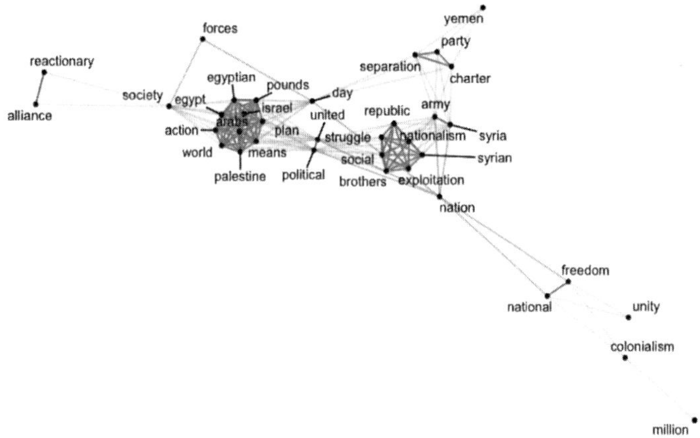

그림 8-2. 단어 연결망 분석: 1961-1966

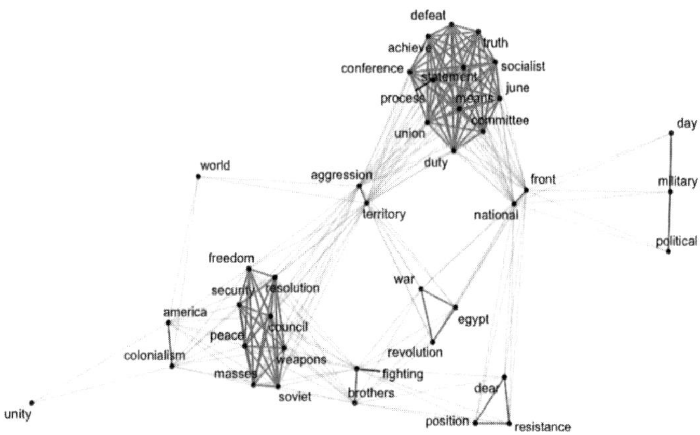

그림 8-3. 단어 연결망 분석: 1967-1970

높은 단어들의 연결망을 시각화한 것이다.

첫 번째 시기는 나머지 두 시기에 비해 다양한 군집의 토픽으로 구성된다. 또한 각 단어 사이를 연결하는 링크의 밀도가 높게 나타나는 것으로 미루어 보아, 토픽 내 단어들의 상관관계는 물론 토픽 간의 전체적인 상관관계 또한 높은 것으로 보인다. 이 중 가장 큰 토픽은 '통합'(unity), '민족주의'(nationalism) 등의 단어들로 구성된 범아랍주의 관련 군집이다. 이 토픽은 이스라엘과 팔레스타인 문제 등의 여러 토픽들을 연결해주는 중심 레토릭의 기능을 담당하는데, 범아랍주의가 이 시기 이집트 외교정책의 중요한 이념적 기반임을 보여준다. 특히 팔레스타인과 관련된 군집이 흥미로운데, 하나의 독자적인 군집을 형성할 뿐 아니라, 아랍 영토의 '자유'(free)와 적의 '제거'(elimination)와 강력히 연결되어 있다는 점에서 팔레스타인 문제가 나세르에게 얼마나 중요한 의제였는지를 확인할 수 있다.

한편, 〈그림 8-2〉의 시기에서 팔레스타인 문제는 여전히 중요한 키워드로 등장하지만, 이집트의 경제 발전과 관련된 군집에 포함되어 있는 것으로 미루어 보아, 더 이상 독자적인 토픽을 구성하는 주요 의제가 아님을 알 수 있다. 실제로 1961년부터 1966년까지의 연설문은 두 개의 큰 토픽—이집트 중심의 논의와 범아랍 중심의 논의—로 구성되는데, 두 토픽을 비교했을 때, 범아랍주의보다는 이집트 중심의 토픽이 더욱 중요하게 언급되고 있음을 알 수 있고, '파운드'(pound)가 등장하는 것으로 미루어 경제개발이나 수출, 무역 등 경제적 측면에서의 논의가 보다 활발하게 이루어짐을 유추해볼 수 있다. 앞선 시기와는 다르게, 범아랍 중심의 토픽은 더 이상 통합을 강조하기보다는 시리아와의 '분리'(separation)를 중심으로 이루어지며, 핵심 키워드로서의 역할이 축소되었음이 확인된다.

마지막 시기인 1967년부터 1970년까지의 연설문에서는 팔레스타인 키워드가 단어 연결망에 등장하지 않는다. 이는 6일 전쟁으로 이집트가 이스라엘에 시나이 반도를 빼앗기자, 범아랍의 문제보다 이집트의 문제를 더욱 중요시했다고 볼 수 있다. 앞선 시기들과는 달리, 〈그림 8-3〉은 몇 개의 핵심 키워드에 의해 나머지 토픽들이 연결된 형태로 나타나는데, 이들은 '영토'(territory)와 '공격'(aggression), '이집트'(egypt) 등의 단어들이다. 두 개의 주요 토픽을 이루는 단어를 살펴보면 1967년 6일 전쟁 당시 점령당한 시나이 반도를 반환 받기 위한 국내적, 국제적 기제로 이해할 수 있다. 상단의 토픽에는 이집트 단일 정당인 '아랍사회주의연합'(Arab socialist union)이 등장하며, '회담'(conference), '수단'(means) 등의 단어들로 미루어 보아, 이집트의 영토적 주권을 회복하기 위한 국내적 노력과 방안이 드러나는 대목이다. 반면, '유엔 안전보장이사회'(security council), '결의안'(resolution), '소비에트'(soviet) 등으로 이루어진 하단의 토픽은 동일한 문제를 해결하기 위한 국제적 층위에서의 노력으로 이해할 수 있다.

결과적으로, 나세르 연설문의 단어 연결망 분석을 통해 시기에 따른 팔레스타인 문제의 상대적 중요성과 그 변화 양상을 파악할 수 있다. 팔레스타인 키워드와 아랍 통합의 토픽이 높은 상관관계를 보이는 나세르 집권 초기에는 팔레스타인 영토 주권의 문제가 이집트의 가장 중요한 안건 중 하나로 자리 잡았다. 그러나 팔레스타인 문제는 점차적으로 정책적 우선순위에서 밀려나며, 집권 후기에 이르러는 이집트의 국익과 영토 회복이라는 중대한 사안에 가려졌다. 이 같은 텍스트 분석 결과를 검증하기 위해, 이어지는 절에서 나세르의 연설문, 인터뷰, 회의 기록 등을 통해 이집트 외교정책의 변화를 세밀하게 분석한다.

III 대팔레스타인 외교정책의 변화(1958-1970)

이집트의 대팔레스타인 외교정책은 크게 직접 정책과 간접 정책으로 나누어 분석할 수 있다. 직접 정책은 팔레스타인 아랍인들에게 직접적인 영향을 미치는 정책으로, 이집트에 거주하는 팔레스타인 게릴라 조직이나 난민에 대한 정책을 가리킨다. 반면, 간접 정책은 이스라엘과의 평화적 협상 의지 여부에 관한 것이며, 팔레스타인 문제에 대한 이집트의 입장을 간접적으로 살펴볼 수 있다. 팔레스타인 영토를 점령한 이스라엘과 평화적 협상을 체결한다는 것은 이스라엘의 국가성과 주권을 인정하는 것일 뿐 아니라, 팔레스타인 문제를 더 이상 '아랍 영토 해방의 문제'가 아닌, 난민들에 대한 금전적인 보상으로 해소될 수 있는 단순 '난민의 문제'로 귀결시키는 것이기 때문이다.

〈표 8-1〉은 이집트의 외교정책이 적극적인 양상에서 소극적인 양상으로 변하는 것을 나타낸다. 초기의 직접 정책이 팔레스타인 아랍인들에 대한 적극적인 격려와 지원으로 나타나는 반면, 후기에는 오히려 팔레스타인 저항 운동을 억제하고 외면하는 소극적인 모습으로 나타난다. 간접 정책의 경우, 이스라엘 분쟁에 대해 강경한 입장을 고수하며 팔레스타인 문제를 타협하지 않는 것이 초기 나세르의 입장이었다면, 후기에는 미국이 주도한 로저스 계획을

표 8-1. 이집트 대팔레스타인 외교정책의 변화: 적극적 정책에서 소극적 정책으로

	직접 정책	간접 정책
적극적	1. 팔레스타인 게릴라 단체의 결성, 훈련 및 적극적 지원 2. 팔레스타인 국민연합의 설립으로 UAR의 제도적 확장을 꾀함 3. 이집트 내 팔레스타인 방송국 설립	이스라엘과의 정치적 협상 거부 (팔레스타인 영토적 주권의 옹호)
소극적	1. 팔레스타인 게릴라 단체의 지원 축소와 민족주의의 억제 2. 팔레스타인 자치기구의 설립으로 자체적인 문제 해결 기대 및 아랍 국가들과 책임 분담 3. 이집트 내 팔레스타인 방송국 폐쇄	로저스 계획(1970)의 승인 (팔레스타인 영토적 주권 문제를 단순 난민 문제로 치부)

승인하며 팔레스타인 영토 주권 문제를 단순 '난민' 문제로 다루며 범아랍 지도자로서의 책임을 회피하는 모습을 보인다.

1. 적극적 정책(1958-1960)

1) 팔레스타인 게릴라의 조직과 지원

팔레스타인 영토 주권에 관한 초기 나세르의 직접 정책은 아랍 지도자 역할 인식의 확립에 따라 상당히 적극적인 양상으로 나타났다. 더욱이 이러한 양상은 아랍 지도자 역할을 두고 경쟁했던 압둘 카림 카심(Abd al-Karim Qasim) 이라크 총리의 등장으로 극대화되었다. 1958년 쿠데타를 통해 정권을 잡은 카심은 나세르의 팔레스타인 정책에 도전하여 훨씬 더 적극적이고 주도적인 개입 의지를 보였고, 이에 나세르는 아랍 지도자로서 아랍 문제인 팔레스타인에 대한 개입 의지를 명백히 밝힐 필요가 있었던 것이다(Sayigh

1997, 67-70). 나세르의 직접 정책은 세 가지 측면으로 나타나며, 이는 팔레스타인 게릴라 조직에 대한 적극적 후원, 팔레스타인 아랍인들에 대한 참정권 부여, 그리고 이집트 내 팔레스타인 라디오 방송국 개설 허용이다.

가장 먼저, 나세르는 팔레스타인 게릴라 조직에 대한 적극적인 후원과 지원을 아끼지 않았다. 대표적인 사례는 아랍어로 '순교자'(self-sacrificer)라는 뜻을 가진 '페다인'(fedayeen)의 등장이다. 1955년 8월 처음 모습을 드러낸 페다인은 이스라엘 국경에 기습 공격을 감행했는데, 페다인의 결성과 훈련이 이집트 정부에 의해 주도적으로 이루어졌다는 점이 주목할 만하다(Sharnoff 2012, 4). 이스라엘 국방부 장관을 역임했던 모셰 다얀(Moshe Dayan)은 나세르가 1955년 4월부터 페다인을 조직했다고 주장하며, 실제로 역사가들은 페다인이 나세르의 지시 하에 이집트군과 함께 카이로의 남쪽에 위치한 베니 수에프 훈련소에서 전투력과 전문성을 길렀다고 입을 모은다(Shlaim 2015; Maoz 2015; Nasr 1997).

가자 지구를 거점으로 활동하던 페다인은 1956년 수에즈 전쟁 직후 잠시 소극적인 태세로 전환했다가, 1958년을 기점으로 다시 적극적 양상으로 돌변했다. UAR 통합에 따른 이집트의 국가 정체성의 재정립과 이라크에서 발생한 카심의 쿠데타가 하나의 계기로 작용했던 것이다. 당시 페다인은 활동 거점을 다시 가자 지구로 옮겼을 뿐 아니라, 이집트군에 의해 병력이 급격하게 증가했다(Sayigh 1998, 97-116). 결과적으로 나세르는 페다인을 적극적으로 지원함으로써 아랍 지도자로서의 책임의식과 사명감을 드러낼 수 있었고, 무엇보다 이스라엘과 직접적이고 군사적인 충돌을 모면하면서 동시에 강경한 입장을 유지할 수 있었다.

한편, 1959년 나세르는 팔레스타인 국민 연합(Palestinian National Union)의 제도화를 추진함으로써 UAR에 거주하는 팔레스타인 난민들의 정치적 참여를 도모하기도 했다. 실제로 1961년 1월에 선거가 이루어졌는데, 이를 통해 가자 지구와 시리아에 거주하는 팔레스타인 아랍인들에게 위원회에 대한 직접 선거권이 부여되었다(Al-Hardan 2016, 65-71). 당시 이집트 언론은 "팔레스타인 아랍인들을 대표할 단체[가 생겼다]"며 PNU의 탄생을 축하하기도 했다(Shemesh 1996, 6). 비록 중대한 이슈에 대한 결정권은 여전히 이집트의 나세르 정권에 있었지만, 가자 지구 지자체 수준에서는 팔레스타인 아랍인들이 행정적 자치권을 보유하게 되었고, 무엇보다 팔레스타인 아랍인들에게 허락된 첫 참정권이라는 점에서 나세르의 이와 같은 정책은 상당히 유의미하다.[8]

정치·군사적 영역 이외에도 문화나 사회적 측면의 국내정치의 영역에까지 팔레스타인 문제에 대한 나세르의 적극적인 입장이 반영되었다. 1960년 10월 이집트 라디오의 주요 방송국이었던 '아랍의 목소리'(Sawt al-Arab)는 팔레스타인 아랍인들을 위한, 그리고 팔레스타인 문제를 공론에서 논의하기 위한 '팔레스타인 코너'(Filastin Corner)를 개편하였는데, 작은 프로그램으로 시작된 이 코너는 이후 '팔레스타인의 목소리'(Sawt al-Filastin)라는 명칭으로

8 나세르는 연설을 통해 시오니즘과 제국주의로부터 약탈당한 권리를 되찾기 위한 "[팔레스타인 아랍 국민 연합 위원회의] 희생과 자기부인(self-denial)"을 거듭 강조했다(Nasser 1960b). 팔레스타인 아랍 국민 연합에 관한 자세한 내용은 Filiu(2014, 114), Maoz(2015, 6)를 참고.

공식적으로 자리 잡게 되었다.[9] 이는 1967년 이후 나세르가 팔레스타인 방송국을 폐쇄해버린 것과 극명히 대조된다.

이처럼 1958년 이후 나세르의 직접적 대팔레스타인 정책은 적극적인 성격을 띠었다. 나세르가 추진한 다양한 정책은 팔레스타인 아랍인들을 포함한 지역 아랍 국가들로부터 지도자로 인정을 받기 위한 노력의 일환으로 이해할 수 있으며, 실제로 나세르에 대한 팔레스타인 단체들의 높은 지지도와 의존성은 이 같은 정책이 비교적 성공적이었음을 의미한다.

2) 군사적 대응의 고수

한편, 이스라엘 문제에 대한 나세르의 초기 정책은 강경하고 타협의 여지가 전혀 나타나지 않는 것이 특징이다. 이스라엘 문제에 대한 나세르의 이와 같은 태도는 팔레스타인 문제에 간접적으로 영향을 미친다는 점에서 주목할 만하다. 이집트가 팔레스타인 문제에 적극적으로 개입하기 시작한 것은 1954년 나세르가 이집트 수상을 역임하면서부터로 볼 수 있는데, 아랍의 지도자로 자리매김하기 위한 정치적 야망에서 비롯된 정책이라는 것이 지배적인 견해이다(Sharnoff 2012).

단편적인 예로, 1958년 4월 7일 뉴욕 컬럼비아 방송국에서 실시한 인터뷰를 들 수 있다. 당시 나세르는 이스라엘과의 협상 가능성에 대한 질문에 "아랍-이스라엘 문제의 가장 중요한 요소는 팔

9 이집트 주요 언론인 '아크바르 알 야움'(*Akhbar al-Yaum*) 신문은 '아크바르 팔레스타인'(*Akbar Filastin*)이라는 주간지를 발간하여 가자 지구 일대에 배부하기도 했다(Shemesh 1996, 6).

레스타인 아랍인들의 권리 침탈"이라며 "[확장주의적 목적을 가진 이스라엘의 공격적 행동에] 우리가 어떻게 협상을 생각할 수 있겠는가?"라고 답하며 강경한 입장을 드러냈다(Nasser 1964, 17). 이러한 태도는 1960년 미국 외신 대표단과의 인터뷰에서도 여지없이 드러났는데, "평화를 추구한다는 것은 무슨 의미"이냐는 질문에 나세르는 "[이스라엘과의] 전쟁"이라고 말하기도 했다(Nasser 1960a).

뿐만 아니라, 나세르는 국제적 무대에서 준수할 의무가 있는 조항들을 의도적으로 부인하고 이행하지 않는 모습을 보이기도 하는데, 팔레스타인 문제가 해결되기 전에는 이스라엘과 어떠한 형태의 교류도 갖지 않겠다는 단호한 결의가 드러난다. 1951년 유엔 결의안은 이스라엘 선박이 수에즈 운하를 통과하도록 허락하라는 내용을 담고 있는데, 이와 관련하여 나세르는 1959년 연합 통신사(*Associated Press*)와 크리스찬 사이언스 모니터(*Christian Science Monitor*)와의 인터뷰를 통해 다음과 같은 공식적 입장을 밝혔다.

> "이스라엘조차 미국과 프랑스, 터키가 1949년 마련한 조정위원회(Conciliation Committee)의 조항, 특히 팔레스타인 아랍인들에 대한 조항을 이행하지 않고 순응하지 않는데, 이집트의 이스라엘 선박 수에즈 운하 통과 금지에 대한 UN의 항의는 마땅하지 않다(Nasser 1959)."

결론적으로, 나세르 정권 초기의 대팔레스타인 외교정책은 팔레스타인 아랍인들에 대한 직접적인 정책의 측면에서 상당히 적극적인 성격을 띠며, 동시에 이스라엘 문제에 대한 간접적인 측면에서 또한 강경한 입장을 유지하는 것을 확인할 수 있다. 이는 범아랍 지도자로서의 역할에 대한 아랍 대중들의 기대를 만족시키고 리더십을 가시적으로 드러내기 위한 것으로 볼 수 있다. 범아랍 지도자가 이스라엘과 타협한다는 것은 제국주의에 대한 아랍의 항복을 의미하며, 곧 아랍 주권을 부정하는 것이나 마찬가지이기 때문이다.

2. 이중적 정책(1961-1966)

1) 팔레스타인 문제는 팔레스타인에게

두 번째 시기의 대팔레스타인 외교정책은 겉으로는 팔레스타인 문제를 위해 적극적인 시도를 하는 듯 보이지만, 실질적으로는 이집트가 전적으로 부담해왔던 부담과 책임감을 아랍 국가들과 분담하고, 보다 중요하게는 팔레스타인 단체들에 전가하려는 '이중적 정책'으로 이해할 수 있다. 구체적으로는 아랍연맹(Arab League) 정상회담 소집을 통한 팔레스타인 자치기구(Palestine Liberation Organization)와 팔레스타인 해방군(Palestine Liberation Army)의 설립을 들 수 있다. 아랍연맹 소집을 통해 '아랍의 문제'인 팔레스타인 영토 해방에 대한 책임감과 부담감을 아랍 국가들과 분담했다면, PLO와 PLA 조직을 통해서는 팔레스타인 아랍인들이 자신들의 문제를 자체적으로 해결할 수 있는 제도적 수단을 마련했던 것이다.

팔레스타인 아랍인을 위해 자치적인 단체를 설립하는 나세르의 정책 양상은 첫 번째 시기와 상당히 유사하지만, 정책이 시행되는 상황적 맥락이 전혀 다르다는 점에서 두 시기의 외교정책은 다른 의미를 갖는다. 나세르의 정책은 여전히 적극성을 띠는 듯 보이지만, 실질적으로는 더 이상 직접적으로 팔레스타인 문제에 개입하지 않겠다는 의지를 확인할 수 있다.

아랍연맹 정상회의가 개최된 배경에는 이집트에 대한 팔레스타인 극단주의자들의 의구심과 이스라엘 문제에 따른 아랍 국가 간의 분열이 발단으로 작용했다. 먼저 팔레스타인 극단주의자들은 페다인이 이집트의 꼭두각시처럼 존재하는 현실에 분개했다. 1959년 야세르 아라파트(Yasser Arafat)가 결성한 게릴라 조직인 파타(Fatah)는 '이집트를 포함한 아랍 정권들이 팔레스타인 정체성을 제약하려고 한다'고 주장하며, 팔레스타인을 해방하기 위해 이집트에 귀속된 페다인과는 달리 팔레스타인의 독자적인 군사조직을 결성하고자 했다(Schiff and Rothstein 1972, 24).[10] 실제로 파타는 시리아의 바트당으로부터 든든한 지원을 받았는데, 이집트에 비해 다소 극단적인 성향을 띠는 시리아의 민족주의자들과 파타의 이념이 맞아떨어졌다(Sayigh 1997, 80). 나세르에게 있어서 파타당의 등장과 시리아와의 결탁은 이집트와 자신의 '아랍 지도자' 역할에 대한 도전으로 받아들여졌고, 팔레스타인 문제에 대해 보다 적극적인 의지를 표명해야 했다.

10 파타는 '팔레스타인 해방을 위한 운동'이라는 의미를 갖는다. 본래 '팔레스타인의 해방을 위한 운동'(Harakat Tahir Falastin)의 약어는 'HATAF'이지만, 아랍어로 'hataf'는 '급사'(sudden death)를 의미하는 단어이기 때문에 순서를 뒤집어 '정복'(conquest)을 의미하는 'FATAH'를 채택했다.

한편, 팔레스타인 극단주의자들의 불만 이외에도, 아랍 국가들 간의 분열 양상이 나세르에게 또 하나의 압력으로 작용했다. 1963년, 이집트 주간지인 로즈 알유수프(*Rose al-Youssef*)는 비평을 통해 "아랍 국가들이 정치적, 군사적으로 통합할 준비가 되기 전까지는 이스라엘과 군사적으로 충돌해서는 안 된다"고 일침을 놓았는데, 구체적으로 시리아와 요르단, 사우디 정권을 겨냥하여 "반이집트 정권이 이스라엘과 이집트 사이의 전쟁을 촉발하여 배신할 기회를 노린다"고 언급한 대목이 아랍 국가 간의 갈등을 점화했던 것이다. 이에 요르단은 "이집트의 도움이 없이도 국경을 수호할 수 있다"며 "요르단은 이집트보다 더 나은 상황이기 때문에 아랍 통합 군대는 불필요하다"는 공식적 성명을 내놓았다. 시리아의 경우, 바트당 공식 신문을 통해 "이스라엘에 대한 의무를 다하지 않은 지도자는 국민의 심판을 받을 것"이라며 한층 극단적인 반응을 보였다(Horton 1964, 188).

이러한 분위기 속에서 나세르는 팔레스타인 극단주의자들과 아랍 국가들의 의심과 비난을 피하기 위해 확실한 입장을 드러낼 필요가 있었다. 결국 이집트의 적극적인 주도로 1964년 1월 17일, 13명의 아랍 정상들이 참석한 첫 번째 아랍 정상회담이 이집트 카이로에서 개최되었다. 당시 회담에는 13개국 아랍 정상들이 참석했고, 특별히 나세르의 주도 하에 전 사우디아라비아 유엔 대사를 역임했던 아흐메드 슈케이리(Ahmad Shukeiri)가 팔레스타인 대표단으로 동석했다.

회담의 주 안건으로는 이스라엘과 요르단 간의 수로(水路) 문제, PLO의 설립, 아랍 연합군(United Arab Command)의 조직 등 여러 가지 문제들이 표면적으로 다루어졌지만, 회의를 통해 나세르가 꾀하고자 했던 실질적인 목적은 이집트에 대한 지역적 비난을 누그러뜨리고 팔레스타인 문제에 대한 책임감을 지역 행위자들과 분담하기 위함이었다. 실제로 이후 세 차례에 걸친 정상회담을 통해 나세르는 PLO와 PLA를 설립한다는 안건에 관한 아랍 정상들의 합의를 일구어냈다. 결과적으로 1964년 9월 이집트 알렉산드리아에서 개최된 2차 정상회담을 통해 PLO는 아랍 연맹의 정식 회원국으로 승인되었고, PLA는 요르단과 시리아, 가자 지구 등 각지에서 결성되었다(Kerr 1971, 115).[11]

그러나 페다인과 마찬가지로 PLO와 PLA는 전적으로 이집트의 통제와 감시를 피할 수 없었다. 단편적인 예로, 당시 이집트 외무장관이었던 마흐무드 리아드(Mahmoud Riad)는 딘 러스크(Dean Rusk) 미 국무장관에게 "이집트가 언제든지 슈케이리 PLO 의장을 파면시킬 수 있다(Sharnoff 2017, 151)"고 발언한 것으로 미루어보아, 나세르가 팔레스타인 단체들에 대한 비대칭적인 영향력을 행사했음을 확인할 수 있다.[12] PLA의 경우, 1965년 이후로 꾸준히 이집트 정부에 독자적 권한을 요구해왔지만 번번이 거절되었고, 이에 따라 독자적으로 작전 참모를 임명할 수도, 부대를 사찰할 수도 없었다(Sayigh 1998, 103). 오직 이집트군의 승인을 통해서만 행정적 권한을 국소적으로 부여받았던 것이다. 이처럼 나세르는 PLO

11 나세르는 PLO의 초대 의장으로 슈케이리를 직접 지명했다.

12 일각에서는 PLO와 PLA의 설립을 두고 단순히 이스라엘과의 직접적인 전쟁 상황을 피하기 위한 나세르의 정치적 수단에 불과했다고 주장하면서 나세르 외교정책의 이중성을 고발한다(Aburish 2004, 221-47).

와 PLA를 이집트 정부의 부속기관처럼 여겼고, 이는 아랍연맹 정상회담에서의 모습과는 상당히 모순적임을 확인할 수 있다.

한편, 이집트 내부적으로도 팔레스타인 난민들에 대한 정책의 변화가 이루어졌다. 1962년 나세르는 직접 대통령령을 통해 이집트 내 팔레스타인인들이 더 이상 취업 허가증을 받지 않아도 되는 정책을 마련했고, 정부 기관 등에 취업할 수 있도록 장려했다 (Dajani 1986, 49). 이와 같은 나세르의 일련의 정책은 팔레스타인 문제에 적극적으로 나서는 것으로 비춰지지만, 실질적으로는 국내에 거주하는 팔레스타인 난민과 극단주의자들의 불만을 잠재우고자 하는 목적이 내재하고 있었던 것이다.

요약하자면 1961년 이후 이집트의 대팔레스타인 직접 정책은 크게 세 가지 목적을 지닌다. 첫째, 아랍 국가들을 설득하여 팔레스타인 문제에 대한 '아랍의 의무'를 분담하고자 했다. 둘째, 팔레스타인 극단주의자들의 원성을 잠재우고자 했으며, 셋째, 팔레스타인 자치 기구와 군사 조직을 형성함으로써 팔레스타인 아랍인들이 독자적으로 팔레스타인 문제를 해결할 수 있는 기반을 마련했다. 이는 나세르가 아랍 지도자로서 가지고 있었던 팔레스타인 영토 해방에 대한 책임과 부담감을 팔레스타인 아랍인들에게 지우려고 했던 것으로 이해할 수 있다. 마치 나세르가 연설문에서 슬로건처럼 자주 사용하던 "아랍 국가는 아랍에게"처럼, "팔레스타인 문제는 팔레스타인에게" 문제의식을 암시하는 정책이었던 것이다.[13]

13 "아랍 국가는 아랍에게"는 아랍 민족의 주권과 독립을 강조하는 표현으로 나세르가 연설문을 통해 강조하는 슬로건이다. 아랍어로 "Balad al-Arab lil Arab"이다. "팔레스타인 문제는 팔레스타인에게" 표현은 아랍어로 "Mushkila Filistiniya lil

2) 아이스박스 외교

이 시기 나세르의 간접 정책은 이스라엘에 대해 적대적인 레토릭을 유지하지만, 실질적으로는 이스라엘 문제를 덮어두는, 일명 '아이스박스 외교'(icebox diplomacy)로 나타난다(Little 1988, 524). '아이스박스 외교'라는 용어는 1961년 무스타파 카말(Mustapha Kamel) 이집트 대사에 의해 처음 사용되었다. 케네디 정권과 우호적 관계를 유지함으로써 원조를 꾸준히 받기 위해 나세르 정권이 적극적으로 활용했던 외교 전략으로, 이집트의 국가 이익을 위해 범아랍의 문제를 아이스박스에 넣어 얼리는 것, 즉 공식적인 자리에서 언급하지 않음을 의미한다(United Arab Republic 1961).

1961년 5월 딘 러스크(Dean Rusk) 국무장관은 케네디 대통령에게 "카말 이집트 대사가 먼저 아이스박스 외교를 제안했다"고 전했는데, 흥미롭게도 나세르의 아이스박스 전략은 케네디 정권 이후에도 줄곧 유지되었다. 이는 이스라엘 분쟁에 있어서 팔레스타인 영토 해방의 문제를 정치적으로 활용할 것이라는 의지의 연속성을 드러낸다(Little 1993). 실제로 미국 정부는 이집트가 존슨 정부 때까지도 여전히 아이스박스 외교를 유지했다고 평가하기도 했다(Foreign Relations of the United States 2000).

공식적 문서에서는 이집트가 이스라엘 문제를 아이스박스에 넣었다고 기록하지만, 실제로 이집트가 아이스박스 속에 넣어두었던 것은 이스라엘 문제가 아닌 팔레스타인 문제이다. 물론 이스라엘 분쟁 문제와 팔레스타인 문제는 긴밀하게 연결된 사안이기 때

Filistiniyin" 정도로 번역할 수 있다.

문에 혼용되기도 한다. 그러나 면밀히 말하자면 두 문제의 성격은 상당히 다르다. 당시 이집트는 이스라엘에 대해 직접적으로 행동할 만한 중대한 사안이 얽혀 있지 않았다. 6일 전쟁 이후와 달리 영토를 점령당하지도 않았기 때문에 군사적 대응에 나설 직접적인 이유가 없었던 것이다. 물론 이집트의 로켓 개발과 소련으로부터의 무기 지원, 그리고 이스라엘의 미국 무기 구입 등의 요소가 지역 내 군비경쟁을 가속화하기도 했으나, 이집트와 이스라엘 사이에 무력 충돌로 이어질 만큼 긴박한 사안은 아니었다.

이러한 맥락에서 나세르가 아이스박스 외교를 시행했다는 것은 이스라엘 분쟁은 물론 팔레스타인의 영토 해방 문제에 대해서 강경하게 나설 의지가 없다는 것을 의미하며, 이는 나세르의 대팔레스타인 외교정책이 이전 시기와는 달리 다소 미적지근한 노선으로 전환되었음을 우회적으로 나타낸다. 이집트의 정책적 변화에 대해 팔레스타인 극단주의자들과 혁명적 민족주의 국가들은 거세게 비난하고 나섰는데, 대표적으로 시리아 바트당은 나세르가 팔레스타인 문제에 적극적으로 나서지 않는 것을 두고 신랄하게 비난했다. 이들은 나세르의 아이스박스 외교와 팔레스타인에 대한 레토릭의 이중성을 고발하며 이집트가 미국과 국제기구의 "뒤에 숨어 제 역할을 다하고 있지 않다"며 나세르 외교정책의 이중성을 정확하게 지적했다(Smith 2004, 277-99).

3. 소극적 정책(1967-1970)

1) 팔레스타인 민족주의의 억제

팔레스타인 문제가 정치적 도구로써 활용된다는 것은 나세르가 이집트의 필요와 이익에 따라 팔레스타인 문제에 적극적으로 개입할 것을 뜻하기도 하지만, 그 반대의 상황도 가능하다는 점에서 양면적 의미가 있다. 즉 이집트의 안보나 위상이 위기에 처하거나 지역 내 국가 역할이 변하게 될 경우, 언제든지 팔레스타인 문제에 대한 이집트의 정책이 변할 수 있음을 암시한다.

1967년 6일 전쟁으로 인한 이스라엘의 시나이 반도 점령은 나세르로 하여금 이집트의 영토와 주권을 회복하는 것이 그 어떠한 범아랍 가치나 정책보다 우선순위에 있음을 직시하는 계기로 작용했다. '이집트 우선주의'로의 인식 전환은 나세르의 대팔레스타인 외교정책에 뚜렷한 변화를 야기하며 팔레스타인 문제로부터 거리를 두는 일종의 '발 빼기 정책'으로 이어졌다.

나세르의 발 빼기 정책은 크게 두 가지 양상으로 나타난다. 첫째, 팔레스타인 게릴라 조직인 페다인에 대한 소극적 정책과 둘째, 팔레스타인 라디오 방송의 폐쇄이다. 먼저, 나세르는 페다인의 활동 거점을 이집트와 요르단으로부터 철수하고 군사적인 지원을 축소하였다. 6일 전쟁이 발발한 직후, 페다인에 대한 가장 적극적으로 후원했던 국가는 흥미롭게도 이집트가 아닌 시리아였다. 실제로 시리아는 아랍 국가 중 가장 먼저 페다인 훈련을 위해 군사 기지를 제공하였으며 공식적으로 페다인의 활동을 옹호했다. 예컨대 시리아 바트당은 1967년 9월 라디오 다마스쿠스(*Radio Damascus*)

를 통해 다음과 같은 성명을 발표하며 페다인에 대한 전폭적인 지원을 시행했다.

> "페다인 저항을 통해 우리는 팔레스타인을 되찾고, 시오니즘을 뿌리째 뽑을 것이다. 페다인 전쟁은 오늘 우리를 텔아비브(Tel-Aviv)로, 내일이면 하이파(Haifa)로 데려가 줄 것이다. 페다인으로 인해 유대인들은 이스라엘을 떠나기 위해 바다로 공항으로 구름처럼 몰려갈 것이다(Schiff and Rothstein, 1972, 74)."

이집트의 경우, 최소한의 수준에서 페다인에 대한 지원을 지속했으나, 이전처럼 적극적으로 옹호하는 모습을 보이지는 않았다. 단편적인 예로, 이집트는 페다인이 이집트 영토에서 이스라엘을 공격하지 못하게 했을 뿐 아니라, 요르단 영토에서 또한 활동을 제한했는데, 이는 페다인을 결성하고 훈련에 개입하던 시기와 대조되는 점이 흥미롭다(Schiff and Rothstein 1972, 88). 뿐만 아니라, 당시 나세르는 팔레스타인 지도자들을 불러 모아 요르단 정부의 권위에 도전하거나 무력 충돌을 일으키는 행동을 지양할 것을 요구했다. 팔레스타인 아랍인의 영토 해방을 위한 민족주의 활동에 군사적으로 대응하는 요르단 정부를 비난해야 마땅한 상황에서, 나세르의 이 같은 냉담한 반응은 페다인으로서는 이해하기 어려운 것이었다. 아래는 팔레스타인 지도자들에게 나세르가 전달한 연설 일부를 발췌한 내용이다.

> "팔레스타인 지도자들에게 요르단의 권위와의 충돌을 지양할 것을

권장한다. 후세인 국왕에게 [충돌이 발생하지 않을 것이라는] 신뢰를 주는 것이야말로 팔레스타인 민족의 존속을 보장하는 것이기 때문이다. (중략) 당신들 중 일부는 나의 주장을 공격할지도 모른다. 그러나 이스라엘이 수개월, 심지어 일 년이 지나기까지 점령한 영토를 반환하지 않는 정치적 상황에서 협력은 그 어떤 것보다도 중요하다(US Joint Publications Research Service 1978, 113)."

나세르의 반응에 페다인은 새로운 활동 지역을 모색하고자 레바논 동남쪽 일대로 이동했는데, 이를 기회로 삼은 나세르는 팔레스타인 게릴라가 합법적으로 레바논에서 활동할 수 있도록 레바논과 PLO를 중재하여 1969년 카이로 협정(Cairo Treaty 또는 Cairo Accord)을 체결했다(Coban 1984, 47).[14] 카이로 협정 체결 이후, 레바논 남부 일대는 팔레스타인 난민과 여러 게릴라 조직들의 주요 거점으로 자리 잡게 되었다. 이로써 나세르는 더 이상 이십트나 요르단의 영토에서 게릴라 활동이 일어날 것에 대한 걱정을 덜었을 뿐 아니라 페다인에 대한 지원 부담을 최소화할 수 있었다.

팔레스타인 문제의 든든한 지지자이자 '범아랍 지도자'였던 나세르가 예전처럼 팔레스타인 문제에 관여하지 않을 것을 직감한 팔레스타인 아랍인들은 이집트의 도움 없이 주도적으로 팔레스타인 영토 해방을 이루고자 했다(Central Intelligence Agency 1971). 뿐만 아니라 팔레스타인 아랍인들 사이에 반나세르 인식이 급격하

14 카이로 협정의 공식 문서는 공개되지 않았으나, 1970년 4월 20일 레바논 신문인 안나하르(*An-Nahar*)에 비공식 문서가 공개되었는데, 상당히 신빙성 있는 자료라는 것이 전문가들의 견해이다.

게 확산되었는데, 결국 나세르는 카이로에 전파되는 PLO와 파타의 라디오 방송국을 폐쇄하기에 이르렀다(El-Abed 2010, 129). 이는 나세르가 범아랍 지도자로서 실시했던 팔레스타인 정책을 모두 철폐한 것으로 이해할 수 있다.

이처럼 팔레스타인 문제에 대한 나세르의 직접적 외교정책의 변화는 팔레스타인 저항 단체들의 한층 과격하고 독자적인 행동으로 이어졌고, 이로써 팔레스타인 문제가 처음으로 국제사회에서 조명받기 시작했다. 무엇보다 다양한 팔레스타인 저항 단체들이 각자의 루트를 통해 재정적 지원을 받으며 오늘날까지 이어지는 이스라엘-팔레스타인 분쟁 역학에 복잡함을 더하는 계기가 되기도 했다.

2) 평화적 협상으로

간접적 정책의 변화로는 이스라엘 문제에 대해 군사적 해결이 아닌 정치적 해결을 모색하는 정책 노선의 전환을 들 수 있다.[15] 다시 말해, 이집트가 시나이 반도를 반환받기 위해서는 이스라엘과 타협할 의지가 있음을 전제로 하며, 동시에 팔레스타인 '난민' 문제에 대한 유엔 안보리 결의 242호의 조항들을 수용하는 것을 의미한다. 유엔 결의안의 조항들을 수용한다는 것은 6일 전쟁에서 점령당한 영토'만'을 논의하겠다는 것을 의미하는데, 1948년 전쟁 당

15 6일 전쟁 직후 나세르는 미국과 소련이 제안한 '정치적 해결'(political solution)을 거부하고 '정치적 행동'(political action)에 나서야 할 것을 강조해왔다. 그러나 기존에 주장해오던 '군사적 행동'(military action)과는 확연히 다르며, 협상 가능성을 완전히 배제하지 않은 대안이라는 점에서 주목할 만하다.

시 점령당한 팔레스타인 아랍인들의 영토에 대해서는 난민들에게 배상금을 지불하고 대책을 마련하는 것으로 타협할 것을 암시한다.[16] 즉, 팔레스타인 문제는 더 이상 이집트에 있어서 중대한 사안이 아닌 부차적인 문제로 치부되었던 것이다.

이스라엘 문제에 대한 나세르의 입장 변화는 '세 개의 반대'(Three No's)로 잘 알려진 카르툼 회담에서 잘 드러난다. 카르툼 결의안은 1967년 수단의 수도인 카르툼에서 개최된 4차 아랍 정상회담의 성과물로, 이스라엘과의 '평화' 반대, 이스라엘을 국가로 '인정' 반대, 그리고 어떠한 형태의 '협상' 반대에 대한 아랍 국가들의 합의를 도출했다. 그러나 실제 회의 기록을 살펴보면 '합의'보다는 '균열'이라는 말이 어울릴 만큼 아랍 국가들 간에 치열한 논쟁이 오갔다.

당시 회담에서 아흐마드 슈케이리(Ahmad Shukeiri) PLO 의장과 압델아지즈 부테플리카(Abdelaziz Bouteflika) 알제리 외무부장관은 이스라엘과 그 어떤 정치적 협상도 불가능하다는 입장을 강력하게 표명했다. 슈케이리는 "이 자리의 그 누구도, 왕이나 대통령, 심지어 PLO마저도 서안지구를 놓고 이스라엘과 독단적으로 협상을 타결할 권한이 없다"고 발언했으며, 이에 대해 요르단 후세인 국왕은 "나는 조언을 들으러 이 자리에 나온 것이 아니"라는 격앙된 반응을 보이기도 했다. 이처럼 당시 이스라엘과 팔레스타인

16 1968년 2월 10일 압둘라흐만 아리프(Abd al-Rahman Arif) 이라크 대통령과의 회의에서 나세르는 "우리[이집트]는 지역 내 평화를 구축하기 위한 노력을 방해하지 않는다는 확신을 주기 위해 정치적으로는 안보리의 결의안을 거부하지 않았다… (중략) 우리는 현재 정치적인 태세 말고는 다른 대안이 없다"고 주장했다(US Joint Publications Research Service 1978, 101).

의 문제는 아랍 국가들 간의 균열을 야기하는 안건이었다(US Joint Publications Research Service 1978, 56).

흥미롭게도 나세르는 빼앗긴 영토의 반환을 위한 군사적 해결책이 없음을 수차례나 강조하며 아랍-이스라엘 분쟁의 정치적 해결의 가능성을 내비쳤다. 다음은 회의 중 나세르가 후세인 요르단 국왕에게 한 발언으로, 팔레스타인 문제에 대한 소극적인 태도가 드러나는 대목이다.

> "서안 지구를 군사적 수단으로 해방할 수 있는가? 만약 가능하다면 어떠한 결과를 감수하고서라도 당신과 함께할 것이다. 그러나 [군사적 수단으로 서안 지구의 해방이] 불가능하다면 우리는 점령당한 팔레스타인을 해방하기 위해 10년 동안 헛수고를 한 셈이다. 이것은 어쩌면 신의 거룩한 계획일 수도 있다. 우리는 군사적 해결이 가능해지기 전까지는 정치적 해결을 모색해야 할 것이다(US Joint Publications Research Service 1978, 54)."

평화적인 정치적 해결을 기대한다는 나세르의 돌변한 태도는 PLO, 시리아 등과 같은 강경 세력의 입장에서는 괘씸한 사건이었지만, 나세르에게는 이집트의 영토적 주권을 회복해야 하는 과제가 훨씬 시급했다. 다시 말해, 1949년의 '나크바'(al-Nakba, 재앙)보다는 1967의 '나크사'(al-Naksa, 좌절)가 훨씬 중대한 사안이었던 것이다(Handel, Allegra and Maggor 2017).[17]

17 1948년 팔레스타인 전쟁 또는 1차 중동 전쟁은 아랍어로 '재앙'을 의미하는 '나크바'(al-Nakba)로, 1967년 6일 전쟁은 '좌절'을 의미하는 '나크사'(al-Naksa)로

이와 같은 입장은 비단 이집트의 국내정치 영역에서만 나타난 것이 아니다. 나세르는 국제무대에서까지 평화적 협상에 대한 의지를 드러냈는데, 이는 이후 이집트가 로저스 계획을 승인하는 전조로 이해할 수 있다. 예컨대, 나세르는 1969년 아노 드 보그라브(Arnaud De Borchgrave) 뉴스위크(*Newsweek*) 편집장과의 인터뷰에서 이스라엘과 협상할 의지가 있음을 명백히 밝혔다. "이스라엘과의 협상 의지가 있냐"는 보그라브의 질문에 나세르는 "이스라엘이 철수하기 전까지는 답을 주기 어렵다"며 "그러나 한 가지 분명하게 말해줄 수 있는 것은 우리[이집트]는 1948년 전쟁 직후 이스라엘과의 협상 테이블에 앉았고, 다시 한 번 그렇게 할 준비가 되어 있다"고 답했다(Magnus 1969, 213-218).

이 발언이 특별히 흥미로운 이유는 이스라엘과의 '협상 테이블'에 대해 나세르가 이제껏 유지해왔던 입장과 전적으로 대비되기 때문이다. 기존의 나세르는 "우리[이집트]는 이스라엘과 직접 협상 테이블에 앉는 것을 전적으로 거부한다. 왜냐하면 그것은 '협상의 테이블'이 아닌 '항복의 테이블'이기 때문"이라며 완강하게 거부해왔다(US Joint Publications Research Service 1978, 67). 따라서 앞서 나타난 평화적 협상의 가능성은 나세르 외교정책 노선이 전환적 국면에 접어들었음을 확인할 수 있다.

이후 1970년 나세르가 로저스 협상을 승인함으로써 기존의 범아랍 외교정책 노선으로부터 완전하게 철회하였고, 이는 대팔레스타인 외교정책의 완전한 전환을 암시하는 사건이기도 하다. 당

알려져 있다(Perry 2016, 125-127).

시 미 국무장관이었던 윌리엄 로저스는 1969년부터 아랍 국가와 이스라엘의 중재를 통해 평화적 협상을 이끌어내고자 했다. 그는 유엔 안보리 결의 242호의 조항들을 다시금 명시하는 로저스 계획(Roger's Plan)을 이스라엘과 아랍 국가에 제안하여, 결국 1970년 6월 20일 이집트로부터 공식적 승인을 받아내었다(US Joint Publications Research Service 1978, 147-155).

로저스 계획에서 중요하게 다뤄졌던 안건은 물론 이집트와 이스라엘 사이의 휴전이었지만, 실질적으로 가장 큰 의미를 가졌던 조항은 "이집트(그리고 요르단)와 이스라엘의 주권, 영토 보존, 정치적 독립의 상호 인정"이었다. 로저스 계획에 팔레스타인에 관한 내용은 일절 언급되지 않았고, 다만 "유엔 안보리 결의 242호의 조항을 이행할 것"이라는 내용만이 팔레스타인 문제를 간접적으로 다루고 있다. 이집트가 영토적 주권을 우선적으로 추구하고, 팔레스타인 문제를 더 이상 책임지지 않으려는 모습을 엿볼 수 있다.

IV 결론

본고는 범아랍 질서의 선두자 역할을 자처했던 이집트가 나세르 집권 후기에 이르러 팔레스타인 영토 주권 문제에 소극적인 입장을 취하게 된 현상에 주목한다. 먼저 15년 동안 이루어진 나세르의 연설문을 통계적으로 분석함으로써, 나세르가 인지하는 팔레스타인 문제의 상대적 중요성이 시간에 따라 어떻게 변화하는지 살펴보았다. 단어 연결망 분석 결과는 팔레스타인 문제가 점진적으로 나세르의 정책적 우선순위에서 밀려나게 됨을 보여주며, 이는 이어지는 사례연구를 통해 재차 검증된다. 이집트의 직접 정책이 팔레스타인 게릴라 조직 및 민족주의 운동에 대한 지원의 축소로 나타나는 반면, 간접 정책은 이스라엘의 주권을 인정하고 로저스 계획을 승인함으로써 팔레스타인 영토 주권을 외면하는 양상으로 드러난다.

본고의 함의는 다음과 같다. 먼저, 이집트 외교정책의 미시적인 변화를 통해 범아랍주의가 쇠퇴하고 주권국가 질서가 확립되는 거시적인 구조 변동에 대한 재고찰을 시도한다는 것이다. 또한, 기존에 간과돼왔던 아랍 정치 내 팔레스타인 문제의 중요성에 대한 주의를 환기함으로써, 아랍 국가들이 팔레스타인 영토 주권을 옹호하는 일관된 입장을 가질 것이라는 기존 연구의 한계를 지적한다. 마지막으로 방법론적 측면에서, 외교정책 변화의 실증적 검증을 위해 연설문 형식의 메타 데이터를 통계적으로 분석하여, 기술적이고 역사적으로 진행되어왔던 기존 연구의 방법론적 한계를 보완하는 함의를 지닌다.

그럼에도 불구하고 앞서 제시한 연설문 분석은 주관성을 배제하기 어려운 레토릭과 자료의 속성으로 인해 분석적 한계를 지닐 수밖에 없다. 실제로 텍스트 분석의 모든 단계에는 연구자의 주관이 개입한다. 분석 절차를 설계하고 이행하는 과정뿐 아니라 결과를 해석하는 단계에 이르기까지 연구자는 주관적인—그러나 설득력 있고 일관적인—기준에 따라 자료를 재단하고 분석한다. 따라서 본고는 분석의 객관성을 높이기 위해 다른 연구자에 의해 분석이 반복되었을 때에도 동일한 결과가 나올 수 있도록 최대한 투명하게 분석 절차를 소개하고 설명한다. 뿐만 아니라, 다양한 사료와 문헌의 검토를 통해 텍스트 분석의 결과를 뒷받침함으로써 나세르의 정권 내에 발생한 대팔레스타인 외교정책의 변화 시점을 정확하게 포착하고자 하였다.

결론적으로 두 가지 측면에서 향후 연구의 발전 가능성을 제시해볼 수 있다. 첫째, 범아랍 질서와 주권국가 질서 사이에서 갈등하는 국가들의 외교정책을 범주화하기 위해 이집트의 단일 사례에서 더 나아가, 당시 시리아, 예멘 등의 국가들로 구성된 혁명적 민족주의 진영과 사우디아라비아를 선두로 하는 보수적 왕정주의 진영의 국가들을 비교 분석할 필요가 있다. 다시 말해, 팔레스타인 영토 주권 문제를 놓고 끝까지 적극적인 정책을 유지하고자 했던 시리아나, 처음부터 다소 소극적인 성격을 띠었던 요르단과 같은 국가들과의 비교 사례연구로 확장될 수 있다.

더 나아가, 연설문에 대한 보다 객관적인 분석과 흥미로운 결과 도출을 위해 아랍어로 텍스트 분석을 진행함으로써 본고의 분석적 한계를 보완할 수 있다. 이로써 아랍어에서 영어로 번역하는 과정에서 발생할 수 있는 메시지의 손실을 최대한으로 줄일 수 있을 뿐 아니라, 번역 과정을 거친 텍스트와 원문 텍스트의 분석 결과를 비교함으로써 자료의 언어 차이에서 발생하는 결과의 차이를 관찰하고, 방법론의 측면에서 새로운 논의를 제공할 수 있다는 측면에서 유용할 것으로 보인다.

참고문헌

Aburish, Said K. 2004. *Nasser: The Last Arab.* New York: St. Martin Press.

Ahmadian, Hassan. 2014. "Egyptian Foreign Policy Identities," *Iranian Review of Foreign Affairs* Vol. 5, No. 3 (Fall): 5-31.

Ajami, Fouad. 1978. "The End of Pan-Arabism," *Foreign Affairs* Vol. 57, No. 2 (Winter): 355-73.

Al-Hardan, 2016. Anaheed *Palestinians in Syria, Nakba Memories of Shattered Communities.* New York: Columbia University Press.

Ayubi, Shaheen. 1994. *Nasser and Sadat: Decision Making and Foreign Policy, 1970-1972.* Lanham: Universty Press of America.

Barnett, Michael N. 1995. "Sovereignty, nationalism, and regional order in the Arab states system," *International Organization* Vol. 49, No. 3 (Summer): 479-510.

Central Intelligence Agency. 1971. "The Palestinians and the Fedayeen as Factors in the Middle East Situation," *National Intelligence Estimate.*

Coban, Helena. 1984. *The Palestinian Liberation Organisation: People, Power, and Politics.* Cambridge: Cambridge University Press.

Dawisha, Adeed. 1990. "Arab Regimes: Legitimacy and Foreign Policy," in Giacomo Luciani (eds.), *The Arab State.* Berkeley: University of California Press.

El-Abed, Oroub. 2010. *Unprotected: Palestinians in Egypt Since 1948.* Beirut and Washington D.C.: Institute for Palestine Studies.

Feinerer, Ingo, Kurt Hornik, and David Meyer. 2008. "Text Mining Infrastructure in R," *Journal of Statistical Software* Vol. 25 No. 5 (March): 1-54.

Filiu, Jean-Pierre. 2014. Gaza: A History. Oxford: Oxford University Press.

Foreign Relations of the United States, 1964 – 1968, Volume XVIII, Arab-Israeli Dispute, Harriet Dashiell Schwar (Washington: Government Printing Office, 2000), Document 5. https://history.state.gov/historicaldocuments/frus1964-68v18/d5 (검색일: 2018년 3월 17일).

Handel, Ariel, Marco Allegra, and Erez Maggor. 2017. *Normalizing Occupation: The Politics of Everyday Life in the West Bank.* Bloomington and Indianapolis: Indiana University Press.

Horton, Alan W. 1964. "The Arab Summit of January 1964: Some Observations on Inter-Arab Relations," *Northeast Africa Studies* Vol. 11, No. 1 (February): 185-202.

Kerr, Malcolm H. 1971. *The Arab cold war: Gamal 'Abd Al-Nasir and His Rivals, 1958-1970.* London: Oxford University Press.

Khalidi, Walid. 1978. "Thinking the Unthinkable: A Sovereign Palestinian State," *Foreign Affairs* Vol. 56 (July): 695-713.

Little, Douglas. 1988. "The New Frontier on the Nile: JFK, Nasser and Arab Nationalism," *The Journal of American History* Vol. 75, No. 2 (September): 501-27.

_____. 1993. "The Making of a Special Relationship: The United States and Israel, 1957-68," *International Journal of Middle East Studies* Vol. 25, No. 4 (November): 563-85.

Magnus, Ralph H. 1969. *Documents on the Middle East: United States Interests in the Middle East.* Washington, D.C.: American Enterprise Institute for Public Policy Research.

Maoz, Moshe. 2015. *Palestinian Leadership on the West Bank: The Changing Role of the Arab Mayors under Jordan and Israel.* New York: Routledge.

Morris, Benny. 2004. *The Birth of Palestinian Refugee Problem Revisited.* Cambridge: Cambridge University Press.

Nasr, Kameel B. 1997. *Arab and Israeli Terrorism: The Causes and Effects of Political Violence, 1936-1993.* Jefferson: McFarland & Company Publishers.

Nasser, Gamal Abdel. 1964. *On Palestine.* Cairo: Information Department.

Perry, Glenn E. 2016. *The History of Egypt.* Santa Barbara: ABC CLIO.

Sayigh, Yezid. 1997. *Armed Struggle and the Search for State: The Palestinian National Movement 1949-1993.* Oxford: Oxford University Press.

_____. 1998. "Escalation or Containment? Egypt and the Palestine Liberation Army, 1964-67," *International Journal of Middle East Studies* Vol. 30, No. 1 (February): 97-116.

Schiff, Zeev and Raph ael Rothstein. 1972. *Fedayeen: Guerrillas Against Israel.* New York: David McKay Company.

Sharnoff, Michael. 2012. *Defining the Enemy as Israel, Zionist, Neo-Nazi, or Jewish: The propaganda war in Nasser's Egypt, 1952-1967.* Jerusalem: The Vidal Sassoon International Center for the Study of Antisemitism, the Hebrew University of Jerusalem.

_____. 2017. *Nasser's Peace: Egypt's Response to the 1967 War with Israel.* New York: Transaction Publishers.

Shemesh, Moshe. 1996. *The Palestinian Entity 1959-1974: Arab Politics and the PLO.* New York: Frank Cass.

Shlaim, Avi. 2015. *The Iron Wall: Israel and the Arab World.* New York: W.W. Norton & Company.

Smith, Charles D. 2004. *Palestine and Arab Conflict.* Boston: Bedford/St. Martin's.

United Arab Republic. 1961. "Memorandum for the President: Meeting with the Ambassador of the United Arab Republic," Papers of John F. Kennedy, Presidential Papers, President's Office Files, Countries: United Arab Republic: Security, 1961. https://www.jfklibrary.org/Asset-Viewer/Archives/JFKPOF-127-002.aspx (검색일: 2018년 3월 17일).

US Joint Publications Research Service. 1978. "'Abd-al-Nasir's Secret Papers," *Translations in Near East and North Africa* No. 1865, Report 72223. Washington, D.C.

Waterbury, John. 1983. *The Egypt of Nasser and Sadat: The Political Economy of Two Regimes.* Princeton: Princeton University Press.

아랍문

Dajani, Ahmad Sudqi. 1986. *Al-Filastiniyoun al-'Arab fi Misr al-'Arabiyah*. Cairo: Dar al-Mustaqbal al-'Arabi.

Nasser, Gamal Abdel. 1959. "Hadith ma'a Mudir Maktab Wakala "al-Asushitad Press" fi al-Qahira wa Marasal Garida "al-Kristian Sains Munitur" [The interview given by President Gamal Abdel Nasser to the Associated Press news agency and the correspondent from the Christian Science Monitor]. October 9, 1959. Gamal Abdel Nasser Digital Archive, Alexandria.

_____. 1960a. "Mu'atamar Sahfa lil-Ra'is Gamal Abdel Nasir ma'a Wafd Sahfa Amrika" [A press conference given by President Gamal Abdel Nasser to a delegation of American journalists], March 21, 1960, Gamal Abdel Nasser Digital Archive, Alexandria.

_____. 1960b "Kalamat al-Ra'is Jamal 'Abd al-Nasir Amam al-Lajinat al-Tanafidiya lil-Iltihad al-Qawma al-Filistina" [Address by President Gamal Abdel Nasser before the Executive Committee of the Palestinian National Union], October 19, 1960, Gamal Abdel Nasser Digital Archive, Alexandria.

필자 소개

유다인 Yoo, Dain

조지타운 대학교 정치학 박사과정
빙햄튼 뉴욕주립대학교 정치학&아랍어학 졸업

논저 "이집트 국가 정체성과 對팔레스타인 외교정책(1958-1970): 나세르의 연설문 분석을 중심으로"(석사논문)

이메일 dy187@georgetown.edu

1권 주권과 국제관계

국가 주권의 재성찰 · 전재성 | 탈냉전기 세계질서와 국가주권 · 김명섭 | 근대한국의 주권개념의 수용과 적용 · 정용화 | 현대한국과 국가주권 · 마상윤 | 근대 주권 개념의 발전과정 · 박상섭 | 주권과 국제관계이론 · 이혜정

2권 개념도입사

변화하는 세계와 개념사 · 하영선 | 근대 한국의 주권 개념 · 신욱희 | 근대 한국의 부국강병 개념 · 김영호 | 근대 한국의 세력 균형 개념 · 장인성 | 근대 한국의 민주주의 개념 · 김용직 | 근대 한국의 경제 개념 · 손열

3권 세계정치와 제국

왜 지금 제국인가 · 박지향 | 네그리와 하트의 제국론 · 안병진 | 미국헤게모니의 쇠퇴와 제국 · 백승욱 | 제국의 관점에서 바라본 미국의 군사안보 전략과 21세기 국제정치 · 이수형 | 정보화시대의 제국 · 김상배 | 제국에서 근대국가로 · 최갑수 | 로마 제국 · 김경현

4권 세계정치와 동아시아 공간

한국의 동아시아론과 동아시아 정체성 · 장인성 | 동북아 지역혁신체제 · 배영자 | 동아시아 냉전체제하 냉전국가의 탄생과 변형 · 남기정 | 동아시아 공간 인식에 있어 해양과 대륙 · 이철호 | 대동아공영권 구상에서의 '지역'과 '세계' · 임성모 | 청(淸)의 무(武)전통과 근대 동아시아 안보공간 · 강동국 | 동북아시아의 국가형성과 문화적 변수 · 홍성민

5권 세계정치와 동아시아 안보구상

탈냉전시대의 안보개념 확대 · 민병원 | 동아시아 인간안보와 글로벌 거버넌스 · 이신화 | 세계정치와 동북아 안보 · 박인휘 | 문화상대주의, 주권원칙과 북한 인권 · 김수암 | 안보 패러다임의 변화와 한미동맹 재조정 · 김영호

6권 자유무역협정의 정치경제

자유무역협정 · 윤영관 | 자유주의의 새로운 흐름 · 문돈 | 자유무역협정의 국내정치경제 · 김석우 | 한국의 FTA 추진의 국제정치경제 · 손열 | 한국의 FTA 정책과 이익집단 정치 · 최태욱 | 협상이론 측면에서 본 한국의 FTA 협상 분석 · 양기웅 | 한미 FTA의 정치경제 · 이근

7권 문화와 국제정치

국제관계를 문화로 본다 · 히라노 겐이치로 | 문화와 권력 · 최정운 | 소프트파워의 세계정치 · 박의경 | 세계화와 문화 · 박길성 | 동아시아 지역주의와 문화 · 김봉진 | 민족주의와 문화 · 신범식 | 한류의 매력과 동아시아 문화네트워크 · 김상배

8권 이승만과 제1공화국

홍보, 선전, 독재자의 이미지관리 · 정용욱 | 현실주의 시각에서 본 이승만의 반공노선 · 홍용표 | 부산정치파동과 국가보안법파동에 대한 미국의 개입 비교 · 이철순 | 한국 정권교체의 국제정치 · 이완범 | 이승만 정부의 산업정책과 렌트추구 그리고 경제발전 · 김일영 | 한국전쟁 이후 이승만 정부의 경제부흥전략 · 박태균

9권 지식네트워크의 세계정치

지식네트워크의 세계정치·김상배 | 기술지식 네트워크의 세계정치·김웅희 | 지식과 지구 생산 네트워크·이승주 | 정책지식 네트워크의 세계정치·박인휘 | 정부 네트워크와 지식네트워크·조동준 | 글로벌 시민지식 네트워크·정연정 | 지구환경정치와 지식네트워크·신상범

10권 국제사회론과 동아시아

동아시아 국제사회론을 찾아서·장인성 | 영국학파의 국제사회론·마상윤 | 동아시아 국제이론의 모색·신욱희 | 구한말 한국 지식인의 '국제사회' 인식의 유형과 특성·김현철 | 한일회담시기 한일 양국의 국제사회 인식·남기정 | 동아시아의 경합하는 국제사회 구상·손열

11권 안보위협과 중소국의 선택

안보위협에 대처하는 중소국의 선택·조동준 | 멕시코의 자주외교정책·강경희 | 양차대전 시기 체코슬로바키아의 안보전략과 외교정책·김신규 | 핀란드의 편승적 중립정책·김진호 | 양극 세력 균형 체제(냉전)하에서 중소국의 외교적 선택·김철민 | 태국의 외교정책·이동윤

12권 동아시아 전통지역질서

동아시아 전통질서 연구의 현황과 과제·전재성 | 동아시아 국제관계와 화이유교규범의 변화·신봉수 | 원명교체, 명청교체와 한반도 ·한명기 | 홍대용 연행록의 대외관·김봉진 | 조선통신사의 역사적 상징성 검토·손승철 | 1884년 '의제 개혁'에 대한 정치적 독해·강상규

13권 탈사회주의 체제전환 20년

탈공산체제 이행과 민주주의 공고화 · 김연규 | 탈사회주의 체제전환의 정치경제와 비교정치 · 한병진 | 탈사회주의 권위주의 정권의 개혁저항 · 김태환 | 탈공산주의 체제전환기 국가와 시민사회 · 박수헌 | 탈사회주의 체제전환기 동유럽 선거민주주의와 정당정치 · 진승권 | 탈사회주의 시장경제 건설 · 김영진

14권 데탕트와 박정희

박정희 정부 시기 한국 주도의 동아시아 지역 집단 안전보장 체제 구상과 좌절 · 박태균 | 데탕트와 박정희의 전략적 대응 · 신욱희 | 미국의 대한정책 1974-1975 · 박원곤 | 데탕트의 위험과 기회 · 마상윤 | 박정희의 중화학공업과 방위산업 정책 · 류상영 | 일본 모델에서 한국적 혁신으로 · 니시노 준야

15권 글로벌 금융위기와 동아시아

글로벌 금융위기와 동아시아의 대응 · 이승주 | 글로벌 금융위기 이후 동아시아 금융통화협력 · 이왕휘 | 글로벌 금융위기와 동아시아 금융협력 · 이용욱 | 글로벌 금융위기와 동아시아 무역체제 · 문돈 | 동북아의 내수중시경제로의 전환 · 최태욱 | 글로벌 금융위기와 개발협력 · 강선주

16권 남북한 관계와 국제정치 이론

국제정치의 복합조직원리론으로 분석하는 남북 관계 · 전재성 | 남북 관계와 바라봄의 정치 · 정영철 |남북한 관계의 국제정치학 · 황지환 | 세력전이와 남북 관계의 변화에 대한 고찰 · 우승지 | 남북한 한반도 정치와 강대국 동맹정치 간의 연계성 분석 · 이수형 | 국내정치와 남북한 관계 · 임수호 | 분쟁 후 인간안보와 남북 관계 · 서보혁

17권 동아시아에서 정책의 이전과 확산

정책의 혁신과 확산, 그리고 변형 · 유은하 | 중국에서의 환경정책 도입 및 확산의 실패와 한계 · 조정원 |동아시아 이동통신 기술표준의 확산 · 김웅희 | 분권화 개혁론의 일본적 변용 · 이정환 | 지방자치시대의 정책혁신의 확산 · 김대진, 안빛 | 한국 복지국가 형성에서 정책이전의 역할 · 최영준, 곽숙영

18권 커뮤니케이션 세계정치

냉전과 인터넷 커뮤니케이션의 구조 · 최인호 | ICT 교역의 글로벌 거버넌스 · 강하연 | 전자정부와 정부개혁 · 정종필, 손붕 | 문화 간 커뮤니케이션과 세계정치 · 김범수 | 국제정치경제의 변화와 미디어 지구화론 · 문상현 | 중국과 한국의 사이버민족주의 비교연구 서언 · 서이종, 탕레이 | 커뮤니케이션, 초국가적 공론장, 그리고 초국가적 연대 · 신기영

19권 젠더와 세계정치

페미니즘 안보연구의 기원, 주장 그리고 분석 · 황영주 | 여성, 평화, 안보의 국제규범 형성과 확산 · 강윤희 | 국제 여성인권운동과 여성인권의 지역적 실천 · 허민숙 | 개발협력과 젠더 · 임은미 | 다문화주의와 여성 · 문경희 | 국제이주와 여성 · 이지영 | 베트남과 필리핀의 결혼이주 관련 정책 연구 · 위선주

20권 국제정치학 방법론의 다원성

이론, 방법 그리고 방법론 · 이왕휘 | 탈실증주의 국제정치학 인식론의 모색 · 전재성 | '국제안보연구' 방법론 고찰 · 박재적 | 외교정책 설명과 방법론 · 은용수 | 세력 균형에서 협조 체제로 · 안두환 | 구성주의 국제정치경제 · 이용욱

21권 동아시아의 보편성과 특수성

아시아 패러독스? · 정성철 | 동아시아 지역무역협정 체결의 발전과 특징 · 유웅조 | 글로벌 셰일혁명과 동아시아 에너지시장/지정학 변화 · 김연규 | 환경정책 통일화의 지역성: 동아시아를 중심으로 · 임시정 | 동아시아 인권의 보편성과 상대성 · 송영훈 | 동아시아 역내문제 해결방식의 특수성 · 조동준

22권 글로벌 냉전의 지역적 특성

유럽 냉전의 개요 · 이동기 | 글로벌 냉전과 동북아시아 · 마상윤 | 냉전의 동남아시아적 전개 · 조양현 | 중동 냉전의 역사와 지역적 특성 · 김강석 | 지역적 맥락에서의 아프리카 냉전 사례 · 변웅 | 라틴아메리카의 '뜨거운 냉전' · 박구병

23권 에너지 국제정치의 변환과 동북아시아

셰일혁명과 신국제 에너지 질서 · 김연규 | 중동 에너지 수출국들의 셰일혁명에 대한 대응 전략 · 이성규 · 윤익중 | 북미 셰일혁명과 동북아시아의 대응 · 이재승 | 중국의 에너지 전략과 국제정치 · 이태환 | 러시아의 에너지 동방정책과 동북아 국가들의 대응 · 신범식 | 동북아 에너지 안보의 지형 변화와 한국의 에너지 외교 · 김성진

24권 개발협력의 세계정치

글로벌 분배적 정의의 관점에서 본 해외원조의 윤리적 토대 · 박성우 | 국제개발협력의 기원과 구조적 변화 · 윤익중 | 국제개발협력 레짐 변천사 · 김지영 | 국제개발협력 거대담론으로부터의 탈출 · 김부열 | 일본 정부개발원조의 보편주의적 이상과 특수주의적 현실 · 이정환 | 중국식 개발원조의 등장 · 여유경

25권 국제정치사상 다원적 접근과 보편적 교훈

플라톤의 〈국가〉에 나타난 국제정치사상 · 박성우 | 위기의 국제정치사상 · 김준석 | 스피노자에게 국제정치사상이 있을까? · 공진성 | 홉스를 넘어서 홉스로 · 안두환 | 영원한 평화와 국제법의 집행 · 송지우 | 국제정치이론으로서 헤겔의 인정이론 · 김동하

26권 복잡성과 복합성의 세계정치

체제, 관계, 복잡성/복합성, 삼각관계 · 신욱희 | 국제정치와 시스템이론 · 민병원 | 동북아의 불완전한 주권국가들과 복합적 무정부상태 · 전재성 | "상시적 망각"과 "적극적 기억"의 국제정치학 · 은용수 | 국제안보 개념의 21세기적 변용 · 조은정 | 신체 없는 종(種)의 등장과 국제정치학 · 도종윤

27권 중국의 부상과 국내정치적 취약성

중국의 경제체제 · 왕윤종 | 중국의 대외협력 · 백우열 | 중국의 군사안보 · 이영학 | 중국의 정책과정 · 정주연 · 증명 | 중국의 정보혁명 · 김진용 | 중국의 자원무기화 · 박선령

28권 4차 산업혁명론의 국제정치학 주요국의 담론과 전략, 제도

4차 산업혁명의 국제정치학 · 김상배 | 4차 산업혁명과 독일의 담론, 전략 그리고 제도 · 김주희 | 미국의 4차 산업혁명 담론과 전략, 제도 · 유인태 | 4차 산업혁명과 일본의 국가전략 · 이승주 | 중국의 4차 산업혁명 담론과 전략, 제도 · 차정미 | 4차 산업혁명의 한국적 담론과 대응전략 진단 · 윤정현

29권 감정의 세계, 정치

국제정치와 인간 본성 · 민병원 | 공감과 공동체적 삶 · 소병일 | 감정, 삶, 사회 · 하홍규 | 국제정치학 감정연구의 쟁점, 함의, 그리고 항배 · 은용수 · 용채영 | 감정으로 정치 보기 · 민희 | 한미동맹과 감정 · 이중구 | 북한 정치체제와 마음의 습속 · 김성경

30권 러시아와 세계정치

러-터 관계가 오스만제국의 정책 방향에 미친 영향 · 이은정 | '내년에는 예루살렘에서' · 최아영 | 아르메니아 민족국가 형성과 러시아, 1828-1991 · 강윤희 | 소비에트 정권의 중앙아시아 이슬람 정책의 변천과 그 영향 · 김태연 | 벨라루스 국가 정체성과 러시아와의 관계 · 김효섭 | 러시아와 이란의 조심스러운 동행 · 이주영

31권 기후변화와 세계정치

지구적 기후변화와 민주주의의 비선형성 · 이재현 | 기후소송의 국제 동향과 시사점 · 이혜경 | 한국 배출권 거래제도의 현황과 동북아 탄소시장의 통합 가능성 · 신상범 | 기후변화와 북한 · 한희진 | 파리협정 체결 이후 중국의 기후변화 외교와 대외협력 · 조정원 | 국가 전력시스템의 기후변화 적응역량 강화를 위한 정책방향 · 김성진 | 기후변화 취약성에 대한 인식과 도시 기후 적응 어젠다 · 이태동